朱寰 主编
敬文学术文库

现代化的特殊性道路
——沙皇俄国最后60年社会转型历程解析

王云龙 著

商务印书馆
2004年·北京

图书在版编目(CIP)数据

现代化的特殊性道路:沙皇俄国最后 60 年社会转型历程解析/王云龙著. —北京:商务印书馆,2004
ISBN 7-100-04144-9

Ⅰ.现… Ⅱ.王… Ⅲ.社会发展－研究－俄罗斯－近代 Ⅳ.D751.29

中国版本图书馆 CIP 数据核字(2004)第 023333 号

所有权利保留。
未经许可,不得以任何方式使用。

XIANDAIHUA DE TESHU XING DAOLU
现代化的特殊性道路
——沙皇俄国最后 60 年社会转型历程解析
王云龙 著

商 务 印 书 馆 出 版
(北京王府井大街36号 邮政编码100710)
商 务 印 书 馆 发 行
北 京 民 族 印 刷 厂 印 刷
ISBN 7-100-04144-9/K·806

2004 年 10 月第 1 版　　开本 850×1168　1/32
2004 年 10 月北京第 1 次印刷　印张 12 3/8
定价:21.00 元

东北师范大学历史文化学院
"十五·211工程"项目"地域
文明重点问题"研究成果

目 录

《敬文学术文库》总序 ················· 朱寰 1

序 ······························ 钱乘旦 1

导 论 ································ 5

第一章 大改革:半封建主义与半资本主义的社会转型的启动 ······················· 30

第二章 民粹主义:农业社会主义超越工业资本主义的理念 ······························ 95

第三章 泛斯拉夫主义:俄罗斯特殊性普世化的载体 ······ 127

第四章 东正教:俄罗斯特殊性的基因与变异 ······· 139

第五章 社会转型的悖论形态:经济高涨与政治反动 ···· 158

第六章 1905年:社会转型结构变异的分水岭 ······· 202

第七章 斯托雷平改革:普世性取向与特殊性路径的困局 ······························ 231

第八章 社会民主主义:俄罗斯特殊性的否定与否定之否定 ····························· 270

第九章 1917年革命:社会转型的路径变换 ········ 318

参考书目 ····························· 339

附录一 ······························ 357

附录二 ······························ 369

后 记 ······························ 385

《殷文学术文库》总序

马克思曾经说过,"我们仅仅知道一门惟一的科学,即历史科学。"①马克思把历史科学称为"惟一的科学",是具有深刻含义的。据我理解,主要包含这样两层意思:一层意思是说,历史学是一门包罗万象的学科,是人类对社会、对自然界、对思想意识等认识的总汇和结果。人类对社会历史的研究,不仅认识了生产力和生产关系的矛盾运动对社会的存在和发展起着决定性的作用,而且还掌握了生产方式变革的规律,理解了政治、法律制度和文化艺术等上层建筑与产生它们的经济基础之间的辩证关系。人们对社会的这种认识就体现在有关社会方面的历史学中,如经济史、政治史、法制史、社会史和文化史等等。但是应该指出,人类认识的范围并不限于社会历史,还包括社会赖以存在的自然界和整个宇宙,也包括人类本身及其思想意识。由此可见,认识自然界的自然科学史,认识思想理论的思想史、哲学史等等,也都是构成历史科学的组成部分。所以说,历史科学是包容一切历史学的,因而是"惟一的科学"。另一层意思是说,世界上和宇宙间一切事物都有其发生、发展和演变的过程,这个过程无论全部还是部分一经过去,立即变为客观存在的历史,即社会发展的历史和自然界发展的历史。人们

---

① 《马克思恩格斯全集》,人民出版社1960年版,第3卷,第20页。

对这种客观存在的历史所进行的研究和认识,都是历史科学的重要内容。事实告诉我们,现实是短暂的,历史是永恒的,历史学是永无止境的。

用马克思主义观点观察历史科学,就会发现历史学与国家建设和社会发展有着方方面面极为密切的联系。在我们伟大的祖国实现现代化的今天,历史学是大有作为的。它可以总结古今中外前人的经验和教训,集中全人类的最高智慧,为推进和提升我国的经济、政治和文化建设事业服务,为促进现代化的发展服务。我国今天这个伟大的变革时代,为历史科学的研究和发展提供了极为广阔的舞台。我国的世界历史研究是一个既古老而又年轻的学科。从历史学分工的角度来说,所谓"世界史"实际上就是外国史。我国历史学界对外国历史的研究和记述是从西汉司马迁时代开始的。他撰著的《史记》中就包括"匈奴列传"、"朝鲜列传"和"大宛列传",对周边邻近国家和地区的研究已经开始进入史学家的视野。在司马迁史学传统的影响下,此后的正史里对外国历史的研究和记述逐渐在增加和发展。到隋唐时期,我国周边几乎所有国家和地区:东起朝鲜、日本;西至波斯和大食(阿拉伯);南自印度、印尼;北迄匈奴、突厥,都有了相当珍贵的研究与记载。而且这一时期我国史学界的视野并不限于亚洲大陆和海岛,甚至到达了东欧和北非。但这只是对大部分邻近国家和一定地区的研究和认识,还谈不到对整个"世界历史"的研究。因为当时的社会发展水平,各国家、各地区仍处于分散状态,世界经济和世界市场尚未联结成为统一的整体。海路大通以后,新旧世界各方面的联系不断增强,才为世界历史学的产生提供了客观的可能性。

四百多年来,世界历史的发展发生了两个方面的重大变革:一是西欧一些国家先后实现了社会转型,由封建制度转变为资本主义制度;二是大体上与此同时,这些国家又先后实现了文明变迁,由农业文明变为工业文明,完成了今天人们所说的"现代化"。西欧社会这两项重大变革震动了全世界,也改变了世界的面貌。世界统一市场从此开始形成,世界经济从此逐步成为统一的整体。西欧各国的变革形成了当代的世界历史潮流。从前的各种社会制度,无论是封建的还是前封建的制度都早已过时,必须退出历史舞台。不管某些人主观上是否愿意,但客观上必然要走上社会转型和文明变迁的道路,也就是实现"现代化"。在推行现代化的过程中,社会制度的转型需要根据各国的实际情况,由各国人民自己做出选择,既可以选择资本主义制度,也可以选择更先进的社会主义制度。至于文明变迁则是任何国家无法回避的必由之路,世界上各地区过时的农业文明或迟或早地必然为工业文明所取代,这是不依人们意志为转移的世界历史发展的客观规律。

新中国的建立为我国人民梦想了一百多年的国家现代化创造了现实的可能性。但我们花了近三十年的时间摸索国家现代化的道路,经过许多艰难曲折,最终认识到必须打开国门,实行改革开放。自改革开放以来,我国的现代化真正走上健康、稳定和高速发展的道路。这是一条与世界上其他国家不完全相同的社会主义现代化的道路。中国作为一个后发现代化的国家,在文明变迁方面有许多其他国家的经验和教训可以借鉴;而在社会转型方面只能创造性地走自己的社会主义道路。中国的基本国情是国家大,人口多,底子薄,要全面实现现代化任重而道远,必须团结全国人民的力量,共同奋斗几十年,甚至上百年才有可能。

我们东北师范大学世界中古史研究所一向以研究世界各国中

古时期的社会历史、社会转型和文明变迁为重点,曾经分散出版过一些专著,发表过一些文章。现在决定公开出版一套系列丛书《敬文学术文库》,目的是把有关世界历史的,特别是社会转型和文明变迁的个案研究和比较研究的成果汇总起来,希望能够体现某种理论观点体系,贡献于学术界,服务于现代化建设。如有不同意见也可展开心平气和的讨论,真理会愈辩愈明。《文库》力求能反映当代我国世界历史学界的研究水平,并与世界各国先进的历史学研究接轨。因此,《文库》包括学术专著、学术译著和资料长编三大部分。学术研究贵在创新,历史学的创新主要体现在用新的理论观点和新的方法研究问题,从新的视角观察问题,发掘新的材料说明问题。正如苏轼在《书吴道子画后》中所说:"出新意于法度之中,寄妙理于豪放之外。"文化学术方面的创新,古今一理。

朱　寰

2003年9月10日

序

钱乘旦

摆在读者面前的是王云龙教授的新著《现代化的特殊性道路——沙皇俄国最后60年社会转型历程解析》,讨论的是俄罗斯历史上一个关键的时期,这段历史决定了俄罗斯后来的发展走向,它最终导致20世纪,导致了1917年革命。这段历史决定了俄罗斯国家后来的命运,也预示了20世纪世界的风云。但我们对这段历史却不很了解;出于我们对历史思维的角度,它往往被忽视。

俄罗斯是一个中国熟悉的国家,自17世纪两国正面接触起,双方的历史便日益交会,到19、20世纪竟变得难解难分。在20世纪,俄罗斯对中国的影响巨大,中国历史进程一再受俄罗斯因素的冲击。但对这样一个重要的邻国,我们的了解却相当地肤浅,其中一个突出的表现,就是我们对俄罗斯的现代化之路几乎无所涉及,人们好像还没有意识到这是一个问题,当然就更谈不上蓄意去研究。

其实,俄罗斯的现代化之路是存在的,从18世纪初开始,俄罗斯就走上了艰难的现代化里程。这个过程延续了两百多年,至今仍旧在持续之中。以往我们陈述俄罗斯史,太习惯于按固定的模式解释与观察,把俄罗斯历史划分成几个阶段,每一个阶段上似乎都有一个突变,今天与昨天,可以骤然换一个天地。如此看历史,

1

历史就被扯断了,阶段与阶段之间发生断裂,延续性好像根本就不存在。但延续与变异其实是人类历史的两个面,突变一般发生在较肤浅的表面,在更深层次上看到的是延续特征与缓慢的变异。

如果把俄罗斯现代化看成一个连续的过程,就可以看出,这个过程始终有一个特点,即它在寻找"俄罗斯特殊性"。把它摆到世界现代化的大进程中进行观察,就能看出,俄罗斯现代化具有独特的历史意义,因为在全世界范围内,俄罗斯是第一个"东方"国家意识到它相对于"西方"的落后,于是刻意去追赶西方,一心一意企图追求"现代化"。现代化这个运动是从西欧开始的,后来才向其他地区扩张,冲向世界。俄罗斯现代化标志着现代化浪潮第一次向"东方"挺进,进入一个"非西方"国家。俄罗斯的历史文化传统与西方不同,它形成以东正教和沙皇专制主义为特征的"俄罗斯文明",尽管在其他"非西方"国家眼中,它仍是一个"西方"国家;但俄罗斯自己却不这么看,因此它在接受西方传来的"现代化"时,它便无时无刻不在寻找"俄罗斯特殊性",并时时力图把它清楚地表达出来。

尽管俄罗斯在寻找它的"特殊性",但在它的现代化进程中,我们却清楚地看到了这样一个"共性",即一切"非西方"国家,其现代化都表现出强烈的文化对抗特征,这种对抗不仅表现为"传统"与"现代"的对抗,而且表现为"本土"与"外来"的对抗。俄罗斯现代化就是在这两种对抗的激烈冲突中踯躅向前的,其激烈的程度,历时之长久,都是"西方"国家所无可比拟的。西方国家现代化也充斥着转型的冲突,但不会存在"本土"与"外来"之争,也不会像俄罗斯这样始终困惑于是否应坚守一个"俄罗斯特殊性"。在坚持"本土特性"方面俄罗斯尚且如此,那么其他"非西方"国家就更不用说了。所以俄罗斯现代化至少表现出两大特别重要的意义：一方面，作为一个庞然大国，俄罗斯仍回避不了现代化的必然趋势——这是一个"共性"；另一方面，作为有自身传统的真实文明，它又时时刻刻要表达自己，表现出自己的"特殊性"。

这样，就使俄罗斯现代化道路漫长而曲折。

寻找特殊性的意向从一开始就很明显，自彼得一世起，俄罗斯把学习西方作为富国强民的惟一出路。但西方的路俄罗斯能否走得通？这个问题始终困扰着俄罗斯人。许多人认为在俄罗斯传统本身中就有走向现代化的现成载体，不必到西方的经历中去寻找。许多人感到俄罗斯的优越之处正在于东正教与农民村社，正是在这些东西中，隐含着俄罗斯现代化的真实途径。思想争论到19世纪愈演愈烈，乃至许多人预感到：俄罗斯正经历一种"人格的分裂"。争论的焦点是俄罗斯究竟有没有特殊性以及在多大程度上有特殊性？俄罗斯在多大程度上可以效仿西方的路？各种政治力量在思想辩论的分界线上站队排列，政治斗争也因此而尖锐剧烈。1860年代，由废除农奴制而引发的改革使斗争空前激烈，俄罗斯站在一个十字路口：它是把西方模式作为"现代化的普世道路"而遵循前进，还是找一条"俄罗斯特殊性"之路？这就是此后半个世纪展现在俄罗斯大地上的基本事态，它涉及思想与文化斗争、政治与经济斗争。这场斗争如何开展，如何进行，结局如何，影响如何？所有这些，就是王云龙教授在《现代化的特殊性道路》中向我们陈述的主题。读完这本书，我们不仅对俄罗斯的故事可以有新的了解，而且对世界其他地方的现代化，尤其对"非西方"世界的现代化，会有更深刻的认识。

中国对俄罗斯的研究不能说少，中国对俄罗斯的了解也不能说不多。但在很长时间里,中国人戴着同一副眼镜、从同一个角度观察俄罗斯,脑子中还装着同一个调色盘。由此,我们对俄罗斯就很难产生全面的了解,尤其对俄罗斯精神、俄罗斯文化、俄罗斯与众不同的历史发展轨迹等无形的东西,要么忽视它们的存在,要么感到完全无法理解。民族的特征与精神的发展史有很大关系,国家的历史与文化的特异性也切切相关,"俄罗斯特殊性"到底是什么?"俄罗斯的特殊发展道路"究竟是否存在?我们希望读者在读完王云龙教授这本书后,能得出自己的结论。

　　王云龙教授是学界前辈朱寰先生的高足,曾在我这里做博士后研究。这本书是他做博士后研究的成果,他从一个全新的角度对俄罗斯历史进行思考,他的思考既有坚实的学术基础,又带有学者的历史责任感。我希望他的研究能够被读者们喜欢,也开辟一条俄罗斯史研究的新思路。

2003 年 5 月 30 日

导 论

俄罗斯由传统性封建主义向现代化资本主义的全面的社会转型,真正起始于1861年的农民改革及其由之而起的一系列改革和工业化。从1861年至1917年的俄罗斯历史,最突出的特质就是社会转型及其导致的矛盾,正是这种矛盾的内在积聚的势能突破了既存体制的调适极限,爆发改革失效后的革命,使既有体制及其改革在革命的洪流中覆灭。

自彼得大帝始,俄罗斯形成了皇室倡导改革的冲动惯性。这种国家主义取向的改革认同于当时形态的现代化的直观语义学意识形态,却在实施过程中,不自觉地被传统的特殊性力量扭曲,走向后面。这是由于现代化次生形态国家与社会的特殊性时间与空间条件所决定的。俄罗斯的历次改革及1861年开始的全面社会转型,都是次生的、外源的。尤其,1861年至1917年这一时段,外源的现代化,使普世性社会转型遭受到内在的特殊化传统性在物质、体制、文化等各个层面上的复合性扭曲与阻挠。俄罗斯社会分层与社会转型并未同步或超前启动,相反却滞后于社会转型的进程。在1861年社会转型启动后的相当长一段时期内,俄罗斯社会分层仍未由自赋的基本分层格局过渡到自致的功能结构,四个主体性分层是以沙皇为代表的上层统治集团、以土地贵族和官僚为主的中下层权势集团、农民与农民化的工人和人数最少的知识分子。

　　从1861年至1917年,每一次改革都导致更加异化的扭曲和孕育更大的社会危机。每一次改革的启动都不是来自于社会的共识,而是来自于民族失败及其对这种失败的切肤之痛的"开明"沙皇及其上层"开明"官僚的意志。与社会结构中处于超值稳定性大多数人群相比,这种力量是脆弱的。在沙皇政体中,如果没有沙皇及其上层官僚集团倡导,任何改革都是无法想象的。当然,促成沙皇统治集团的历史性时间力量与空间力量,是改革的主要成因,但这不能成为否定改革发动者历史定位的理由。如果说现代化发端于西欧、北美,是这一区域社会的时、空力量自然生成的,是原生的,那么,在现代化越出这一区域,向次生形态区域推进,则表现出更加充分的扩张性与强制性。"现代"与"传统"的冲突特别强烈。[①] 在欧亚大陆易北河以东的广袤地域的现代化是移植内化的过程,是传统性的"凤凰涅槃"。传统性及其特殊化只有在这一以"东方"统谓的地域,才具有实然语境。历时性地检阅,这一地域只有在现代化以"西方"为文化符号强势地进入后,捍卫传统特殊性的"卫国保种"的反弹才仓促应战,随着时间的推移,传统性化解现代化的方式与手段,渐趋高明,如此才有"普鲁士道路"、"俄罗斯精神"、"和魂洋才"、"中体西用"等话语策略,琳琅盈庭,令观者目不暇给。其归旨却罕见地趋同,皆取现代化的普世化空间性形式,作为特殊化传统性的时间性面具,而以传统的时间性形式,取代现代化的时间规定性,作为传统性特殊化的空间形式。现代化是时空

[①] 钱乘旦:《世界近现代史的主线是现代化》,载《历史教学》2001年第2期,第7页。

连续统,人为地分割、取舍其时间与空间形式,使整体性现代化与特殊化传统性异质同构,双向异化,劣性组合,扭曲社会转型的健康正道,使社会深陷转型泥淖,历百年而不能自拔,俄罗斯即是殷鉴。钱乘旦教授指出:"俄罗斯特殊性……揭示了一个普遍现象,即现代化向非'西方'文化地区推进时,将和当地固有文化发生冲突,因此现代化过程就会表现出种种多样性……但现代化的潮流是不可改变的,现代化总体方向也不可改变。俄国在这个问题上并没有什么特殊性,它必须服从现代化的共性。"[1]

社会转型是两种矢量性指向截然相反的时空力量的矛盾斗争、妥协、博弈的充满变数、波谲云诡的风雨历程。时间性对立的力量是现代化与传统性、空间性对立的力量是普世性与特殊化。如果说,时间向度的对立比较直观的话,按照线性进步观,现代化天然地优越于传统性,但是放到非欧几里德历史精神文化空间中,时间的线性向度则发生变异,甚至扭曲。在具体的历史语境中,空间性对立的力量,普世性即共性,并没有优越于特定区域特殊化,即个性的天然合法性。空间性力量的普世性的时间界定,在易北河以东广大区域,惯常性地被传统性时间向度扭曲、异化。现代化的历史进程在原生形态地区,表现为时间性力量同构于空间性力量,时间是矢量性力量,空间是质量性力量,同向、同构、同质的时、空力量整合性地在全世界拓展并持续,以新的矢量时间指标和空间质量速率向未来推进。

作为创造世界主体的人格符号,这种新的矢量性时间力量与区间质量性空间力量的统一体是"资产阶级,由于开拓了世界市

---

[1] 钱乘旦等:《世界现代化进程》,南京大学出版社1997年版,第55—57页。

场,使一切国家的生产和消费都成为世界性的了。不管反动派怎样惋惜,资产阶级还是"挖"掉了工业脚下的民族基础。过去那种地方的和民族的自给自足和闭关自守状态,被各民族的各方面的互相往来和各方面的互相依赖所代替了。物质的生产是如此,精神的生产也是如此。……民族的片面性和局限性日益成为不可能,……(资产阶级)迫使一切民族——如果它们不想灭亡的话——采用资产阶级的生活方式;……一句话,它按照自己的面貌为自己创造一个世界。"[1]资产阶级以其物质力量和精神力量,即现代化的时间性力量和普世化的空间性力量整合性地体现为世界性、历史性创世冲动在全球拓展,造成了前现代化的地域的社会转型的背景话语,同时又是其转型的主要动因。这其中体现为民族个性的特殊化传统性与表现为全球拓展的现代化普世性的冲突与相互异化,构成近现代历史的斑驳陆离的场景。为什么包括俄罗斯在内的广大现代化次生、再生形态地域的社会转型如此步履维艰、历百难而难修成正果?关键在于社会转型的主体性把握与结构性调控,这既是一个哲学问题,又是一个现实问题,超出了历史具体情境,具有了常思常新的学理价值。首先,要在世界历史进程的背景话语下判断社会转型的系统性结构推动力量与主体性层次制动力量。随着世界进入近现代历史阶段,世界整体性的普世性力量(物质的和精神的),是现代化后发地域社会转型的直接动因。前现代社会结构的既得利益集团,对于这种革命性的威胁,大都没有等闲视之或愚蠢地坐以待毙,而是主动颇具创意地通过以现代化空间形式包装的传统性时间内涵的话语策略,把现代化的时空

---

[1] 《马克思恩格斯选集》,第1卷,第254—255页。

一体性切割开来,把自己的特殊性包装成现代化普世性的时间性界定,物化为空间性进取力量,如19世纪俄罗斯倡导"泛斯拉夫主义",20世纪苏联推动"十月式世界革命"。或者,把特殊化传统性时间力量结合于现代化普世性空间力量,创造出另类现代化。如20世纪90年代中后期在"亚洲经济危机"中倾覆的印着"儒家资本主义"标签,实为宗法裙带资本主义的东亚、东南亚新兴工业化区域的"泰坦尼克号"。诸如此类,不胜枚举。

马克思早在100多年前就创立了"世界历史"的学说体系。马克思认为,在前资本主义时期,各个地域在自然经济基础上,相互隔绝是分散的。进入到资本主义时期,资产阶级通过开拓世界市场在全世界范围进行生产要素的利益最大化配置,彻底消除了自然经济基础上的相互隔绝与孤立、各个国家和民族的物质生产与精神生产及其消费彻底变为世界性的了。应该说,世界是一个自洽的大系统,而每个国家或地区则是其子系统。按照系统论结构功能学说,子系统是大系统的构成部分,在结构功能上受制于并反作用于大系统结构功能的规定性,子系统发挥在大系统的独立、正向的功能作用,与大系统总体及其他子系统发生能量交换。每个子系统都是构成大系统完整功能结构的不可或缺的组成部分,这是结构功能的学理性界定。但在世界历史进程的大系统中,每个以国家或地区为单位出现的子系统,却不是发生学意义上的大系统的构成单位。在现代化发生前,作为现代化原生形态的西欧、北美地区,现代化次生形态的易北河以东的欧亚大陆地区,现代化再生形态的其他地区,都是共时性地存在于相互隔离的地域空间中。现代化普世性是一个动态系统,尽管有个别时段的失序,甚至混沌,但总体上呈线性演进的路径。传统社会转型是一个介质态子系统,任何前现代化的传统社会都是自给自足的非线性的自我循环的系统,呈相对静态,其动态表征是非新的质的规定性的数量增益与递减。这些地域可能早于现代化原发地区出现"资本主义萌芽",正如钱乘旦教授指出的"不在于有没有'萌芽',而在于萌芽能不能长成树。中世纪的社会结构只允许资本主义在西欧特殊条件下发生和发展,资本主义是产生在西欧的特殊性之中的。"[①]社会转型实质上是由传统性的静态非线性系统向现代化线性动态系统的跃迁。线性与非线性的系统,无论处于质与量两方面的动态,还是处于质的相对静态与量的相对动态之中,都处于内在的超越压力与化解压力的非均衡过程中。比较而言,线性系统具有较大、较强的自我组织能力,而非线性系统则具有更大的超稳定能力,从而丧失向新质的规定性阶段跃迁的自我超越功能,只能在与线性系统正面冲突后,以柔性的特殊化传统性去消解刚性的现代化普世性。这种话语策略在21世纪获得了后现代主义理论的鼎力倚恃。后现代主义以消除现代化普世性的"宏大叙事"为己任,这种现代化的"宏大叙事"是以线性的进步观念支撑,即现在比过去好、现代化比传统性好,呈一元正向维度。后现代主义重视现代化进程中与现代性并立的传统性的多样化异质性,解构现代化进程确立的现代性"话语霸权"。传统性对现代化的批判应用现代性话语的言说方式,与后现代主义的解构话语表象上差异不大,但在取向上却大异其趣。传统性的现代化批判,总体上是回归传统的。后现代主义批判现代化,是要超越现代化局限,进入后现代化阶段。后现代主义理论表现为非线性的多样化形态,但其发生学起源与类型

[①] 钱乘旦等:《世界现代化进程》,第18页。

学界定,仍是线性时空的另一种高级形态。

现代化的线性规定性并不是历史决定论和必然论的一元取向,而是"路径依赖"(Path Depended)的多元维度,在现代普世性与传统特殊化杂糅互动中体现出的精神文化的内在性质,是历史发展的统一性与多样性的辩证统一。列宁针对俄国特殊性,指出其与世界历史进程的关系是:"世界历史发展的一般规律,不仅丝毫不排斥个别发展阶段在发展的形式或顺序上表现出特殊性,反而是以此为前提的。……俄国可能表现出而且势必表现出某些特殊性,这些特殊性固然并不越出世界发展的共同路线。"[1]俄国及现代化后发国家的历史进程印证了列宁这一基本判断。

现代化的时间序列是空间形态的时间力量的历时性配位动态分布图,如果说现代化原生形态地域体现为世界时间的结构性空间力量,那么,现代化次生与再生形态区域则呈现为历史时间的层次性空间力量。在这里,空间是时间的载体,时间是空间的归旨。世界时间是一种蕴含无限进步机遇的线性时间,是柔性形态与刚性取向的历元。世界时间空间化始于1500年左右,中经地理大发现、宗教改革、文艺复兴、资产阶级革命、工业革命,在启蒙运动的先贤祠中获得理性与进步的精神"护照",一路畅行于现代化的世界性进程之中,直至20世纪末受到后现代主义思潮的否定与否定之否定的反诘。世界时间是同质性的、外在化、客体化的普世的共时性历元。世界时间在空间上是一条无限向前伸展的直线,似永无尽头。世界时间凝聚将来,在将来的空间期待中揭示、演绎自己的线性时间意义。世界时间是历史时间的异化,世界时间不是所

---

[1] 《列宁选集》第2版,第4卷,第690页。

有历史时间的共相,它是特定空间的历史时间的全球性拓化,是超越性取向的线性历史时间的世界性空间形态。世界时间的空间的结构溯源到现代化原生区域的历史时间,只有在这一特定的历史语境中世界时间才获得与其普世性相匹配的空间结构,形成了时间层次与空间结构自洽、互动的时空一体化。因而,历史时间指的是除此之外的地域的时间历元。现代化原生形态地域,由历史时间递进到世界时间是一个自然发生(Abiogenesis)进程,而在其他地域,由历史时间跃迁到世界时间则是一个转型/重构(Transformation/ Reconstruction)过程。这是因为,历史时间依附于过去,其合法性是由记忆与传统建构而成,坚信其所依存的特定空间结构及其与之相匹配的时间领域是惟一的真、善、美统一的实体,时间是这一实体无限存续的差序间隔的无质的区别的流动状态。相对于世界时间,历史时间在本质上是静态、无法超越的。历史时间在共时性空间呈形式上的异质性。历史时间是特殊的空间结构的特定的时间形态,是特殊性的存续状态,是特殊性的内在界定形式。历史时间作为共时性相互隔绝的空间的存在规定性,与作为一体化全球空间的质的规定性的世界时间进行着涵盖物质、制度、精神整个文明层面的交锋,成为世界近现代史的主线。

1500年后,特别是19世纪中叶后,世界时间在工业革命、科学革命的推动下,向空间结构相对闭锁的历史时间地域扩展,世界时间与历史时间在全球范围内进行着多重结构、多种层次、多元维度的冲击性互动。历史时间逐渐取得了世界时间的外在形式,世界时间与历史时间的互逆性异化进入到一个更加复杂、更加混沌的阶段。现代化次生形态的地域的社会转型更加难以把握、难于预料,大多出现了经典作家所揭示"播种龙种,收获的却是跳蚤"的历史性悖论。这一点在1861—1917年的俄罗斯表现得尤为典型。这一时段的俄罗斯试图在世界时间的背景话语下,进行历史时间取代既有世界时间,创造以自己的历史时间为新形式的世界时间反演(Time Reversal)。历史时间在自我的文化逻辑与社会结构范围内,超稳定地自我循环,并在自我循环中以解体权威、重构权威的冲突方式确定着自己亘古不移的合法性。历史时间以同质循环为运行载体,世界时间以异质冲突,最终克服异质性为存在目标。

世界时间是历史时间的异己性与替代性时间范式,任何时间范式都是共时性与历时性同构异存的系统。20世纪俄罗斯最有影响的哲学家别尔嘉耶夫说:"异己性与交往——这在人的存在中是主要的内容,"[①]同样,异己性与交往也是社会存在的主要内容,特别是在历史时间向世界时间转型的时期。历史时间与世界时间互为异己力量,交往是不自觉、被动的。在时间维度上,历史时间被世界时间销蚀、解构的过程,即现代化;在空间维度上,历史时间的特殊性空间被整合进世界时间的进程,即社会转型。现代化与社会转型是时空一体化的同质性要求。"处于一定时间点上的空间点,就叫'世界点'。所谓世界,也就是集合所有世界点的总和。"[②]现代科学揭示出,世界是四维时空连续区,时间要素与空间要素必须同向整合,才能良性运行。如果异向同构,将使四维时空连续区破碎化,产生负性突爆的社会效应。俄罗斯1861年体制内的改革到1917年体制崩溃的革命,异己性以偶然性作为结构变

---

① 别尔嘉耶夫:《自我认识》,广西师范大学出版社2001年版,第35页。
② 孙显元:《现代宇宙学的哲学问题》,人民出版社1984年版,第121页。

量,使现代化社会转型破碎化,使其在合法性解体的不归路上,向着万仞深渊策马狂奔,一切刹车努力都无济于事。两种完全不同的质的规定性的时间的冲突,使兼容其间的空间结构轰然解体,在后彼得大帝的俄罗斯规律性地循环重现。时间的冲突、空间的垮塌,作为自身现代化转型的烈性样态。俄罗斯在一次次"凤凰涅槃"中更生,在精神——时间的质的规定性中,向世界时间的普世性空间拓展自己的历史时间的特殊性空间。俄罗斯的荣耀与悲剧,皆源于此。俄罗斯从来不是现代性意义上的"民族——国家",而是兼具前现代的"原型国家"与后现代的"主权共同体"的国家样态。从"第三罗马"到"第三国际",俄罗斯试图用全部的物质资源与精神资源,创建现代性无法实现的地上普世天国。俄罗斯被自己创造的神话异化了、支配了,既激发了创造的热情,又窒息了创造的理性,特别是在19、20两个世纪,"有两种占优势的、能在人民生活中成为动力的神话:关于起源的神话和关于终结的神话。在俄国占优势的是第二种,即关于世界末日的神话。它可能决定……俄罗斯的主旋律:热烈地渴望进步、渴望革命、渴望世界文明的最新成果,渴望社会主义,同时在意识上却又是深深的和极端的空虚、变态,世界进步、革命、文明等等全部成果被庸俗化和变得毫无生气"。[1]

现代化取向的社会转型是在时空四维连续区之中展开的,一维性时间是社会转型的质的规定性,转型应是向现代性过渡,即现代化进程。时间是一维性的,即时间只有一个量度和一个向度,是线性的。世界时间是现代性的普世化,即现代化规定性。历史时

---

[1] 别尔嘉耶夫:《俄罗斯思想》,三联书店1995年版,第31页。

间是传统性的特殊化,即特殊化规定性。历史时间是封闭的系统,世界时间则是开放的系统。"开放的系统是与环境互动的:从系统外部输入能量,并输出能够改变环境的能量。封闭系统是孤立的,并没有实质性的与环境的互动。"①历史时间向世界时间的时空转型,则是两种系统的交叉,机能障碍的出现是自然的,但这种机能障碍持续得久暂则是人为的。

转型中的系统机能障碍,出现于两种系统交织的时间性区间,是突破两种系统质的规定性界限的一种常态现象。只有在"界限"的视角上,俯视两种系统未相遇状态,才能明晰不同质的规定性。这是一种思维与逻辑的研究,不再是史料学和编年史的工作。韦伯说:"'历史学'在某种意义上是一种'艺术'的命题,……在这里同时也达到了能够被称之为'对经验事物的思维整理'的最外部边界,在逻辑意义上,这里已不再涉及'历史的工作'"。② 这里涉及了带有根本性学术意义与取向性价值判断的基本问题,即整体化的历史时间向世界时间的全面转型的发生学与类型学的整合性学理构建。社会学意义的解释学,大都以封建主义(专制主义)和资本主义(民主主义)分别标识历史时间与世界时间。这种二分法是有发生学判值意义,沿用之。在命题明确的前提下,方法论就显得至关重要。社会转型研究不应是繁琐的编年史的年代学解说,也不应是繁冗的古史辨式考据学释析,而应是与世界时间相对应的世界历史的研判。"世界历史的尺度是以数十年来衡量的。早一二十年或迟一二十年,这用世界历史的尺度来衡量,是算不得什么

---

① M.蒙道扎等:《社会系统》,海斯出版公司1982年英文版,第28页。
② 马克斯·韦伯:《社会科学方法论》,中国人民大学出版社1999年版,第61页。

的,这从世界历史的角度来看,是微不足道的,甚至无法大略加以计算。正因为如此,拿世界历史的尺度来衡量实际政策问题,便是极为严重的理论错误。"①长时段的世界历史是历史学的深度学理价值之所在,马克思指出:"现代历史著述方面的一切真正进步,都是当代历史学家从政治形式的外表深入到社会生活深处才取得。"②历史时间转换为世界时间是人类灵魂的天使历路,揭示这种心路历程,正是社会生活深处的学理探究的体现。马克思的方法论对于转型研究具有指导意义:"在研究任何历史科学、社会科学时一样,应当把握住:无论在现实中或头脑中,主体——这里是现代资产阶级社会——都是既与的;因而范畴表现这个一定社会的,这个主体的存在形式、存在规定,常常只是个别的侧面;因此,这个一定社会在科学上也绝不是在把它当作这样一个社会来谈论的时候才开始存在。"③

从社会势能结构来看,专制主义系统的历史时间与民主主义系统的世界时间,是截然不同的质的规定性,"专制系统和民主系统之间的区别本质上是在于系统中的行动者的目标之间的关系属于不同类型。专制系统的特点是在上级与下级(行动者)之间具有领导与被领导的关系,也即是指下级(行动者)的目标可以从上级(行动者)的目标中派生出来。在专制系统中最高级的目标称为组织目标,系统中的全部成员必须服从这个目标。……(民主主义)集体系统的基本特征是民主和联合决策。"④民主是西方文化的结

---

① 《列宁选集》,第 2 版,第 4 卷,第 212 页。
② 《马克思恩格斯全集》,第 12 卷,第 450 页。
③ 《马克思恩格斯选集》,第 2 卷,第 109 页。
④ A.汉肯:《控制论与社会》,商务印书馆 1984 年版,第 65、87 页。

构性要素,起源于古希腊城邦,现代民主分为直接民主和代议制民主。在第二次世界大战前,大多数西欧北美现代化原生地域国家实行有限制的代议制民主,如财产资格、性别、族裔等方面限制,二战后大多实行无限制代议制民主,君主立宪也是代议制民主的一种形式。直接民主只在西欧一些微型国家实行。民主不仅是政治制度形式,也是经济制度形式,更是社会生活方式。

全球意义上前现代社会向现代世界转型发生的时间界标在哪里?这既是发生学研究的起点,也是类型学划分的界线。国际学术界比较一致的看法是1500年,因为"1500年是人类历史的一个重要转折点"。"1500年以前,人类基本上生活在彼此隔绝的地区。各种族集团实际上以完全与世隔绝的方式散居各地。直到1500年前后,各种族集团之间才第一次有了直接的交往。从那时起,它们才终于联系在一起。""严格的全球意义上的世界历史直到哥伦布、达伽马和麦哲伦进行远航冒险时才开始。在这以前,只有各民族平行的历史,而没有一部统一的人类历史。"[①]问题的深层次意蕴在于当时人们的1500年是否具有今天人们关于1500年的内涵?答案既是否定的,也是肯定的。克罗齐所说的"一切历史都是当代史",其道理正在于此。这里不做社会转型的具体史实探讨,只进行研究的逻辑模式探究。

托马斯·库恩在《科学结构的革命》一书中说:"作为一个不得不接受的悖论,某一理论要战胜它的论敌,它就必须解答它所面对的一切问题,而实际上这是做不到的,根本无法做到。"任何理论都

[①] 斯塔夫里阿诺斯:《全球通史——1500年以后的世界》,上海社会科学出版社1992年版,第3页。

存在盲区,克服的办法就是应用现代思维科学与认知科学的最新成果,结合研究对象的特点,构造复合型的知识网络结构,使理论的盲区在跨学科整合性研究中趋于最小化,使理论研究更具客观准确性。

逻辑是复合型方法运作的中枢,也是人类思维的组织工具和自在自为的思维特质。模态逻辑以其历久弥新的科学生命力,在当代知识结构和认知范式中得到更加充分的运用。模态概念始创于古希腊大哲学家亚里士多德。模态是在逻辑中,按照命题断定可能性与不可能性、偶然性与必然性,对命题进行分类的基态。上古时代和中世纪学者曾对此做过研究,但文艺复兴以后被弃置,直到现代数理逻辑发展到滥套子,缺陷与局限性日益明显,才使现代模态逻辑重新兴起。作为现代数理逻辑的继起形态,现代模态逻辑也由古代的命题分类基态演化为整合形式逻辑与数理逻辑的"严格蕴涵"的模态系统。由古希腊到中世纪,模态逻辑完成了开放的逻辑基态到封闭的判断实态的自我蜕化,中经南欧文艺复兴、西欧启蒙运动、近代科学革命,由实态而解体成为更新的逻辑判断与认知体系的元逻辑工具。

第二次世界大战以后,在现代科学与哲学的整合作用下,模态逻辑重新回到人类逻辑认知思想宝库之中,当然这一次回归是经过现代科学认知手段的重组,已不再是亚里士多德原来意义上的模态,而是作为近代逻辑科学革命继形式逻辑、数理逻辑之后的更高级形态——现代模态逻辑而出现。

模态逻辑的功能是处理命题的必然性和可能性的,这些性质同真和假相对。模态逻辑的功能结构空间是多值逻辑和严格蕴涵系统。多值逻辑允许在真和假之间有其他真值;严格蕴涵系统即定理系统,在一定程度上视在系统的公理中表现的不同模态之间的不同关系而有所区别。与经典的命题演算系统相比,美国逻辑学家刘易斯始创的现代逻辑命名系统,除了包括命题变元和命题连接词,还含有一个表示"可能"的一元命题连接词,同时引进表示"必然"的另一个一元命题连接词。20世纪50年代以来,许多逻辑学家致力于模态逻辑的研究,建立了包括谓词演算在内的完形模态逻辑系统。1959年,美国逻辑学家克里普克(S. Kripke)用"可能世界"(Possible World)的概念建立模态逻辑的法义理论。这是模态逻辑由逻辑运算操作向逻辑应用解析的重大转变,由此开始人文社会科学应用模态逻辑的崭新学术时代,即所谓"语义分析"时代。

20世纪后半期人文、社会科学研究已经进入到"语义分析"(维特根斯坦语)阶段。语义分析已经超出语言学分支的学科范畴,成为模态逻辑的运作载体。语义分析与模态逻辑同构,形成以语言为核心的认知与思辨的统合运作,意义是现代模态逻辑运作普适性的集中体现,具体分为意义与所指,非共时态的事实判断;意义与真理,非历时态的价值判断;意义与思想,非全称的模态判断。

意义与所指。对一定实体(物体、标记、声音等)的感知能产生对另一事物的联想,人们看到烟会联想到火,听到脚步声会联想到有人经过,这类联系为天然符号联系。道路标志或红十字图形等,这类符号与所指之间的联系不是必然的,而是人为设定的,为非天然符号联系,语言即是这种非天然符号联系。表现一定的事实,而据以产生的逻辑判断就是事实判断。词和句子是符号,人们关心的不是这些符号本身,而是这些符号代表的事实,其所指的意义内涵的有机构成是以非共时态条件为前提的。模态逻辑运作过程中,出现绝对共时态条件的事实判断,将被证为非逻辑时态的超逻辑判断,并丧失意义。因此,意义在所指中揭示出来的事实判断是非共时态的,即一事物仅在特定时态中具有特定的意义内涵,避免了非科学的泛意义主义。

意义和真理。逻辑实证理论认为,可验证性是经验意义上真理的标准,在科学真理的殿堂中排除了价值判断的可实现性。模态逻辑对真理的确认方式,是实证判断与价值推演共同运作得出真值真理,是逻辑确认的真理。真理在词语结构和言说运作中的显现,并非仅是存在于某时态某事物中的"那一个"真理。真理的学理意义超越了"那一个"真理的原初性状,渗入主观意向的价值判断。意义学的真理,是逻辑确认的真理;形式逻辑的真理,经过某种价值观念预设的三段论程式得到确认,呈现为价值绝对真理;数理逻辑的真理,经过复杂、缜密的数学工具运算获得证实,表现为理性绝对真理;这两种逻辑的真理在各自体系中,都是绝对的终极真理。模态逻辑的真理,在逻辑体系构造中给出真与假及其他可能的多元值域,从而克服形式逻辑的价值绝对化和数理逻辑的理性绝对化,使真理经得起各种不同认知立场的检验,成为人类逼近客观存在真实情境的知识灯塔。

意义和思想。言语是思想的表达,意义是言语所表达的思想的内涵。有思想的言语,必定有意义,有意义的言语未必都表达思想。日常用语仅陈述简单生活事实,不在模态逻辑的意义学思想范畴之内。模态逻辑的思想是非全称判断,亦是逻辑大厦高层次认知判断。模态逻辑是对意义表达语句的思想性解码和释义性编码。建构与解构两个互逆的逻辑思维向量,在同一个思维过程中被有机地完成,思想的意义和意义的思想完形化地同构于人的认知运动之中,推动人类思维不断向更高级化方向发展。

模态逻辑由于其逻辑功能更适宜当代人文——社会科学发展的大趋势,作为历史转型研究的认知视角和逻辑工具也是顺理成章的。科学的逻辑工具只有与科学的方法论工具相匹配,才能达到学术创新的目的。

前现代社会向现代世界转型是学术研究领域新拓的园地,其方法论工具在价值层面的追求,应是工具理性与价值理性的有机整合。在力求客观准确的科学研究活动中,价值介入的方式始终是社会科学研究的焦点。20世纪初,德国著名社会学家马克斯·韦伯试图通过"价值中立"来解决价值介入与客观准确之间的方法论上的二律悖反困局。他提出"在社会科学里,理论依赖于一般的解释……解释无法以经验内在的判断加以证实或拒斥,价值关联因而是方法论所不可避免,但它们却又不具有客观的联系,社会科学家因此有责任宣称其基本的理论假设依赖于……价值中立的主张"。[①] 实际上,社会科学研究中绝对的价值中立是难以做到的。自然科学是"按照客观的尺度"来看待自然的,社会科学则是"按照主观的尺度"来看待社会的。社会科学研究中的"价值中立"也是一种价值介入,追求客观中立的学术态度和立场这种努力不是没有启迪作用的,要从根本上构筑令人信服的社会科学体系,就不能没有客观公认的通行的学术范式,如物理定律、数学公式一般。韦伯之所以取得卓尔不群的学术成就,在于成功地驾驭了方法论上

[①] 马克斯·韦伯:《论社会科学的逻辑》,台湾幼狮文化出版公司1991年版,第17页。

价值介入与价值中立之间的张力。

借鉴韦伯的方法论构造和当代人文——社会科学方法论的最新成果,着重探讨社会转型的方法论互动整合研究机制的运作模式。首先,确立四个功能性方法论工具范畴。它们是主位(Emic)与客位(Etic)、理解(Understanding)与研究(Approach),从中衍生出自然科学、社会科学、哲学、艺术四大基质性学术部类,同时从方法论领域导引社会思潮。"主位是从一个集团成员那里了解这个集团对于已经发生、正在发生、将要发生的事情的看法的惟一途径。……客位与主位相反,要求研究者不仅要了解研究对象自身的偏好,还要研究引起人们改变的自然环境的客观因素。"[①]主位是主体性、情感性、随机性的,客位是客体性、科学性、确定性的。

从类型学与发生学合构的思维框图出发,自然与社会科学基本处于以下四种方法论工具值域。

(1)哲学:主位理解(Emic Understanding),研究取向上价值介入;客位方法(Etic Approach),研究方法上价值中立。

(2)社会科学:客位理解(Etic Understanding),研究取向上价值中立;主位方法(Emic Approach)研究方法上价值介入。

(3)自然科学:客位理解和客位方法,研究取向与研究方法均保持价值中立。

(4)艺术:主位理解和主位方法,取向与方法均为价值介入。

主位与客位是两种不同界定的价值尺度。主位以人为尺度,是主体性与主观性的,作为自为的物自体,它是主体性的;作为认知的物自体,它又是主观性的。主位是"生活世界"(Life-World)

---

① M.斯宾塞:《现代社会学基础》,学殿公司1982年英文版,第69页。

的主轴,大千世界因之而被人类认识、改造,并使人类"发现并且证实了一种新的力量——建设一个人自己的世界、一个理想世界的力量。"①

　　客位是一种人类认知的境界,其前提与基础是主位的高度发展与全面拓展。仅以 20 世纪学术思潮兴替,略加说明。20 世纪初,西欧兴起了现代主义思潮,很快波及东欧、北美,并在东方的中国与日本也找到"知音"。现代主义以主位为思想的神祇,但也不拒绝以客位的方式来展现、揭示主体的"生活世界"。现代主义要消解客位对主位的异化,由于方式方法还是客位的,使得这种消除异化的努力,以客位对主位的再异化而告终。

　　二战以后,特别是五六十年代以来,西方社会科学界兴起了后现代主义思潮。这种思潮痛感现代主义消除客位对主位异化的不力,将主位推向极至,以主位方法取代客位方法,人类精神领域高度主观化,导致思想空间充塞、弥漫浓厚的主观化氛围和情感化基调。尽管这种思潮是在高技术、高物质条件下对高情感的渴求与追求,并对高物质与高技术强化了的客位对主位的异化具有反拨作用,但后现代主义致力于消除高度发达的物质现代化对人的异化的主观愿望还是应予肯定的。同时,应该看到后现代主义思潮在发展中国家弥散,极易与这些国家对现代化持保留态度的传统文化纠合在一起,阻碍发展中国家加速现代化建设的社会转型进程。

　　20 世纪 80 年代后期,随着后现代主义在西方日渐式微,加之苏联解体、东欧剧变,后历史主义顺势而兴。后历史主义不同于现

---

① 卡西尔:《人论》,上海译文出版社 1988 年版,第 288 页。

代主义、后现代主义,它以整合的理解取向,将此前截然分开的主位与客位有机地同构起来。从思想取向上,现代主义表现为相对的绝对主义,主观上把主位凌驾于客位之上,客观上仍未超越客位表达方式的阈限,主观的相对性仍然受制于客观的绝对性。后现代主义从主观取向到客观表达,都采用主位化,从主观的相对性引申出客观的相对性,表现为绝对的相对主义。后历史主义是现代主义和后现代主义的"合题",是对前两者的重构性整合,表现为相对的相对主义。后历史主义的思维方法论应用布莱希特的"间离"理论可以得到直观形象的说明,在主位与客位之间形成"间离"效应,即主位理解和思维链条中加入客位方法在思想时空中造成间离效应的模态,反之亦然。在方法论工具的思维互动中,使主位与客位有机同构,良性循环,整合运作,"努力追求一种客观的拟人性"。(卡西尔语)

封建制度占主导的前现代社会向资本主义现代世界的社会大转型,总体上发生于"封建社会经济形态在世界范围内的衰亡,……从15、16世纪资本主义生产关系产生的时代起,经过文艺复兴、宗教改革、尼德兰革命、英国革命和法国革命等一系列社会变革,到17、18世纪在欧洲确立资本主义制度[①]。"近代资本主义发轫于中世纪西欧封建社会内部,是从封建生产关系内在矛盾运动中产生出来的、对旧制度的革命性否定力量,是历史发展的逻辑产物,是打破孤立的、地缘的、血缘的、族际互动的封建社会制度的世界性力量。"世界各国封建制度的表现形式是千差万别的,但是它们的社会生活和生产条件在本质上是基本相同的。一切封建社会

[①] 朱寰:《世界中古史》,吉林人民出版社1981年版,第3页。

的生产都是个体性小生产。这是封建社会区别于……近代资本主义社会的主要特点之一。"① 作为封建统治阶级的革命性对立面"资产阶级由于开拓了世界市场使一切国家的生产和消费都成为世界性的了。……物质的生产是如此,精神的生产也是如此。民族的片面性和局限性日益成为不可能,于是许多种民族的和地方的文学形成了一种世界的文学。"② 经典作家在这里使用的"文学"一词是指人类在科学、艺术、哲学等精神文明领域创造的成果,并非仅指文学作品。资本主义生产方式和生产关系的产生与发展,从根本上动摇了封建主义赖以存在的基础。资本主义从空间上界定,以普世性为特征,是对封建制度土地分封、权力割据的否定,而这种否定是建立在生产要素由自然萌发到自组织化地以效益最大化为前提的全球化配置基础上;从时间量度来看,体现为现代化,以资产结构有机构成为内涵的社会阶层格局成为新时代的质的规定性,资本主义社会成为替代封建主义社会的更高级形式,"资本主义社会的经济结构是从封建社会的经济结构中产生的。后者的解体使前者的要素得到解放。"资本主义"是一种生产与消费私有化的经济制度。"③ 从前现代封建制度社会向现代资本主义世界的社会大转型是社会发展的巨系统,研究这一重大历史进程,没有现成的模式,这也正是历史研究的永恒魅力所在,因为"历史的本质正在于此,如果加以固定化,那么一切都会变成假象,历史是不断变革的形成人类生活的客观形成的历史。因此,不可能通过以一种经验和历史的方法来研究各种特殊形式的连续的现象,来理解

---

① 朱寰:《世界中古史》,第1页。
② 《马克思恩格斯选集》,第2卷,第254—255页。
③ M. 斯宾塞:《现代社会学基础》,第562页。

这些特殊的形式"①。马克思主义始终认为,历史是人的历史,社会转型说到底是人的转型,"整个历史也无非是人类本性的不断改变而已"②。因此,在社会转型研究中,主要是通过历史主体——人的线索,揭示出社会基本矛盾运动规律及其牵动整个社会结构和意识形态的根本性改变。

社会转型问题研究,通过对特定时段史实剖析,应用当代逻辑工具和方法论工具,在学理层面互动整合,从社会基本矛盾入手,把握社会发展基本规律,构造新的问题板块,将问题置于四维学术思辨界面;纵向——空间维发生学视角,社会科学的理性思维与自然科学的精确方法;横向——时间维类型学视角,揭示实时社会转型与当代学理研究的社会转型的互动整合关系。

在封建主义前现代社会向资本主义现代世界全面转型的背景话语下,俄罗斯的社会转型在1861—1917年这一重要历史时段中,显现的历史时间对世界时间的异化,传统性特殊化对普世性现代化的扭曲,只有置于广阔的世界历史范畴中,才能得以明晰透辟的阐释,列宁指出:"在分析任何一个社会问题时,马克思主义理论的绝对要求,就是要把问题提到一定的历史范围之内,此外,如果谈到某一国家(例如,谈到这个国家的民族纲领),那就要估计到同一历史时代这个国家不同于其他各国的具体特点。"③与共时性空间的世界时间相比,俄罗斯本时段的历史时间具有异化与过渡的形态,既非未与世界时间发生接触的纯粹历史时间,亦非完成转型后的世界时间。在世界时间的坐标系审视下,俄罗斯具有三个方

---

① 卢卡奇:《历史与阶级意识》,商务印书馆1992年版,第187页。
② 《马克思恩格斯选集》,第1卷,第172页。
③ 《列宁全集》,第20卷,第401页。

面的时间性精神空间结构特质,即相对于世界时间的社会政治形式——代议制民主,专制主义沙皇制及其带有世界时间特征的衍生物——各种改革和国家杜马;相对于个人主义主体本位,俄罗斯有集体集权主义本位的皇家社会主义及其对立物——民粹主义;相对于天主教和新教,俄罗斯有深蕴东方专制主义的东正教。这正是由俄罗斯所处历史阶段的社会发展的物质水平所决定的,"思想、观念、意识的生产最初是直接与人们的物质生活,与人们的物质交往,与现实生活的语言交织在一起的。观念、思维,人们的精神交往在这里还是人们物质关系的直接产物。……意识在任何时候都只能是被意识到了的存在"。[1] 历史对于现代化后来者,永远是历史时间与世界时间冲突与交往的时空界面。俄罗斯从彼得大帝,中经叶卡特琳娜二世,走到亚历山大二世的1861年;从此,时间作为创造历史的主体不再单一化了,而是结构性的分化了。沙皇及其官僚集团对于社会转型的掌控能力,被由其开启的社会转型进程弱化了,新的创造历史的主体参与进来了。1917年是1861年逻辑的结果,1991年是1917年异化的结局,"自然界和社会中的一切界限都是有条件的和可变动的,没有任何一种现象不能在一定条件下转化为自己的对立面。"[2]20世纪在地球陆地面积1/6的广袤大地上演出的一幕幕历史悲喜剧,其序幕在1861年就已经开启了。

对于这一时段俄罗斯历程,帝俄末期、苏联时期、后苏维埃时期,俄文作者著有大量著述,按着历史哲学基本取向,大致可分为

---

[1] 《马克思恩格斯选集》,第1卷,第30页。
[2] 《列宁选集》,第2版第2卷,第850页。

皇家史学派、马克思主义史学派、新自由主义史学派三大流派,具体到某一史家仍需作具体的剖析,俄苏史学家大都局限于史料编纂与判析,使得他们的学术成果的史料学价值无人匹敌。西方对这一课题的研究,长于理论构架,其理论创新意义大于具体史实的阐析。1949年以来,中国对这一时段俄国史研究,分为三个时期:中苏"蜜月"期,整个20世纪50年代,基本上对苏联学科体系的照抄照搬,同时开始了创立自己学科体系的知识积累与学术储备;六七十年代,中苏关系恶化,为中国学术界摆脱苏联模式影响提供了政治前提,以周一良、吴于廑两位先生主编的《世界通史》出版为契机,具有中国学者原创性的一大批论著,其中也包括这一时段俄国史方面的著述面世,尽管受到特定历史年代的局限,仍起到"开一代风气"的奠基作用,提出中国学者的见解,但坚持阶级斗争是这一时段俄罗斯社会的主要矛盾,把斯大林时期的阶级斗争观点推向极端,套用一切领域;改革开放以后,随着中国共产党中心工作转移到以经济建设为中心,史学界突破了以阶级斗争为纲的束缚,孙成木等学者出版了中国第一部《俄国通史简编》(人民出版社1986年版),一大批论著也相继面世,与发达国家历史状况相比,俄国史研究仍显冷僻。2001年刘祖熙先生出版了《改革和革命——俄国现代化研究》(北京大学出版社2001年版)。这一时期中国的俄罗斯(1861—1917)研究,试图在史料与史论两个方面有所突破,取得了一些成果,但未在整体上达到与国际学术界前沿方向同步。本研究报告在继承前辈的成果基础上,努力追踪国际学术前沿,争取达到有一定学术创新价值的理想状态。本研究报告从世界时间的普世性与历史时间的特殊性互相异化、互僭对方存在形式的作用机制剖析出发,从发生学行为与类型学结构的学理框架出发,分九大问题域,解析本时段俄罗斯现代化存在的问题与矛盾的性状,避开广为人知的史实性记述与既有专著的论述重点,开拓新的研究领域与树立新的问题意识。

第一章 大改革:半封建主义与半资本主义的社会转型的启动

在俄罗斯历史上,以1861年农民改革及其一系列改革为内涵的大改革,具有重大的时间划分与空间转换的临界作用。大改革标志着俄罗斯由东方传统文化向西方现代文明、由传统集权制国家向现代代议制国家、由传统农业社会向现代工业社会的全方位转型的启动。换言之,1861年俄罗斯开始了现代化的全面进程。这一点是中外学术界较为一致的观点,但俄罗斯现代化社会转型是外源次生的,其目的是"为不被日益进步的欧洲所淘汰"[1]。刘祖熙先生认为,"俄罗斯现代化的进程启动于1861年的农民改革"[2]。苏联时期历史学家认为,1861年改革是"由封建农奴制社会制度向资本主义制度的一大转变"[3]。"1861年的农民改革,是由封建农奴制的君主政体变为资产阶级君主政体的第一个重大步骤"[4]。"(19世纪)60年代的资产阶级改革虽然维护了地主的利益,同时也为俄国资本主义的发展开辟了广阔的道路。沙皇俄国

---

[1] 钱乘旦等:《走向现代国家之路》,四川人民出版社1987年版,第287页。
[2] 刘祖熙:《改革和革命》,北京大学出版社2001年版,第3页。
[3] 涅奇金娜:《苏联史》,三联书店1959年版,第2卷第2分册,第64页。
[4] 诺索夫:《苏联简史》,三联书店1977年版,第1卷下册,第330页。

已经向资产阶级君主制度转变的道路上迈出了最初的几步。"[1]后苏联时期的俄罗斯学者认为,"1861年改革后,俄罗斯社会转型处于过渡时段,从社会精神领域来看,人们的思想状况极为混乱,既不崇尚西欧文化,也不排斥彼得大帝前的传统思想。"[2]西方学者认为,"19世纪俄罗斯是以农民为主体的社会与以现代化为符号的变革力量迎面相撞的第一个大案例,是一个传统社会试图应对那些破坏传统基石稳定的力量——工业化、城市化和世俗化的不成功的努力。"[3]"大改革是俄罗斯走向君主立宪制具有关键性意义的一步。"[4]1861年开始的进程,"作为历史的回旋极大地影响了20世纪后期苏联的走向。"[5]

为什么1861年俄罗斯会发生大改革?西方与帝俄及后苏联时代俄罗斯学者一般认为,这是当时俄罗斯社会上层具有西方自由主义人文理念的知识精英与官僚群体在与传统利益集团斗争中取得的胜利。苏联和中国及其他国家马克思主义史学家认为,大改革是经济基础发生变化的必然结果,农奴制生产方式已经丧失了在世界市场进行比较优势竞争的基本效益,成为社会生产和资本主义工业化不可克服的障碍,成为沙皇统治危机的根源,因而亚历山大二世迫于农民斗争和新生资产阶级及其在政治上代表的压力,实行"自上而下"的农奴制改革。从发生学角度来看,大改革是

---

[1] 潘克拉托娃:《苏联通史》,三联书店1980年版,第2卷,第422页。
[2] T. A. 安德列耶娃:《俄罗斯诸省的社会政治制度(16世纪—20世纪初)》,车里亚宾斯克1993年俄文版,第94页。
[3] W. S. Vucinich: *The Peasant in 19th—Century Russia*. Stanford, 1966. p. viii.
[4] M. K. Dziewanoski: *A History of Soviet Russia*. Prentice—Hall, 1985. p. 36.
[5] Robert Strayer: *Why did the Soviet Union Collapse*? ME Shape, Inc. 1998. p. 25.

历史发展综合作用力的结果,不是单一或某几种因素作用的直接后果,而是共时性空间中的历时性差异,历史时间与世界时间的互相作用与反作用的混合产物,是俄罗斯传统的封建主义历史时间与欧罗巴现代的资本主义世界时间在其社会空间结构中发生转型变化的实态与时态统合的时空连续区。

社会转型是现代化后发国家向现代性国家的过渡进程,因而具有比较取向的学理特质。现代化是由农业社会向工业社会的转变过程,即"近代资本主义兴起后的特定国际关系格局下,经济上落后国家通过大搞技术革命,在经济和技术上赶上世界先进水平的历史过程。……现代化实质上就是工业化,更确切地说,是经济落后国家实现工业化的进程。"[①]罗荣渠先生关于现代化的界定,也是从比较的角度阐述的。内生原发现代化与外生后发现代化的二元学理架构,既是历史的实态,也是理论的元态。离开比较的元理论立场,不但立论无法确立,阐析也就无从谈起。与惯常的成说不同,社会转型并非直接导源于物质领域,对于现代化后发国家来说,恰恰相反,它首先来源于精神启蒙与意识形态的突破,这种精神领域的变革先驱不是横空出世,而是现代化原生区域先进理念的摄取与反映。这种精神变革是历史时间被世界时间替代的前兆与实践形式。

俄罗斯自大改革开始的历程,典型性地展示了现代化外源后发国家社会转型的基本路径模式:精神启蒙→民族失败后的制度创新→物质丰盈→利益分配机制异化→社会成本递增→扩张性社会需求压力下的社会供给收缩性改革→改革失效后的民粹主义反

[①] 罗荣渠:《现代化新论》,北京大学出版社 1993 年版,第 9、11 页。

拨→统制式波拿巴主义体制→社会民主革命→稳定的现代性国体确立。

大改革启动的社会转型是世界时间背景下的历史时间的蜕化与更生,世界时间与历史时间相比,更具反思性与超越性特质。因而,社会转型"都取决于不同的环境因素和事件的关联,这种关联的性质因各种具体情境而异,而情境又总是涉及行动者的反思性监控,这些行动者置身于各种条件中,并在这些条件下'创造历史'。"[①]世界时间在现代化次生国家通过超越性与反思性的历史时间的异化形式与历史时间的元态进行曲折的、时而隐匿、时而激烈的斗争,其良性的结果是世界时间取代了历史时间的形式,负性的结果是历史时间取代世界时间的形式,两者互相僭取对方的合法性资源,丰实自己的合法性,成为惟一合法性的圭臬。俄罗斯上层精神史上,历史时间与世界时间的冲突,肇始于彼得大帝时期,世界时间压倒历史时间出现于"开明专制女皇"叶卡特琳娜二世时期,其后世界时间趋向渐衰,特别是十二月党人起义失败,尼古拉一世倡行官方人民性的历史时间理念,世界时间被边缘化,但仍以"西欧派"为载体,与"斯拉夫派"历史时间斗争。1855年2月,亚历山大二世继位和俄国在1853—1856年克里米亚战争中败北,标志着世界时间不但在精神领域中,而且在体制形式上,开始对历史时间的独断地位发起全面解构性冲击。在赫鲁晓夫、戈尔巴乔夫执政时期,人们耳熟能详的政治名词:"解冻"、"公开性"在这一时期第一次出现。世界时间的普世性力量第一次在俄罗斯历史上发挥主要推动作用,1856年3月19日,由英法主导的处理克里米亚

---

① 吉登斯:《社会的构成》,三联书店1998年版,第362页。

战争善后问题的巴黎和会发表宣言规定,"俄国应设立并完善国内公益事业;在其法庭上应充满正义和仁慈;新的力量应致力于启蒙及一切有益活动,所有人都应得到公正和受到保护,享受劳动成果。"①同日,继位仅一年时间的亚历山大二世发表《结束克里米亚战争宣言》,他表达了世界时间内涵的改革愿望,既向西方列强做出承诺,也向俄国民众发出呼吁:"愿俄国内部秩序建立起来,不断得到改进;愿真理和慈悲在她的法庭上占据统治地位;愿争取受教育和参加各种有益活动的志向以新的力量到处蓬勃发展起来;在对所有的人都一律平等、一律保护的法律庇护下,愿俄国每一个臣民都安心享受自己劳动的果实。"②民族失败是世界时间以精神启蒙形式替代历史时间的加速器,如俄国这种文化类型和地缘区位的社会;也可能迟滞这一替代进程,如19世纪的奥斯曼帝国。克里米亚战争对于俄国来说,失败是必然的结局,这是"一个生产方式落后的民族对几个具有现代生产的民族的一场无望的斗争。"③现代化后发国家的民族失败,既表现为与发达国家直接对抗而失败,也表现为实施赶超战略、举措失误而导致的挫折。

民族失败崩解了历史时间对世界时间的精神冰封与文化禁锢。历史时间的精神守护者集团面临民族失败,跨出了传统的樊篱,1856年自由主义倾向的斯拉夫主义者萨马林写道:"我们不是被西方盟国军队打败的,而是被国内落后击垮的。"世界时间的民

---

① 勒·格·扎哈洛娃:《俄国专制制度、官僚和19世纪60年代改革》,载《历史问题》俄文版1989年第9期,第4页。
② 蒋相泽:《世界通史资料选辑》(近代部分),商务印书馆1964年版,上册,第336页。
③ 《马克思恩格斯全集》,第29卷,第128页。

族代言者——西欧派代表人物契切林说,不取消农奴制"无论政治的、行政的、社会的,任何问题都得不到解决。"①历史时间的制度存在形式——农奴制,同时遭到它的维护者与反对者的共同唾弃。

自彼得大帝始,在世界时间的宏观时空背景下,俄罗斯进入到特殊性与普世性、传统性与现代性二元冲突、互异、融构的民族精神苦难历程。俄罗斯世界时间的主要参照坐标系是普鲁士,彼得大帝后几任沙皇或长期居留普鲁士,如叶利萨维塔女皇;或出生于普鲁士,如叶卡特琳娜二世及其丈夫彼得三世。后彼得的俄罗斯,始终处于世界时间与历史时间的时空张力之中,首先体现为精神领域的意识形态二元性状。这一点,与俄罗斯官方的现代化摹本——普鲁士殊途而同归。普鲁士是后于英法,步入世界时间的时空序列,而且保有自己的历史时间的内核。正因如此,普鲁士对于现代化次生国家的社会转型具有示范效应。普鲁士的起步、跃迁的前提条件与文化特征,对于现代化后来者极具吸引力,突出的例证是帝俄及日本。

普鲁士起飞始于腓特列大帝,1740年他登基时"勃兰登堡普鲁士在财富、教育、技术方面甚至比1660年时的法国还要落后,普鲁士专制主义建立在比法国原始得多的物质和文化基础上,但它却是被许多方面更加近代化的意识形态所激发的。"②普鲁士腓特列大帝实行"开明专制",臣民对统治者只能服从,不得提出异议。德国古典哲学家康德把18世纪称为"启蒙时期或腓特列世纪"。腓特列大帝把开明专制的实质一言以蔽之曰:"讨论你想要讨论的

---

① G. Freeze ed.: *Russia*. Oxford 1997. p.172.
② C. B. A. Behrens: *Society, Government and Enlightenment*. Harper Row, 1985. p.36.

一切,但必须服从。"①时任英国驻普鲁士大使休·伊利奥特说:"普鲁士君主制令我想起一个巨大的监狱,在这所监狱的中央是一个伟大的看守人,他全神贯注地照料他的囚徒。"②腓特列大帝的"开明专制",是现代化后发国家实施"赶超战略",统合全部资源,形成举国体制,实现跨越式发展的社会转型的历史性途径。"开明专制"既是现代化后发国家社会转型启动的历史工具,也是迟滞这些国家社会转型到位的现实桎梏。"开明专制"的前提是历史时间与世界时间认同的差异及由其导致的精神世界分裂,在德意志表现尤为突出,俄罗斯著名作家陀斯妥耶夫斯基以精神分析大师的睿智,指出德意志精神特质:"就是他们从来不同意把他们的命运和原则融合在一起。这种品质是自从他们在历史地平线上出现以来就有的……在这整整两千年中,他们一直在对后者(西欧)进行反抗。"③自最初以"日耳曼蛮族"称谓出现在欧洲历史以来,德意志人就没有完全罗马化,没有像其他西欧民族那样受到富含民主政治思想的古典文化彻底的精神改造,而是承袭上古的日耳曼军事酋长制传统和中世纪神圣罗马帝国的衣钵,自然地在现代化取向的社会转型进程中采取"开明专制"的举措,"自上而下"地进行变革。在这一点上,普鲁士与俄罗斯有着惊人的相似,"如果说德国不属于西方,那么,俄国也不属于西方"④。因而,造成了克罗齐所说的德意志与西欧的"精神分歧"⑤。这种精神分歧同样存在于俄罗斯与西欧之间。在世界时间的背景话语下,解决以这种"精神

---

① C. B. A. Behrens: *Society, Government and Enlightenment*. p. 135.
② H. Temperley: *Frederic the Great and Kaiser Joseph*. London 1915. p. 21.
③ 科·平森:《德国近现代史》,商务印书馆 1987 年版,上册,第 18 页。
④⑤ 科·平森:同上,第 19 页。

分歧"为深层次心理症结的社会转型启动方式问题,普、俄两国君主不约而同地采取了"自上而下"的变革方式。如果说俄罗斯由于普遍的落后,民智未启,易于接受这种变革方式。那么,在德意志这个号称"哲学家的国度",世界时间的精神体系——德意志古典哲学的故乡也接纳这种变革方式?这是因为"德意志政府的性质几乎是同德意志人受到的哲学启示相对立的。由此产生的结果是,他们将思想上的最大胆与最服从的性格结合起来。军事国家的突出地位和森严的等级划分,使他们在社会生活关系中习惯于绝对服从。对他们来说,服从是常规,并非卑躬屈节,……(德国知识分子)在他们自己中间就思辨领域的问题进行过激烈的争论,在这方面不能忍受任何束缚,但他们轻易地放弃生活中一切现实的东西,把它们交给人世间强有力的人物。"[①]腓特列大帝在"开明专制"的旗帜下,建立起精干、高效、权能统一的中央集权机构,成立自任主席的财政、军事和王室土地总执行局,下设5个执行部门,颇似现代政府责任内阁,但效率要高得多。军政国策皆出于腓特列大帝一人,大臣不过是办事员。腓特列大帝的"开明专制"为其身后的农奴制改革和"普鲁士道路"的出现创造了前提条件。

世界时间的时空资源配置的基本功能与根本取向,是使人力资源、物化资源、自然资源在资本化中介组合下,以收益递增的目标模式,效益最大化地组合起来。历史时间则相反,用宗法人格化中介强制地分割人力资源、物化资源、自然资源,以虚拟人格的实体化为惟一目标模式,完全不遵从收益递增规律,故而历史时间中

[①] 科·平森:《德国近现代史》,第35—36页。

"富不过三代"成为铁的定律。由此导致治乱轮回、盛衰兴替。普鲁士地区的农民处于"再版农奴制"的压迫之下,开明专制君主大多对农奴制持否定态度。腓特列大帝提出了改革农奴制的原则理念:"在欧洲大多数王国中,有些省份的农民依附于宗教领地,或者是领主的农奴。在所有情况中,这是最不幸的,而且是最违反人性的。没有人注定生来便是他的同类的奴隶。我们很有理由痛恨这种恶俗,并且很容易相信只要大家愿意就能废除如此野蛮的一种习惯。但这个想法并不现实;它是建立于早期租地法和地主与庄户间的契约之上的。耕作是按照农民提供服役而规定的;谁要突然地想废弃这种可憎的制度,就会整个地推翻处理地产的方式,因而就必须部分地补偿贵族因失去他们的地租而引起的损失。"[①]腓特列大帝针对的是易北河以东地区的农奴而言的,"易北河以东则是庄园奴役和人身(肉体)苦役的领地,因此除非庄园主高兴或命令,农民不得迁徙。"[②]这一区域的再版农奴制带有一定资本主义商品生产性质,在市场机制激励下,封建主为谋取利益最大化,用超经济强制的办法把农民束缚在土地上,强行压低农民劳动力价格,把农业经济成本转移到农民身上,投资工商业和城市,给封建主带来了巨额利润,农民却备受农奴制的煎熬。[③] 普鲁士农奴制与俄罗斯农奴制性质有所区别,容克地主是普鲁士的土地贵族,也是国家机器运转的中坚和国王统治的基石,因而,腓特列大帝虽然谴责农奴制,但未对农奴制进行全面改革。普鲁士国家是国王与

---

① 蒋相泽:《世界通史资料选辑》(近代部分),第 69—70 页。
② D. S. 兰德斯:《国富国穷》,新华出版社 2001 年版,第 333 页。
③ 朱孝远:《近代欧洲的兴起》,学林出版社 1997 年版,第 28 页。

容克结盟的产物,因而农奴制成为国王对容克为国服务的报偿。[①]改革农奴制,势必撼动国王的统治。如果没有外力的推动,特别是民族失败的强刺激,农奴制改革是无法想象的。现代化后发国家社会转型的规律,首先在普鲁士发生了作用。1806年10月耶拿战役,普鲁士武装力量被拿破仑统帅的法兰西军队粉碎,在1807年7月鉴定的《提尔西特和约》使普鲁士丧失了一半的领土与人口,从欧陆大国沦为三流国家。为了重振昔日雄风,普鲁士上层开始了国家主导的全面改革,涉及国家行政、市镇管理、军事组织、国民教育、农奴制度等各个方面。其中,农奴制改革最为重要。普鲁士的农奴制改革历两任首相、半个多世纪而克厥其功,以普鲁士历史时间的特殊化形式汇入世界时间的普世性时空之中,成为传统农业社会向现代工业社会转型的异化模式——列宁所说的"普鲁士道路"。斯泰因首相任内,于1807年10月9日颁布《关于放宽土地占有条件、自由使用地产和农村居民人身关系的饬令》,其后斯泰因内阁又颁布一系列相关配套法令,规定自1810年圣马丁节起必须废止一切人身依附关系,货物交易完全自由;任何人,无论贵族、市民、农民,均可自由划分、抵押、买卖土地。法令从原则上,取消了"农民保护",允许土地自由交易,限制容克对农民土地的超经济侵夺。斯泰因开启了农奴制改革的闸门,触犯了容克的利益。继斯泰因因外交事件下台而任首相的哈登堡,面对容克的巨大压力,从斯泰因法令立场上有所倒退,1811年9月14日颁布《关于调整地主与农民之间关系的敕令》,将封建土地所有权、徭役制度和农民的人身依附关系规定为容克的"私有财产",要求以"赎买"

[①] 钱乘旦等:《现代化的迷途》,浙江人民出版社1999年版,第55页。

方式来解决农奴制度改革问题,维护容克的既得利益不受损害。法令规定,农民必须用土地或现金来补偿容克庄园主。斯泰因——哈登堡改革,使"自上而下"的农奴制改革,变成半封建主义(保护容克土地贵族利益不受侵犯)半资本主义(通过改革,以农民作为资本原始积累的来源,加以彻底的剥夺,使其成为工业与农业资本主义经营的劳动大军)社会转型的基础。列宁指出:"(普鲁士式)消灭农奴制的道路,就是农奴主——地主经济慢慢地转变为容克——资产阶级经济,大批农民变成贫农和雇农,用暴力保持群众贫穷的生活水平,同时分化出一小撮富农,也就是资本主义必然要在农民中间造成的资产阶级的大农。"①"普鲁士道路"的农奴制改革,使国家与其同盟者——容克同时获得了利益最大化的改革收益,从而使普鲁士成为德意志诸邦的第一强国,最终在普法战争获胜的礼炮声中建立了"第二帝国",统一了德意志。德意志民族在普鲁士的军事国家主义的驱策下,向着民族失败的深渊"策马狂奔,绝尘而去",在20世纪发动了两次世界大战,仅第二次世界大战就给全人类造成4万亿美元物资损失和1亿人员伤亡的奇灾巨祸。②

德意志自腓特列大帝到魔王希特勒的历史,以铁血的残酷形式演绎着德意志精神世界极性化分裂的症状,"德意志政治思想中充满分裂观念"③。德意志精神上两极分裂特征,在歌德的《浮士德》中得到经典的表述:

在我的心中啊,盘踞着两种精神,

---

① 《列宁选集》,第1卷,第769页。
② 王斯德:《世界现代史》,高等教育出版社1988年版,上册,第487页。
③ 科·平森:《德国近现代史》,第11页。

> 这一个想和那一个分离!
> 一个沉溺在强烈的爱欲当中,
> 以固执的官能紧贴凡尘;
> 另一个则强要脱离尘世,
> 飞向崇高的先人的异境。①

因此,德意志成为"欧洲的精神战场"。②

德意志两极性的精神特质与俄罗斯精神性格颇为契合。俄罗斯是一个矛盾的集合体,是历史内在张力与社会外在冲突的地缘文化带。"俄罗斯是矛盾的,是二律背反的。……而每个人都在按自己的方式信仰着俄罗斯,每个人都能在俄罗斯充满悖论性的存在中找到事例来支持自己的信仰。惟有立刻承认俄罗斯的悖论性,它那骇人的矛盾性,有可能揭开隐藏在俄罗斯灵魂深处的那个秘密。"③俄罗斯的矛盾性状存在于社会生命的时空四维连续体之中,在时间维度上,是世界时间现代化普世性与历史时间传统化特殊性的矛盾;转换成空间维度,就是西方与东方的二元对立,始于彼得大帝改革,"俄罗斯的历史就是西方与东方在俄罗斯灵魂中斗争的历史"④。在空间维度上,还存在南北矛盾与上下矛盾。前帝国时期的俄罗斯历史上,存在着南北两个中心的矛盾。南方以基辅为中心,受拜占廷文化影响,具有较强的东正教文化意蕴;北方以诺夫哥罗德为中心,受斯堪的纳维亚影响,具有强烈的前资本主义形态世俗商业文化色彩;两大文化板块互相碰撞。由于鞑靼入

---

① 歌德:《浮士德》,复旦大学出版社1982年版,第57—58页。
② 科·平森:《德国近现代史》,第17页。
③ 别尔嘉耶夫:《俄罗斯的命运》,云南人民出版社1999年版,第13页。
④ 同上,第15页。

侵和莫斯科的兴起,两种价值取向对立的文化融合共存于俄罗斯精神深处,构成了俄罗斯悖论性精神性格。上下矛盾,是社会上层——官僚、土地贵族及沙皇统治集体与下层平民,特别是农奴的矛盾。这一矛盾,在彼得大帝改革后有所激化,彼得及其后继者在18—19世纪前期大力强化农奴制,把农奴劳动作为资本原始积累的主要形式,同时加强土地贵族阶层,将其作为统治的依靠力量与主要基石。上下差距逐渐拉大,形成巨大的社会鸿沟,使俄罗斯处在不可调和的矛盾性结构中。俄罗斯的悖论性像巨大的历史旋涡,使人们不由自主地裹挟进去,不自觉乃至下意识地与之相适应。俄罗斯悖论性的显象表现,就是特殊性历史时间的空间内容与普世性世界时间的时间本质的矛盾,这一矛盾表现为形而下,实质却是形而上的。俄罗斯深受其累,历数百年而未得解脱,因为"形式的天才不是俄罗斯的天才,他难以和空间对俄罗斯灵魂的统治相配合。"[1]1861年大改革前,俄罗斯社会矛盾的死结是农奴制。俄罗斯精神领域的世界时间意识形态的出现与发展,是以批判农奴制为主要特征的。世界时间意识形态的人格形式——知识分子,出现于号称"开明专制君主"的叶卡特琳娜二世统治时期。第一代知识分子大都是贵族出身,因为在叶卡特琳娜二世时期"俄罗斯高等贵族已经开始欧化到脱离民族传统的程度"[2]。俄罗斯知识分子从行为到言语,把世界时间的内在本质转化为对历史时间的外在批判。被誉为"俄国第一个知识分子"的拉吉舍夫,在农奴制登峰造极的18世纪后期,激烈地批判之,他的"社会政治观点比

---

[1] 别尔嘉耶夫:《俄罗斯的命运》,第55页。
[2] 斯塔夫里阿斯:《全球通史——1500年以后的世界》,第378页。

西方的启蒙学派更富于革命性。他的出发点是：必须进行农民革命和推翻专制制度。"①拉吉舍夫比同时代俄国知识分子更具革命性，把批判矛头直指农奴制及其固守这种制度的专制国家，开启了俄罗斯历史上知识分子作为世界时间内涵的社会良知对于历史时间的腐朽落后性状进行革命性批判的时代。当然，拉吉舍夫只能运用批判的武器——论著，同压迫性农奴制政权做斗争。1790年，拉吉舍夫出版了批判农奴制的激进著作——《从彼得堡到莫斯科旅行记》。这部书的序言写道："我环顾自己的周围，我的心已为人类的痛苦刺伤。"他在书中淋漓尽致地揭露了农奴主对农奴的剥削与压迫："贪婪的野兽，贪得无厌的吸血虫，……给农民留下的只有拿不走的空气。……就对农民的关系来说，地主就是立法者，法官，判决的执行者；原告可以随心所欲，被告不敢出口一言"②。拉吉舍夫在这部著作中表达了推翻农奴制沙皇政权的革命愿望，"他在《旅行记》中的一首《自由颂》里写到：人民要起来，成为严厉的复仇者，砸烂'铁宝座'。……在书中表现出他是第一个贵族革命者、共和政体的拥护者和启蒙主义者。他热烈地主张农奴制的俄国走进步的资本主义和文明的道路。"③《旅行记》第一章是"启程"，接下来20章描写了沿途所见所闻，揭露了农奴制的罪恶与不合理，揭示了农民的愚昧和不觉悟。拉吉舍夫是第一个秉持现代性世界时间观念同俄罗斯历史时间观念及其建制作不调和斗争的知识分子，"拉吉舍夫把对农奴制的明确谴责同哲学的、社会的、政治的和

---

① 潘克拉托娃：《苏联通史》第2卷，三联书店1980年版，第155页。
② 同上，第156页。
③ 同上，第156—157页。

经济的观念结合起来,深刻地影响到《旅行记》和其他作品。"①西方学者指出:"拉吉舍夫的献身精神,成为其后一代又一代(俄罗斯)知识分子的主要特征。逐渐地,他们不把自己看作是不富裕的贵族或牧师的儿女,而是作为解放俄罗斯人民的新阶级的一员。"②俄罗斯知识分子受到以"西欧"为符征的世界时间的观念与践履熏陶,对于"俄罗斯母亲"——祖国的落后状态有着切肤之痛,对于改造历史时间时态的社会有着强烈的紧迫感和使命感。专制国家权力机器在亚历山大二世登基前对知识分子排斥、镇压。世界时间理想境界与现实境遇的巨大反差,使得俄罗斯知识分子"对分配和平等的需求总是凌驾于对生产和创造的需求之上的。"③俄罗斯知识分子由于身处独特的政治社会环境中,有着强烈的济世救民的践行意识。他们同俄罗斯文化底蕴一样,先天具有悖论性禀赋,双足深陷在俄罗斯历史时间观念形态的泥淖中,思想的眸睛闪烁着现代性世界时间的超越性神韵。他们的人文关怀与践行取向,呈现出价值目标的悖论性,"在人类活动的两种形式破坏和创造或者斗争和生产性劳动中,知识阶层全力以赴,致力于第一种形式,那么在社会获得财富(物质财富和精神财富)的两种基本途径——即生产分配中,他们同样特别认同第一种途径。"④

俄罗斯知识分子独特的批判性和革命性禀赋,植根于极性化文化土壤,没有引入理性思辨,在历史时间的社会空间性结构,用世界时间观念对其进行解构与重构中,出现了两种倾向。两种倾

---

① N. V. Riasanovsky: *A History of Rusiia*. Oxford Press, 1977. p. 328.
② Lkochan: *The Making of Modern Russia*. Penguin Books, 1983. p. 147.
③ 基斯嘉柯夫斯基:《路标集》,云南人民出版社 1999 年版,第 2—3 页。
④ 同上,第 178 页。

向都失之于绝对化,一种在19世纪蜕变为尼古拉一世的官方人民性意识形态和"斯拉夫派"思潮;另一种演化为"西欧派"和"开明官僚"理念。但真正构成俄罗斯知识分子精神传统的,不是官方意识形态,而是对既存秩序(历史时间内涵)积极否定与消极否定取向的批判意识。彼·司徒卢威说:"俄国知识阶层对国家的背叛和疏离以及对国家的敌视则是他们惟一的思想形式。在俄国知识阶层的精神史上,这种背叛以两种形式表现出来:绝对的形式和相对的形式。它的绝对形式,产生于无政府主义,以及否定国家和一切社会秩序的行为之中(如巴枯宁和克鲁鲍特金公爵等的行为)。"[1]18世纪后期,俄罗斯知识分子对于专制国家的否定,处于理性启蒙阶段。俄国专制制度,无论开明与否,使知识分子的世界时间的价值取向和普世性知识诉求无从实现。如果不按照官方历史时间内涵、世界时间表象的意识形态行事,知识分子将遭受残酷的迫害,挣扎于绝望的渊薮。拉吉舍夫控诉道:"在社会里……苦恼超过忍受的限度,便产生绝望的挣扎。"[2]专制统治不仅残害知识分子的肉体,更戕伐世界时间取向的高洁人格与心灵,社会精神进步是以牺牲知识分子的生命为代价取得。拉吉舍夫忠实于自己的信念,而对专制政权的残酷残害,不苟且偷生,勇敢地自我结束生命,"拉吉舍夫明确了解,在俄国,忠于进步将会陷于怎样的绝境。他指出,自杀是人们由于德行而遭受迫害的最后避难所。"[3]18世纪后期俄罗斯知识分子对于现实的批判,只停留于论著言说上,同时消极地反抗专制统治。不能苛责这些可敬的俄罗斯知识分子,恩格

---

[1] 基斯嘉柯夫斯基:《路标集》,第144页。
[2] 普列汉诺夫:《俄国社会思想史》,商务印书馆1996年版,第342页。
[3] 同上,第363页。

斯明确地指出他们悲剧性命运的症结所在:他们"只能在……时代的条件下进行认识,而且这些条件达到什么程度,……便认识到什么程度。"①

19世纪俄罗斯知识分子对于农奴制国家的批判,进入到"绝对否定"阶段。与之相伴生的,还有官方知识分子。无论是否定性批判的革命知识分子,还是肯定性建设的官方知识分子,两者在世界时间的背景话语下,针对不同历史时间的具体问题,经常互易其位,互易其旨,构成波澜壮阔的百年知识分子心路历程的历史卷帙。亚历山大一世率领俄军及反法联军开进巴黎,结束了拿破仑一世的资产阶级帝国,既为俄国赢得"革命终结者"的"反革命堡垒"的"殊荣",也为世界时间的观念形态渗透到其统治支柱——贵族军官集团洞开了过去禁锢的思想闸门。19世纪初,拉吉舍夫对于俄国贵族具有巨大的影响,许多受到以西方思想为载体的世界时间观念熏陶的青年贵族和青年军官,都认同于拉吉舍夫变革农奴制的理念。1812年的抗击拿破仑的卫国战争,使贵族先进分子认识到,农民群众是维护国家稳定与安全的支柱,农奴制是不利于巩固国本的,因而必须改革。随后追击法军,进入到中欧、西欧,贵族军官看到俄国落后的症结就在于农奴制。后来的十二月党人发出浩叹:"难道我们解放欧洲是为了把欧洲的脚镣手铐戴在自己身上吗？难道我们拿宪法给法国是为了我们提也不敢提到它吗？难道我们用鲜血换来了头等国际地位是为了在家里受凌辱么?"②十二月党人、《俄罗斯真理》的作者佩斯捷尔写道:"从欧洲的一端到

---

① 《马克思恩格斯选集》,第3卷,第562页。
② 蒋相泽:《世界通史资料选辑》(近代部分),第205页。

另一端,到处都是一样。从葡萄牙到俄国,没有一个国家例外,甚至连英国和土耳其这两个极端相反的国家也一样,改革的精神,时代的精神,可以说到处使人心潮澎湃。"而"把农民束缚在土地上是[俄国]国内一切动乱的原因。"①十二月党人在俄罗斯知识分子中,第一次把批判的武器,变为武器的批判。他们于1825年12月14日发动起义,遭到沙皇当局的残酷镇压。十二月党人的"思想和斗争,甚至连他们的失败和死亡,都对俄罗斯社会的精神和文化生活产生了重大的影响。"②列宁中肯地指出:"这些革命者的圈子是狭小的。他们同人民的距离是非常远的。但是,他们的事业没有落空。"③

十二月党人失败后,俄国知识分子陷入深刻的反思和深深的精神危机之中,撤出了武器批判的战场,重操起了批判的武器,"这是从十二月党人到赫尔岑的时期。农奴制的俄国是闭塞的停滞不前的。起来反抗的只有极少没有人民支持的软弱无力的贵族。然而贵族中的优秀人物促进了人民的觉醒。"④世界时间与历史时间直接进入了理论交锋的思想战场,分别被标识为"西欧派"和"斯拉夫派"。19世纪30—40年代,两派展开大论战,争论的焦点在于普世性世界时间路径和特殊性历史时间路径,何者为俄罗斯未来发展的道路。斯拉夫派认为,俄罗斯的历史发展道路完全不同于西欧,俄罗斯文化禀赋了"第三罗马"东正教基因,天然地优越于西方文化。斯拉夫派认为"村社"是整合化、无阶级的俄罗斯社会的

---

① 潘克拉托娃:《苏联通史》,第262、263页。
② 泽齐娜:《俄罗斯文化史》,上海译文出版社1999年版,第164页。
③ 《列宁全集》,第18卷,第15页。
④ 《列宁全集》,第19卷,第327—328页。

历史基因和现实基石,西欧社会是处于阶级分裂、阶级对抗之中的。村社避免了阶级分化,从根本上避免西欧现代资本主义社会的阶级斗争与革命局面的出现。斯拉夫派比人们想象的更激烈地对农奴制持否定态度,在改革农奴制方面,他们比"西欧派"更激进。因为,他们认为,农奴制破坏了村社世界的和谐,导致阶级对立的出现,从根本上动摇了俄罗斯社会的稳定与和谐,必须废止。斯拉夫派留恋前彼得大帝的"纯粹罗斯",对其后的欧化改革多有指责。尽管如此,斯拉夫派不是一般地反对世界时间的普世性,而是试图充分利用历史时间的文化资源与精神财富,寻觅到一条俄罗斯特殊性的走向自我完善至境的天使之路。斯拉夫派就其思想归旨而言,不是彻底否定世界时间观念的历史时间的原教旨观念派别,它仍是世界时间背景话语下,试图通过特殊性道路达至与普世性境界同等的目标。斯拉夫派的潜在语境,在 21 世纪初才得到全然析释,它追求一种特殊性的普世化道路,第三罗马是它的发生学源头,第三国际是它的类型学范式,两个阵营全球对峙是它的现象学界定。斯拉夫派与俄罗斯特殊性是异体同构的,对于西欧派和其他人来说,俄罗斯特殊性是认识论命题;对于斯拉夫派来说,俄罗斯特殊性是本体论存在。斯拉夫派思想在后来的俄罗斯分别传承于泛斯拉夫主义、民粹主义、社会民主主义。斯拉夫派成员都是开明贵族出身,他们是尝试把世界时间的普世性理念与俄罗斯历史时间特殊性精华相结合的思想先哲,他们在精神上是十二月党人的后裔,但又与之不同,十二月党人是否定性贵族革命家,他们是建设性贵族开明派。斯拉夫派的政治思想更加接近于君主立宪制,而不是民主共和制。斯拉夫派坚持"村社"理念的核心,在于否定农奴制。如果说,斯拉夫派利用历史时间特殊性资源,否定农奴制。那么,西欧派则坚持世界时间普世性理念,否定农奴制及其国家权力形态。

西欧派是从世界时间普世性高度,来审视俄罗斯。他们认为,俄罗斯与西欧没有本质的不同,差异在于俄罗斯的落后,深层次的落后症结在于官方人民性意识形态所坚持的专制君主、东正教、村社三合一体理念。他们指责斯拉夫派坚持"村社"发展道路,是"幼稚地膜拜我国历史上的幼稚时期"。俄罗斯现代化的核心问题,是全面否定传统的鞑靼——拜占廷内涵的历史时间心态,这种历史时间是消解更加先进的以"欧化"为表现形式的世界时间普世性的结构性、能动性异化机制。西欧派代表人物契切林对于两派论战,总结性地写道:"斯拉夫派的全部说教对于我来说是某种荒谬的、没有道理的东西……我热爱祖国并且是东正教会的忠实儿子,从这方面说,这种学说似乎可以得到我的同情。但人们要我相信,受彼得改革影响的俄国社会整个上层多鄙视一切俄国的东西,盲目地拜倒在一切外国的东西面前。这种情况在彼得堡的某些客厅里可能会有,但生活在俄国的我却从未见过。人们肯定地对我说,人类的最高理想就体现在那些我曾在其间生活并从孩提时代就十分了解的农民身上,这对于我来说是荒谬的。人们要我仇恨所有那些在俄国历史中我为之自豪的东西:彼得的天才、光荣的叶卡特琳娜二世朝代、亚历山大的伟大功勋……他们证实说,我们从西欧的自由中没有什么好学的,并且拿出彼得以前的罗斯作为证据。……我从小就习惯于尊重的教育,我渴望学习的科学,被看做是像毒药一样必须提防的危险谎言,而被许诺取代它的是某种谁也不清楚的俄国科学。这种科学现在还没有,但它将在某个时候从不可侵犯地保存在农民中间的土壤上发展起来。这一切如此地不符合真理的要求和俄国社会的现实,如此地违背最普通的健康思想的指示,以至于对我们这些还没有被莫斯科沙龙里的争论弄糊涂的外省人来说,斯拉夫派是某种怪诞的东西。……在莫斯科的沙龙之外,俄国生活与欧洲教育很安静地和睦相处,他们之间没有任何矛盾;相反,后者取得的成就对于前者来说纯粹是好处。我的双亲的全部愿望就是要使我们受到欧洲教育,他们认为这种教育是对任何俄国人的最好美化,也是报效祖国的最可靠手段。"①

现代化后发国家的社会转型,是以思想领域的世界时间观念突破历史时间观念的阈限为前提的。社会转型的启动源于其精神发生学的践行,社会转型的特征、规模、性质受制于精神发生学的类型模式。社会转型的精神发生学构成机理和作用方式比较复杂,至少有四方面群体因素——沙皇及官僚集团、知识分子、土地贵族、农民必须予以特别的关注,这四个阶层的互动是创造历史的主体过程,也是阐析历史的主体要素。随着亚历山大二世执政、"解冻"、"公开性"的实施,斯拉夫派与西欧派,由从理论上论证改革农奴制的必要性,转为从操作层面提出改革农奴制的方案,由务虚转到务实。

斯拉夫派理论家萨马林在1856年秋所作的《论农奴地位及其转向公民自由》札记中写道:"农奴制度已经过时,变成了累赘,人民不能再容忍了。"他指出:"任何法律,甚至任何用陛下名义的口头劝告,即使这种劝告是由宪兵军官、侍从武官和侍从武官长传达的,都不能使人民容忍农奴制度。"萨马林批判了地主与农奴存在宗法家庭关系,必须维护农奴制的说法:"地主拥有几乎漫无限制

---

① 转引自姚海:《俄罗斯文化之路》,浙江人民出版社1992年版,第136页。

的、不受约束的家长权力;但农民不把他看做家长,而认为他是自己天生的敌人,力图摆脱他的压制而获得自由。"萨马林认为,农奴制极大地削弱俄罗斯的社会劳动生产率,"人民生产率的主要推动力的削弱——这是目前农奴劳动者阶层所处地位的直接后果。"提高劳动生产率,必须废除农奴制度,因为"劳动生产率与劳动者的自由直接有关"。① 另一位斯拉夫派活动家科谢列夫认为,"一种习惯,一种东方的(我不想说得更强烈些)惰性使得我们在摆脱农奴制度方面裹足不前。几乎所有人都相信自由劳动优于徭役劳动,自愿服役胜于被迫服役,但我们都抱残守缺,知善不从"。无视农奴制的历史时间落后性特质,导致"维护奴役人的农奴制度本身,是不会有成效的,而且也毫无裨益,无论社会良心或当代工业、国民福利和国家安全的要求,都已判处它的死刑。"农奴制改革到了必须实施的时候,"现在正是解决这个问题的时候了,拖延这个问题的解决是危险的,也是不利的。"科谢列夫认为,改革农奴制,地主的利益不会受损失,相反还会增加"随着农奴制状况的消灭,情况将完全两样:一半土地和差不多全部森林(因为森林仍必须由地主亲自保管)将完全归地主所有,而贵族将有必要亲自经营自己的农业,或把自己的土地出租给能够认真从事这一行业的人。我们(地主和贵族)由此得到的收入不会减少,反而会增加。"②

斯拉夫派在改革农奴制问题上,主张分给农民土地,分给农民的份地是解除农民对地主人身依附关系的前提与结果。斯拉夫派著名代表人物霍米亚柯夫在1859年致沙皇改革农奴制委员会的

---

① 《萨马林全集》,第2卷,莫斯科1878年俄文版,第41页。
② 科谢列夫:《札记》,1884年俄文版,第197、199页。

信中,说:"究竟能为农民的份地规定多大的面积呢?委员会的一切讨论,善意的主人的一切的解释,一句话,俄国经济条件的一切实际意义,都导致这样的结论,即每人分给两俄亩(宅地在外)最接近于所探求的面积:各地都可以同意这样的面积,只有诺沃露西亚和伏尔加河左岸的边区例外,那儿土地价值较小,土地又多,应当规定得大一些。而且,就是那些地方,也不一定要超过三俄亩。"[1]斯拉夫另一些代表人物主张把实际由农民占有的全部份地都留给农民,但对政府削减农民份地措施也给了支持,他们认为:"这种缩减有三个目的:第一,为了不致使农民负担过多的、不必要的缴纳;第二,为了保留尽可能多的贵族占有地;第三,为了尽可能地减少应当缴给地主的款项。"斯拉夫派坚持份地的取得必须向地主缴纳赎金,即农奴制改革、人身依附关系的解除和份地的取得,农民必须付赎金。科谢列夫写道:"如果有人认为,人们因为不必缴纳代役租就不去劳动的话,那么为了让他们放心,应当告诉他们:农奴大概不会一文不花就变成自由人,在许多年以内,他们都必须为解放而履行相当于今天他们所缴纳的代役租的义务。"霍米亚柯夫说:代役的货币额是多少?"一定比赎买时缴清利息所付出的多得多;否则地主就会破产。总之,土地的义务缴纳一定会使农民痛苦,但还是使地主不满足,因为地主首先没有雇佣第一批雇佣劳动力的资本。"[2]斯拉夫派改革农奴制的方案,是半封建主义与半资本主义的大杂烩。一方面,他们坚持连带土地解放农奴,为资本主义土地关系的形成和工业化创造条件;另一方面,他们主张,收取

---

[1] 《霍米亚柯夫全集》,第3卷,第306页。
[2] 同上,第297—298页。

超市场价值的高额赎金,用封建主义超经济强制,掠夺本已一贫如洗的农民,使农民在改革后,既失去农奴人身依附关系所提供的最低限度的保障,又丧失独立开展生产经营活动的最基本的生活资料。斯拉夫派的主张,对于农民意味着资本主义剥夺和封建主义掠夺双重灾难。从已有社会结构既得利益集团本位出发的社会转型设计,其未来利益是以损害社会转型的主体支持力量——下层民众可能的获益为代价的。在这一点上,斯拉夫派客观上与农奴主对待改革的想法殊途而同归了。

同传统教科书和苏联式体系论著相区别的历史事实是农奴主并不一概反对解放农奴,因为农奴主大多受到以"西化"为标志的世界时间观念的教化,有的农奴主甚至早在改革前,就自己解放农奴。如贵族 M. B. 彼得谢夫斯基在自己的领地,为他的农民建立一个自我解放、自我管理的法郎吉庄园,而农奴们认为这是主人为抛弃他们设下的骗局,将其付之一炬。[①] 农奴主由于直接面对农奴,对于俄罗斯农民的封建依附性有着切身感受,农民与农奴主是俄罗斯社会宗法式社会扭结的两股绳、一个结的关系,两者是互为依存的,是封建性社会结构的主干。相对于农奴主来说,农民先天地缺乏自在自为的品质,对世界时间观念的无知到了无以复加的地步。正如马克思指出的:"(农民)的生活方式、利益和教育程度与其他阶级的生活方式、利益和教育程度各不相同并互相敌对,所以他们就形成一个阶级。由于各个小农彼此间只存在有地域的联系,由于他们利益的同一性并不使他们彼此间形成任何的共同关

---

① R. E. MacMaster: *Danilevski: A Russian Totalitarian Philosopher*. Cambridge, 1967. p. 50.

系,形成任何的全国性的联系,形成任何一种政治组织,所以他们就没有形成一个阶级。因此,他们不能以自己的名头来保护自己的阶级利益,……他们不能代表自己,一定要别人来代表他们。他们的代表一定要同时是他们的主宰,是高高站在他们上面的权威,是不受限制的政府权威,是不受限制的政府权力,这种权力保护他们不受其他阶级侵犯,并从上面赐给他们雨水和阳光。"[1]农奴主是农民的直接代表,沙皇政府是农民的最高主宰。大改革前俄罗斯的封建宗法性,由农民家庭这一社会基本细胞放大为专制国家,西方学者指出:"农民家庭是一个微型专制社会。"[2]俄罗斯农民封闭性的精神特征,是社会转型前城市与农村社会内部二元分离的负性产物,"由于传统的对城市和市民的不信任,农民几乎都不愿意搭理城里来的各类官员。有教养的人,往往是城里人,如果他想改变农民的想法,使其了解新的政治理念和意识形态,几乎是对牛弹琴。"[3]农奴主利用农民只处于自在状态,而尚未有自为的觉悟,从打着保护农民的旗号,提出改革,使本阶级利益在改革性利益结构调整中,不受损失或少受损失,并争取收益最大化的实现。农奴主代表人物高里津认为,农奴主为农民提供的好处,远大于农奴主从中的收益。他说:"(农民)的幸福和安宁如果不是指望地主的话,还能指望什么人呢?要知道,无论是农民栖身的土地还是用来养家糊口的宅地,都是属于地主的。……俄国庄稼人的生活在许多方面比外国的庄稼人好得多。"[4]农奴主阶层的代言人热尔吐辛

---

[1] 《马克思恩格斯选集》,第1卷,第693页。
[2] N. Vakar: *The Taproot of Soviet Society*. New York, 1961. p. 37.
[3] W. S. Vucinich: *ibid*. p. xii.
[4] 高里津:《印出来的真理》,圣彼得堡1858年俄文版,第154页。

坚持从本阶层的利益取向来阐释改革方案,他写道:"生活的改善为农民获得完全自由准备条件;给地主以准备采用自由劳动的时间;并使一切国家机关和法律都逐渐适应于公民彼此间的及其与政府间的新关系,——这正是为正在实行的改造预先规定的道路:这是一条谨慎而缓慢的道路,但它是自然的和可靠的道路。"他认为,农奴主的基本原则仍是适用的,只是有些局部需要调整:"我们的最基本的论点包括公开承认生活改善或作为生活改善前提的强制使用不是消灭农奴制度,而仅仅是限制它和准备进行解放。我们坚持这个以实验为基础的并在我们看来以常识为基础的论点,现在我们还是表述这种意见,只不过换了一些词句:强制使用,不管它表现为何种方式,都是和自由不相容的;不可能不顾一个自由人的意志,为了另一个私人的利益而使他屈服于强制的义务之下;……总之,不管什么都一样:或者逐步准备让农民得到完全自由,而在这以前继续维持包括强制使用在内的农奴制状态[虽然是有限的农奴制状态,但毕竟是农奴制状态];或者实行一次解放?尽管第一种办法有着显著和无可争议的合于情理的渐进性,有着便于遵守我们列举的条件的一切有利条件,但在问题讨论的现阶段,在目前的思想状况下,我们认为它是绝对不可能的,而据我们的看法,问题应该由一次解放来解决。"他还坚持为保护农奴主的利益,必须采取强制赎买的解放农奴措施,赎买包括土地和徭役义务,这样才能使地主"生活于自己的田庄内;经营农业时不感到困难;以及享有他们按自己的教育程度和财产而能具有的那种影响。"[1]农奴主的代言人一方面承认改革的必要性与迫切性,另一方面大谈

---

[1] 《地主杂志》,俄文版第6卷,第24期,第8页。

农民与地主的宗法亲情,试图冲淡阶级压迫的残酷性质。创刊于1858年的《地主杂志》在改革前夜发表的文章中写道:"在开明和善意的地主那里,对改善自己农民生活的关怀占据业务经营的第一位。……不少农民承认他们完全满意自己的目前处境,他们不懂得文件,他们甚至不认为他们会从即将来到的变革或改进中得到更好的待遇。……很少地主利用自己对农民的所有权来为非作歹。……在农民生病时,谁是惟一帮助农民的人呢?当然,是地主和他们的妻子。"[1]农奴主阶层在改革前拼命洗刷农奴主的罪恶,另一方面顺水张帆,在改革中继续谋取强势地位,把自己的意向转化为官方的决策。

西欧派深深地浸淫在世界时间普世性的地缘情结之中,站在西欧视角,审视俄罗斯,检点着落后的症结——农奴制。西欧派的代表契切林横跨西方、东方两种文化语境,写道:"欧洲给了我它所能给的一切。我亲眼看到了人类在科学、艺术以及国家和社会生活中创造出的最高成就。因此我不能不相信:这一切无限度地超过了我在祖国所留下的印象。"[2]契切林认为取代俄罗斯历史时间特殊性社会体制性存在物——农奴制,应用世界时间普世性的劳动组织形式——雇佣劳动,取代强迫劳动,"我们努力达到的(改革)目的是:用以个人契约为基础的自由劳动代替中世纪权力基础上的强迫劳动。……目前经济方面农奴制度的实质在于:地主享有农奴的强制劳动,为此他或者供给后者土地,或者供以糊口之

---

[1] 《地主杂志》,俄文版第2卷,第7期,第43页。
[2] 契切林:《财产和国家》,莫斯科1882年俄文版,第322页。

资。"①契切林主张建立农业资本主义生产方式,实行农奴享有土地的解放方式。他认为,带土地的解放,为地主经济转变为资本主义农业经济提供了前提条件。带土地的解放,为农民劳动的再生产提供了必要的资料,免除了地主维持农奴制所付出的经济与社会成本,使地主能够集中资源发展资本主义规模化农业生产。另一方面,带土地的解放通过赎买来进行,赎金构成地主经济转型资本原始积累的货币形态。他指出:"农民不应该是居无定所的雇农,而应该是定居的所有者。"②契切林主张以土地贵族的大地产的货币转移作为资本主义农业方式的转型主要载体,他说:"许多贵族的田产都转到了资本家的手里,但是这在任何情况下都是不可避免的,而且不能被认为是坏事:这就是土地所有制的灵活性的自然后果。只有用纯粹人为的方法才能把土地保留在负债人的手中,才能阻止有钱人购买土地。……俄国大部分贵族除了不善于合理安排自己的支出外,还不善于进行正常的经济活动。"③因而,土地转移、积聚与贵族构成结构的变化相辅相成,他主张对贵族重新进行界定,以适应土地资本化的社会转型的新形势。他认为,"地产是贵族的物质基础,是使它拥有物质力量和在国内起作用的东西。"④因而,"在国内不仅具有法律意义而且具有实际势力的贵族,应当是土地所有者等级。"⑤契切林说,贵族"不能把一切土地

---

① 契切林:"论目前及未来地主农民状况",载《文学与哲学》杂志 1858 年第 1 期俄文版,第 493 页。
② 同上,第 501 页。
③ 契切林:《回忆录·莫斯科大学》,莫斯科 1932 年俄文版,第 13—14 页。
④ 契切林:《当代问题》,莫斯科 1862 年俄文版,第 23 页。
⑤ 同上,第 141 页。

所有者,即任何一个土地所有者都接纳到自己的圈子中来。"①对于新加入者有两个先决条件,必须具有:资格与教养。贵族的新鲜血液来自于大地主,而不是小自有农。契切林对于前资本主义农业生产的另一种方式——小农经济的局限性有着超前的认知,他指出:"最有掠夺性的经济是农民经济,农民通常从土地中得到可能得到的一切,却什么也不还给土地。从社会的利益着眼,让受雇于资本家的无产的农民来耕种土地,比让他自己赊买土地要好得多。在第一种情况下,土地所提供的很多,在第二种情况下,几乎什么也不给。"②契切林主张,把破落土地贵族从贵族阵营中清洗出去,吸纳新生的资本化大地主,他宣称:"由于注定的规律,今天存在于俄国乡村的人数少的有教养阶级应当消失。"③契切林的世界时间观念的农业资本主义化道路,夹杂着俄罗斯历史时间特殊性的贵族性质,反映出社会转型的时空形态总是天然受制于其给定的阈限。

  同为西欧派的代表,如果说契切林从世界时间普世性历史——社会学内涵,来阐发改革农奴制的问题。那么,卡维林则侧重更具实际操作意义的经济学视角,来论证农奴制的改革必要性。他认为,农奴制是前现代经济形态,其关键性症结在于,它无法引入世界时间的经济基本法则——成本收益律。农奴制经济成本,不由农奴主承担,完全体现为农奴的超经济付出。对于生产资料所有者的农奴主来说,现状是最好的,丧失了一切可能在市场价值

---

① 契切林:《当代问题》,第105页。
② 契切林:《回忆录·地方自治局和莫斯科杜马》,莫斯科1932年俄文版,第162页。
③ 契切林:《政策问题》,莫斯科1905年俄文版,第222页。

规律引导下的生产力的提高与生产方式转换的可能性,因为农奴主享有农奴的全部劳动及其成果的支配权力。卡维林指出:"大多数地主力求生产尽可能多的各种各样的粮食,而不打听甚至也不考虑是否值得从事农业,转向其他行业是否更加有利。地主所以对此不加考虑,这是由于他白白利用自己的农奴的劳动,因此仅仅根据收成和粮食成交价格来计算自己的赢利和亏损,而不考虑并且也不可能考虑他们为自己得到的这点收入究竟花费了多少。乍看起来,这一点似乎不重要,其实我国的地主和农民逐渐和普遍的贫穷的最基本原因正在于此。如果不可能计算他自己在粮食的生产上花去多少,地主也就不能决定他可以出售粮食的最低价格,而不致受到损失,所以大部分地主所依据的仅仅是成交价格和自己的需要。"①农奴经济丧失了市场机制对生产过程的调控作用,生产过程的交易费用最小化,而社会成本与自然资源成本却最大化,这种最大化成本分别由最高层——沙皇统治集团和最下层——广大农奴承担,卡维林写道:"目前大家公认这样一个毫无疑义的真理,即政府在经济上不从事任何行业、任何生产、任何采购,而这种状况带给政府的,总不是利润,而是亏损。"②农奴制是资本主义社会化的经济桎梏,农奴制经济封闭运行的成本最小化,使得建立在价值规律之上的新兴的资本主义经济运行难以与之竞争,卡维林说:"当农奴制度存在的时候,我们商人不能在生产上同地主竞争。他们有自己无偿的工人,所以工资不列入生产费用之内。价格因而是各式各样的和随机而定的,而合理的买卖是不可能的;地主压

---

① 《卡维林全集》,圣彼得堡1890年俄文版,第2卷,第27页。
② 同上,第15页。

低我们的价格,简直是不能设想同他们匹敌。"[1]卡维林认为,农奴制这一历史时间的腐蚀性机制,在消解着世界时间的价值机制功能,使在经济基础上,无从建立起资本主义经济形态,因而必须用超经济手段解决这一超经济的社会转型障碍机制,但是卡维林反对使用革命的方法促成变革,他说:"革命总是阻碍进步,引起反动,甚至破坏社会机体本身,或使它长期患病、虚弱不堪。"[2]为了避免农奴制导致阶级斗争的尖锐形势——革命的爆发,卡维林从俄罗斯历史时间的情境出发,将世界时间的线性界定加以化约,其底蕴在于贵族特权不可动摇,其动摇将撼动俄罗斯的国本,这些特权是如此重要,以致"没有它,人就变成动物,而人类社会变成盲动的群体。"[3]但是,农奴制度必须改革,这是预防革命的最好方法,卡维林指出:"在农奴制度下,情况将逐年变得更加危险和不可挽救,如果这个制度仍然处于现在这种状况下,那么它将会把整个国家炸毁。"[4]改革不应损害贵族的特权,这种特权应随改革而有所改变,更加适应新的形势,而不是阻碍新的社会关系的形成,并在新的社会关系结构中发生优势作用。他写道:"当环境和条件完全不同的时候,我们竭诚希望我们的上层等级在新的情况下保留它迄今所起的主要作用。"[5]卡维林对于贵族阶层寄予厚望,认为其是俄罗斯社会的中坚,"我们深信俄国贵族可以有幸运的未来和光辉的作用。它是最有学问的,并且比任何阶级都富裕得多,它含有

---

[1] 《卡维林全集》,第2卷,第127页。
[2] 同上,第100页。
[3] 同上,第113页。
[4] 同上,第54页。
[5] 同上,第767页。

富于生命力的复兴萌芽。"①卡维林对于贵族在改革中的前途充满忧虑,认为土地贵族只有转变为大土地资本所有者才有光明的前景,洗心革面地从封建主义宗法农奴主转变为资本主义土地经营者,"贵族社会中的贵族的许多权利已经适合于占有一定面积的庄园了;甚至在目前,关于田庄占有者、主要是居民占有者的概念已经不由自主地同贵族的概念合而为一了。而到(改革后)那个时候,大地产的占有将日益居于首要地位,并将成为贵族的主要特征、主要利益(这个等级将聚集在这种利益周围),将成为大土地占有制。"②卡维林在贵族问题上,完全从世界时间的普世性,退回到历史时间的特殊性立场上。现代资本主义对于贵族形态的大地产是一种革命性否定,西欧的历程已经证明了这一点,而卡维林则坚持俄罗斯的特殊性和例外论,他的论据是"俄国主要是农业国。无论我国的工厂工业和贸易怎样发展,但在我们这里,它们无论何时都不会像在欧洲那样形成强大的商人和厂主的中等阶层以及那么多的无土地无房产的工厂工人和无产者阶级,而同土地占有阶级和土地所有权相对立。在我国,农业在很长时间内仍然是(即使不能永远是)实业的主要的中心,并且在它周围将聚集着其他一切生产和工业生活部门;同时,土地占有阶级也将永远是主要的、头等重要的阶层。"③卡维林在社会转型的产业结构梯度递进取向,完全搞颠倒了方向,把世界时间替代历史时间的社会制度存在的农奴制改革的经济内涵,看作不是为了解决资本主义工业不发达的必由之路,而是为了创新贵族的社会经济地位内涵的必要手段。

---

① 《卡维林全集》,第2卷,第109页。
② 同上,第126页。
③ 同上,第128—129页。

历史的差异性趣味也在于此,先进的前提可以得到一个落后的结论,正应了经典作家所说的,"播种龙种,收获跳蚤。"

农奴作为改革的社会承载的主体,基本上还处于历史时间的观念形态之中,国内关于作为1861年改革的前提的农奴反抗斗争的论著汗牛充栋,本文不拟在这方面进行狗尾续貂式的讨论。只想通过两组数据,简要地剖析农民的存在性状。1826—1861年,农民反抗事件呈直线上升。1826—1839年,年均19次;1845—1854年,年均35次;1855—1857年,年均63次;1858年为86次,1859年为90次,1860年为126次,1861年猛增至1176次。① 这些数据,有两点需要做与以往不同的解析。第一,这些反抗事件不是作为阶级意识觉醒的农民反抗农奴主的阶级斗争,而是一个个的个案性的反抗事件。因为俄罗斯的农民还没有成为自在自为的阶级,这是这一时段农民的基本性状,无论西方的法兰西农民,还是东方的俄罗斯农奴概莫能外,参阅马克思的《路易·波拿巴的雾月十八日》。② 第二,在19世纪50年代,特别是1861年改革起始之年,农民反抗事件激增,说明传统宗法制的农奴主绝对统治的体制已经出现了重大裂隙了,农奴主对农奴的人身束缚大为松弛了,农奴主自身遇到比农奴反抗更具破坏性的经济危机,"一些贵族通过出售或抵押土地和农奴来获取金钱,因而大量农奴不得不听任惟利是图的新主人的摆布。1820年,贵族所拥有的20%的农奴被抵押给了贵族土地银行——沙皇的国家信贷机构。到1859年,这

---

① 孙成木等:《俄国通史简编》,人民出版社1986年版,下册,第97页。
② 《马克思恩格斯选集》,第1卷,第693页。

一数字增长到66％。"①贵族土地银行始创于叶卡特琳娜二世时期,正式开办于1786年,提供为期20年的长期贷款,贵族以农奴或土地质押,才能获得贷款,年息为8％,若借高利贷年息达20％,甚至更多。银行资本金由国家预算拨付。② 许多贵族坐吃山空,把农奴抵押给银行,换取贷款,挥霍一空,不事生产,自然无力将农奴赎回,银行把农奴组织起来,提供给新兴工场主,从事强制劳动,从资本家那里收取劳务费,抵合呆坏账。这些被质押给银行的农奴,彻底地丧失了宗法性人身保护,宗法农民在宗法家长监护下,是顺民;一旦这种监护松弛或丧失,极易变为暴民。银行质押的农奴数量增长与农民反抗事件发生率成正比例关系,无可争辩地证实了这一判断。

作为历史时间的超时空延续的实态——农奴制与沙皇制几乎是共时性地取得了传统化的特殊性,成为俄罗斯在世界时间历程中的特质。因此,农奴制的危机就是沙皇制的危机,农奴制改革也就是沙皇制的改革。16世纪,莫斯科留里克王朝在服役贵族的大力支持下,建立起沙皇制,1547年莫斯科大公伊凡四世始称"沙皇",史称"伊凡雷帝"。最初的沙皇制是君主与贵族博弈的结果,君主为贵族提供统一中央集权国家程序化的等级制度资源,贵族为沙皇提供服务,以获取沙皇的对其封地的赏赐或其既有领地所有权的法律认可。沙皇并没有取得绝对高于贵族的对于全部资源的绝对掌控,暴烈如伊凡四世这样史所罕见的沙皇,也曾在贵族的压力下,不得不弃离莫斯科,而避居异地。16世纪沙皇制确立的

---

① 勃·涅·米罗诺夫:《18世纪—20世纪初俄罗斯帝国时期社会史》,圣彼得堡1999年俄文版,第2卷,第63页。
② 诺索夫:《苏联简史》,三联书店1977年版,第1卷,上册,第262页。

前提,是对贵族占有社会经济资源的特权的认定,否则,沙皇制无以建立。贵族占有社会——经济资源的特权,体现为生产资料——土地世袭化占有,生产力——农民的农奴制占有。任何特权,首先体现为经济上的特殊优惠的制度安排,否则,特权也不成其为特权。特权是跨时空的恒久社会性事物,历史时间的特权在经济方面表现为超经济性质,在社会方面表现为差序化的全面占有性,在政治上表现为绝对的不平等性。

农奴制是沙皇对于贵族在政治、军事、经济等社会各方面服务的"赎买",不是沙皇单方面对贵族的"恩赐",是沙皇与贵族基于共同利益协调基础上的"契约"安排。伊凡四世称"沙皇"不久,在1550年法令中,规定农民离开一个领主的村子到另一个领主村子的"出走权",只限于尤里耶夫日(11月26日)前后的一周内,且必须完成其田间耕作。这样,就把农民几乎年复一年地限制在了固定领主的势力范围之内。尽管如此,农民逃亡的事件频繁发生,伊凡雷帝统治末期的1580年,颁布《禁年法》,规定从1581—1586年为"禁年",禁止农民在"尤里耶夫日"期间行使"出走权",出奔他处。莫斯科留里克王朝的末代沙皇费多尔把"禁年"永久化,农民沦为了农奴。"禁年"本初并不是一项德意志"再版农奴制"的措施,而是沙皇政府为了查明土地资源和劳动力资源,确定税额,编制土地劳动力清册,因此,需要在调查的年份禁止农民流动,以便沙皇当局准确地掌握土地、人力资源状况。农民被登记为地主名下,便丧失了"出走权",地主有权追索逃亡农民。苏联史学家认为,费多尔沙皇于1597年颁布法令,要求所有地主和世袭领主把过去5年内从他处迁来的农民送归原主,这一法令标志着正式取消"尤里耶夫日"和农民彻底农奴化。

在留里克王朝绝嗣后的大混乱(1598—1613年)期间,朝纲崩溃,内乱外扰,但农奴制的巩固未受影响,1607年叔伊斯基颁布法令,规定追索逃亡农民的年限为15年。1613年2月7日,俄罗斯缙绅会议选举贵族罗曼诺夫家族的17岁的米哈伊尔·费奥多罗维奇·罗曼诺夫为沙皇。前彼得大帝时期的罗曼诺夫王朝是等级君主制的政治结构。贵族在国策制定中享有很大的权力,是罗曼诺夫家族登上皇位的选举者,也是其合法性的来源。贵族给罗曼诺夫家族戴上了皇冠,沙皇则回馈贵族土地与农奴。罗曼诺夫王朝为了扩大统治基础,抗衡大贵族势力,大肆封赏为之服务的中小贵族。1649年《法典》规定,世袭土地是所有者的私产,分为继承的、服务获致的和购买的。1714年彼得大帝颁布的《一子继承法》把世袭土地权与服务获封土地权统合为土地私有权。1649年《法典》对于农民的规定,是彻底的农奴化,取消了地主追索逃亡农民的年限,有无限期的追索权。地主对于农民的人身享有完全的宗法支配权。

农奴制在18世纪发展高峰,在历史时间的厚重积淀中,演化出世界时间的灵异的星光。彼得大帝为了推动贵族加速资本原始积累,改变宗法式财产继承方式,采取西方积聚式继承方式,颁布《一子继承法》,规定,贵族的不动产只能传给一个儿子,其他子女只能继承动产。贵族若无子女,可随意把不动产传给他所指定的一个人,动产亦悉传给其。未分得不动产的贵族子弟,须到陆、海军或政府机构服务,以维持生计。[①]

[①] G. Vernadsky: *A Source Book for Russian History*, Vol. II, Yale Press, 1972, pp. 351-352.

俄国历史上著名的"开明专制女皇"——叶卡特琳娜二世时期（1763—1796年在位），农奴制受到女皇的言词抨击和多方加强。同"开明专制"内在悖论性质相一致，叶卡特琳娜二世对于农奴制也表现了悖论性态度。她严词谴责农奴制，写道："如果不认为农奴是人类中的一员，那么他就不是人，但是可以认为他是畜牲。……关于奴隶的一切规定，都是现实环境的结果，都是为畜牲制定的。"① 她在致《法典》编纂委员会的《指导书》中说："法律应赋予农奴拥有私有财产的权利。"② 针对贵族对农奴的重租盘剥，她指责说："贵族使用新的租赋方式，削弱了俄罗斯农业和农民。贵族很少或根本不住在农村，向每个农奴征收一二个，甚至高达五个卢布的租赋，根本不考虑农奴是否拿得出这笔钱。"③ 她要求："法律必须明确规定贵族向农民收取租赋数额，其数额应是公正和精确的，这是绝对必须的。惟其如此，农业才会发展。人口才能增长。"④

叶卡特琳娜二世在言词上谴责农奴制，为1861年大改革树立了先皇的典范，但在践行上，她却使农奴制达到了一个旷古未有的高峰，正是在"叶卡特琳娜二世执政时期，人民终于落到农奴制的权力统治之下"。⑤ 叶卡特琳娜二世对于农奴的控制，除了超经济的压迫外，还实行钳制人口的20世纪法西斯主义措施。1767年8月22日，颁布《禁止农奴抱怨的法令》，规定："女皇陛下政府认为让每个农奴知道，按法律规定他们对地主的服从与顺从是必须的。

---

① 瓦利舍夫斯基：《叶卡特琳娜二世传》，上海译文出版社1982年版，第363页。
② G. Vernadsky: *A Source Book for Russian History*, p. 404.
③④ 同上。
⑤ 别尔嘉耶夫：《俄罗斯思想》，三联书店1995年版，第15页。

如果有人胆敢煽动农奴不服从地主,应予立刻逮捕,送至最近之官署,处以破坏社会稳定罪,严惩不贷。如果有人胆敢抱怨地主,特别是抱怨女皇陛下,并把抱怨写出,四处张贴,处以鞭笞刑罚,放逐尼布楚,亦可充做地主提供的兵员额服军役。"①在执行该法令的头5年,"单单流放到托博尔斯克和叶尼塞斯克省的地主农奴就有二万多人"。②叶卡特琳娜二世在该法令前两年,还发布强化农奴奴隶式劳动的法令(1765年1月17日发布),其中规定:"农奴主有权将触犯条规的农奴送至西伯利亚服劳役。海军委员会亦有权使用这些农奴从事艰苦的劳作,但须征得农奴主同意。在他们服劳役期间,与囚犯一样,由国库供给衣服和食物。在农奴主需要他们回去时,应无条件允许其返回主人处。他们在服劳役期间,按规定配发的衣服,若未穿坏,应索回,上交国库。"③

19世纪世界时间在全欧空间内拓展,以现代化为质的规定性,体现为时间维度的进取性,空间维度的扩张性,时空四维连续区的整体推进的强势强制性。以东方为心理——文化皈依的鞑靼——拜占廷俄罗斯精神的历史时间首先感受到了巨大的压力,但极富韧性与内在张力的传统化特殊性,在物质、制度、精神三个层面对于西方的现代化挑战予以回应、化解、改造、重构。在18世纪前期,彼得大帝"欧化"改革从器物层面,开始了追随西欧的进程;中后期,叶卡特琳娜二世"开明专制",在强化专制君权的前提下,从精神层面上,引进西方当时最先进的文化思潮——启蒙思想,并在社会上层推广,造就了俄罗斯第一代现代性意识的知识分

---

① G. Vernadsky: *A Source Book for Russian History*. p. 453.
② 孙成木等:《俄国通史简编》,第301页。
③ G. Vernadsky: *A Source Book for Russian History*. p. 453.

子和精神贵族。彼得大帝和叶卡特琳娜二世在 18 世纪分别从器物和精神层面为俄罗斯 19 世纪"大改革"提供了历史的前提,这种前提是两方面的对立统一。一方面,18 世纪两位"大帝"在器物与精神领域的直观层面上,使俄罗斯"西欧化"到了相当程度,这是正面前提,是"大改革"的倡导与实施集团的创造历史的精神元发生学机理;另一方面,18 世纪,特别是两位"大帝"在位期间,在"欧洲农奴制衰落时,俄国却反其而行,利用国家力量加强农奴制。"[1]为"大改革"提供了负面的压迫机制,为使社会不至于在器物、精神层面的世界时间与制度层面的历史时间冲突中,引发空间结构的崩溃,19 世纪的君主,特别是"欧化"教育熏染成长起来的君主,必须革除农奴制这一历史时间的体制性积弊。这一历史遗产源于彼得大帝的"欧化"政策,18 世纪的西欧农奴制已经退出历史舞台,而彼得大帝为了"欧化"俄国却不得不强化业已存在的农奴制。世界时间在特定历史时间的空间结构,总是会受到某些传统化特殊性的异化,导致历史时间的规定性取得了世界时间的合法性,把世界时间作为空间形态加以统摄。世界现代化进程的此类事例在后发地域不胜枚举,真正跳出这种怪圈倒凤毛麟角。彼得大帝的改革取向虽是欧化的,但双足深陷于农奴制的泥淖,使俄罗斯 300 年的现代化历程先天地陷入了怪圈,难以自我超越。西方学者指出:"彼得统治的悲剧,在于他的欧化俄国政策,除了表面上增进了国家利益而外,其余一无所获。国家控制俄国改革的每个方面,妨碍了独立的利益集团的兴起。彼得的统治巩固了农奴制,加强了专

---

[1] A. Blumberg: *Great Leaders*, *Great Tyrants*? Greenwood Press 1995, p. 233.

制统治的一切方面,时至今日,俄罗斯仍能感受到他的铁拳的重量。"①尽管,"俄国在18世纪初彼得大帝统治时期成了'西方文明'的一部分。"②但其后俄罗斯历史上各种版本的"彼得大帝"层出不穷,却迄今未见乔治·华盛顿式的历史巨人。由此可见,历史时间在世界时间的共时性进程中,固守特定结构性社会空间的巨大势能。

在18、19世纪的历史语境中,"欧化"与"现代化"是等价的,"西方仍然被认为是决定性地取代着世界上其他各地的传统文化"。"在近代的发展进程中西欧民族和英语民族产生出了最适应现代生活方式的政治、经济和社会体制,这些体制是普遍适用的。这个论点的力量基于下述事实,即作为现代特征的知识迅速增长,首先发端于西欧,而西欧一些社会……一般地说是最成功地利用了这些知识去改进人们的生活。这些社会……已得到普遍的承认,作为一个群体,它们已经成为衡量其他社会的榜样。在这个意义上,它们是最'现代化'的社会。……认为它们的制度应当最适合于其他社会去仿效,也就毫不足奇了。"③这一历史时段,"欧化"的内涵是"西方或欧洲的制度本身是现代化的根本内容,其他社会可以忘掉自己的历史传统采纳西方式欧洲式的现代价值标准和制度,就像他们把牛车换成汽车或把土耳其帽换成大英帽一样。但事实是,必须由每个社会的成员自己来改革他们的社会以前的制度。"④彼得大帝及其后继的皇家改革集团,面临着一个无法破解

---

① A. Blumberg: *Great Leaders, Great Tyrants?* p. 233.
② 布莱克:《比较现代化》,上海译文出版社1996年版,第3页。
③ 同上,第3—4页。
④ 布莱克等:《日本和俄国的现代化》,商务印书馆1983年版,第24页。

的悖论性怪圈:改革实施的中坚力量的既得利益是改革的最主要对象。

俄罗斯社会转型自彼得大帝启动,一直以"欧化"的主观色彩彰显于世,似乎是世界时间的价值取向践履化,实际上却是历史时间异化了世界时间的内核,取得世界时间的空间形态——普世化,俄罗斯特殊性的普世化在19世纪以泛斯拉夫主义为表现形态,在20世纪以第三国际叱咤风云。特殊性普世化是俄罗斯社会转型的必然产物。在俄罗斯这一历史进程中,历史时间的韧性空间能力与世界时间的刚性时间推力,呈双向异化的复杂作用机制。在社会势能配位结构中,世界时间只具有表面上的推力特征,而历史时间则全方位地僭取合法性资源,将作为改革对象的合法性转化为作为改革目的的合法性。因为这样的作用机制,俄罗斯以改革为实施过程的社会转型,不能不超长时段地延宕,且绝大多数人并不以为忤。

彼得大帝及其后的改革形态的社会转型,面临的最大困境是缺乏社会整合这一关键环节。社会转型是在传统社会解组的基础上,将离散状态中的社会结构的各个部分重新结合为一个统一、协调的社会有机体,实现新的质的规定上的社会一体化,这个过程为社会整合。社会整合必备的两个先决条件是:第一,有足够的社会成员作为社会行动者受到适当的鼓励并按其角色体系而行动;第二,使社会行动控制在基本秩序的维持之内,避免对社会成员作过分要求,以免造成冲突或离散。在现代性意义上的社会转型,大多发生于现代化后发地域,因而可以说,从历史进程视角,审检社会转型,都是外源的"冲击—反应"模式的。在挑战与应战的被动机制中,世界时间的普世性以强势推力挤压历史时间的特殊性空间。

如果历史时间的内涵不具有与之对话的韧性,只有偏执一端的刚性,大多要被更具冲击力的世界时间的普世化刚性摧毁,黑非洲与印第安美洲的命运即为如此。但是,世界时间遭遇到刚柔相济的历史时间大多难以将其夷为废墟。俄罗斯300年社会变迁历程是历史延续与中断的复合作用过程。突爆性的中断是世界时间强力突入社会空间的结果,是暂时的、非常态的。延续是历史时间克服了对立机制或在冲突中占据主导的长时期的常态。俄罗斯出身与非俄罗斯出身的君主对于延续与中断的作用,与常识性的看法相反,土生土长的俄罗斯君主如彼得大帝、亚历山大二世在引用世界时间中断历史时间方面,卓有建树;而外国血缘的君主,如叶卡特琳娜二世在应用历史时间抵御、化解世界时间冲击方面,成效显著。历史的时间序列与常识的时间序列往往是颠倒的,历史研究的时态与语境也应是历史的,不应是某种原则的解说。恩格斯指出:"原则不是研究的出发点,而是它的最终结果:这些原则不是被应用于自然界和人类历史,而是从它们中抽象出来的;不是自然界和人类去适应原则,而是原则只有在适合于自然界和历史的情况下才是正确的。"①沙皇制与农奴制互为表里的一体化结构,受到了19世纪世界时间的强力冲击,被黑格尔誉为"骑在马背上的世界精神"——拿破仑统率大军攻入俄罗斯。这原应是世界时间对历史时间的强制改造,但采用的方式却是民族侵略即资本主义法兰西民族对沙皇制俄罗斯国家的侵略。侵略激起反抗,由反抗异族侵略,进而演化为历史时间对世界时间推进的全面反弹。在1812—1814年卫国战争中,农奴冲在抗击法兰西军队的前线,愚

---

① 《马克思恩格斯选集》,第3卷,第74页。

昧的农奴把对异教徒和外族的仇视,狂热地发泄到了先进的法兰西民族头上。拿破仑的入侵,不但没有削弱历史时间在俄罗斯的统摄力量,相反却使其取得民族特性捍卫者的新的合法性。19世纪上半叶,尽管有"十二月党人起义"和"斯佩兰斯基改革方案",但总的态势是历史时间对世界时间的全面反动。特别是在1848年欧洲革命期间,俄罗斯成为了欧洲反革命势力的宪兵力量,是反动势力最后的堡垒。沙皇尼古拉一世"是个自我陶醉的庸人,他的眼界永远超不过一个连级军官的眼界,他错误地把残酷当作毅力的表现,把任性执拗当作力量的表示。"[①]尼古拉一世(1825—1855年在位)统治期间,历史时间的空间结构强化措施,成为杜绝以"革命"为冲击手段的世界时间的防洪堤坝。尼古拉一世建立起全面的反动措施体系,其目的正如他自己所说的:"革命到了俄国的门槛,但我发誓,只要我还有一口气,绝不会让它闯进来。"[②]尼古拉一世从体制上全面加强反动性职能,撇开大臣会议和最高会议等程序化的政府机构,全面加强皇帝办公厅,其下分为六个厅,分别掌管公文、立法、警政、教育、农民和高加索。特别是"第三厅"专司监控革命人士、知识分子和持不同政见者。

尼古拉一世在精神领域,大张历史时间观念,对抗革命性的世界时间。他的国民教育大臣乌瓦罗夫提出的东正教、专制制度和国民性三位一体的教育纲领,被采纳为官方的人民性意识形态。这是极大的倒退,从彼得大帝的"欧化"政策、叶卡特琳娜二世的"开明专制",退回到前彼得时期的传统意识形态。这种官方人民

[①] 《马克思恩格斯全集》,第22卷,第38页。
[②] 孙成木等:《俄国通史简编》,下册,第27页。

性意识形态是绝大多数农奴的精神状态的反映,绝大多数农民具有浓郁的宗法与宗教情结,"俄国农民日常生活的重心是教堂,教堂是天堂、尘世、地狱的交汇处。从天堂、祭坛到地狱,是农民生命的轴线。"[①]俄罗斯农民生活在东正教的宗教氛围中,官方意识形态的提出,不过是把既存的生活实态加以沙皇制主导的官方化而已。恩格斯指出:"神的统一性不过是统一的东方专制君主的反映,无非那个神支配着形形色色的自然现象,联合着各种互相对抗的自然力,而这个君主在表面上或实际上联合着利益冲突、彼此敌对的人。"[②]尼古拉一世完全落入了历史时间的泥潭,但对于世界时间的冲击,他并不是一味地对抗,他钦准成立的"1826年12月6日委员会"和"1835年委员会"分别提出了带土地或不带土地、分阶段解放农奴的建议。对此,尼古拉一世未否决,但迫于土地贵族的压力而未予采纳。1846年,迫于波兰人民的反抗斗争,尼古拉一世颁布了波兰农民法令,规定波兰农民成为无土地的自由农民,农民与地主订立契约,地主须为农民提供土地,农民须完成对地主的义务。这一法令预示着后来的大改革。

尼古拉一世从正、负两个方面,为亚历山大二世"大改革"提供了前提。正的方面,有两个委员会的农奴改革方案的提出和波兰农民法令的颁布,表明即使在最反动的时期,沙皇集团也还有世界时间观念的开明思想,这是"大改革"的直接精神资源。负的方面,尼古拉一世把专制统治推向极致,"直言不讳、肆无忌惮地力图施行专制政治"。[③]把沙皇体制的刚性绷到了临界点,再持续下去,

---

① W. Vucinich: *The Peasant in Nineteenth-Century Russia*. p. 265.
② 《马克思恩格斯全集》,第27卷,第66页。
③ 《马克思恩格斯全集》,第1卷,第535页。

将会崩溃,这种形势为"大改革"提供了迫切的现实压力。

民族失败是现代化后发地域社会转型的直接催化剂,在世界时间与历史时间正面冲突的战场上,失败的往往是历史时间状态中的落后民族。克里米亚战争(1853—1856年)的失败,对于尼古拉一世的打击是致命的,尼古拉一世的专制统治经受了"十二月党人起义"、"波兰独立起义"和1848年欧洲革命,走向了专制统治的高峰,"为了在国内实行专制统治,沙皇政府在国外应该是绝对不可战胜的"。[1] 尼古拉一世没有勇气面对最后的败局,于1855年2月18日服毒自尽。历史时间的刚性在准极限的临界处崩溃,屡见不鲜,尼古拉一世不过是其中一个罢了。其子亚历山大二世即位,但他给儿子留下的却是内外交困的烂摊子。

亚历山大二世上任伊始,就得接受令人沮丧的败局善后工作。这从执政的政绩方面,迫使他尽快地拿出震古烁今的创制,否则他的政治生涯将无法持续下去。亚历山大二世很明晰历史留给他多大的体制创新的空间,那就是进行以农奴制改革为核心的大改革。1856年3月30日,他从巴黎签署完克里米亚战争结束的和约,返回莫斯科,下车伊始对莫斯科贵族会议发表演说,指出:"你们大家都知道,现存的农奴制不改变是不可能的。自上而下地取消农奴制总比自下而上地进行要好。"[2] 亚历山大二世为改革订下了基调:"自上而下"。他为5年后实施的大改革,着手做准备。他的政治基础是开明官僚集团、知识分子、农民。知识分子和农民已作论析,这里重点解读开明官僚。

---

[1] 《马克思恩格斯全集》,第22卷,第44页。
[2] W. Vucinich: *The Peasant in Nineteenth-Century Russia*. p. 41.

开明官僚被亚历山大二世吸纳到改革筹划机构中来,成立第一个秘密委员会,讨论改革问题,参与的高级官僚大多为倾向改革的开明官僚。1857年,设立省级土地贵族委员会讨论本地区的改革方案。1861年2月19日,亚历山大二世在其登基纪念日这一天正式颁布"大改革"法案并发表宣言,"把2300万农奴从10万多贵族地主的束缚中解放出来"。[1] 在这一历史进程中,世界时间观念取向的人格形态——开明官僚和沙皇本人,起到创造历史的关键性作用。

"大改革"的主要因素是沙皇集团开明官僚推动,并进而实施的结果。这一时段的沙皇官僚构成以受过高等教育者为主体,其中相当一部分具有留学西欧的经历,应当说,这时进入官僚队伍的出身限制已经转化为受教育程度的内涵。贵族子弟大都受过很好的教育,或有留学经历,而下层人士则不具备这样先天的优势。因而,虽然官僚队伍充斥贵族,但并不意味着整体的反动,相反开明官僚却是很激进的。既有保守官僚,又有开明官僚,保障机制运转既能开拓,又不失控。沙皇俄国文官秩品制定于彼得大帝执政的1722年,共分14品官阶,到19世纪,13品和11品未实授,实际官品为12品。所有文官初始都须从办事员干起,大学毕业生除外。实授8品以上官阶须有大学毕业文凭或相应证书。实科中学毕业生可做高薪办事员,古典中学毕业生可授14品文官。

亚历山大二世把开明官僚集合在自己的身边谋划"大改革"。他在与"1857年秘密委员会"第一次谈话中,指出,他的前辈在不同时期,多次试图改善农奴处境,但均未成功。农奴制到了该寿终

---

[1] W. Vucinich: *The Peasant in Nineteenth-Century Russia*, p. 41.

正寝的时候,应审慎地深思熟虑最终取消农奴制的问题。① 该委员会的开明官僚迅速将沙皇的谈话传向外省。维连省总督、开明官僚纳季莫夫,上书沙皇表示该省贵族同意不带土地解放农奴。亚历山大二世审阅后,下诏命纳季莫夫成立省贵族委员会,草拟本省改革方案。开明官僚、前十二月党人、内务部长兰斯科伊授意将这份诏书,分发各省总督。② 这份诏书在全俄不胫而走。沙皇解放农奴,改革农奴制的意向成为公开的秘密。社会改革的舆论沸腾了,反改革的呼声处于下风,连反对改革最坚决的土地贵族也不得不顺应改革的大趋势,1858—1859年,俄罗斯欧洲部分46个省设立了贵族委员会。③

1858年2月18日,秘密委员会更名为农民事务总委员会。尽管沙皇倡导改革,社会要求改革,但农民事务总委员会的工作进度是缓慢的。参与该委员会工作的内务部副大臣、开明官僚阿历克塞·米留金后来回忆道:"第一个半年毫无成果地过去了,一些委员、奥尔洛夫(该委员会主席)也是其中一员,对于这项事毫无热情,拖延、阻挠工作的开展。另一些委员是坚定的改革者,要求迅速采取措施结束农奴制,双方相持不下。改革者集团是以罗斯托夫采夫和考尔夫为代表,后者不久被排挤出委员会,前者则违心地留在委员会中,成为改革事业的重要人物。……总体说来,委员会的构成是不适宜的,第一个半年毫无作为是毫不奇怪的,像一群猎

---

① W. E. Mose: *Alexander II and the Modernization of Russia*. Tauris Co. Ltd, 1992. p. 49.

② 勒·格·扎哈洛娃:《俄国专制制度、官僚和"大改革"》,载《历史问题》1989年俄文版,第10页。

③ 同上,第14页。

人围着一个被发现的猎物,却不知如何去捕获它一样。"①该委员会的拖沓作风令亚历山大二世很不满意,1858年8—11月,沙皇亲巡俄罗斯中部省份,他得出结论,要保持农民对沙皇和政策的依赖,必须加速改革进程。10月30日,亚历山大二世给总委员会下达三条指令:改革必须使农民立刻感到生活有改善;地主感到放心,利益有保障;政权一分钟也不动摇,社会秩序一分钟也不被破坏。②总委员会在沙皇的亲信、开明官僚罗斯托采夫将军的推动下,加快了工作进程。同时,沙皇亲自做土地贵族的说服工作,沙皇在巡视过程中,分别于1858年8月19日和31日,对尼兹雅——诺夫哥罗德和莫斯科的贵族发表演讲,进行改革动员:"道路已经开辟。不能背离我制定的、并诏告于你们的原则。……执行并完成这项(改革)事业,是你们对我和国家忠诚的再一次证明,无私地为公共利益做出牺牲,是尼兹雅——诺夫哥罗德贵族的美德。""你们也许还记得两年前在同一个大厅里我对你们说的话,我说过要不了多久自上而下,而不是自下而上改革农奴制是必要的和有益的。我的话被你们遗忘了。经过长时期的思考和祈祷上帝赐福,我决定开始进行这项(改革)事业。应圣彼得堡和立沃尼亚总督的请求,我的诏书公布了,我多么希望莫斯科第一个响应,但是莫斯科不是第一个,也不是第二个,甚至不是第三个做出反应。这使我很感伤,我以出生于这个城市而自豪,当我在外地履行神圣的职责时,我那么强烈地爱着这个城市。我为你们制定的改革原

---

① G. Vernadsky: *A Source Book for Russian History*. Yale 1972. vol. 3, p. 589.

② 转引自孙成木等:《俄国通史简编》,第105页。

则,我在任何情况下都不会背离。"①亚历山大二世实行改革的决心是坚定的,这种坚定的决心转化1861年"大改革"的历史践行。

改革虽然开始实行于1861年,但基本原则是1858年由亚历山大二世亲自制定,农民事务总委员会于1858年12月16日通过的七点改革原则:"一、自新的农民法规发布之日起,农民成为享有全权的农村自由等级,享有人身权、财产权、言论权;二、农民成为国家的自由农村等级;三、农民必须组成村社,进行行政管理;四、农民必须服从由其选举的村社管理人员的管理,不得违抗;五、地主只同村社发生联系,不得同农民个人发生关系;六、村社成员必须履行对国家和地主的义务;七、农民必须有序地成为土地的主人。"②亚历山大二世的开明之举得到知识分子的赞誉,"在俄国革命的准备时期起了伟大作用的作家。"③——赫尔岑在其主办的《钟声》杂志撰文说,亚历山大二世制定的农奴制改革原则,将被未来世代铭记。

亚历山大二世同叶卡特琳娜二世一样,有一个普鲁士血统的母亲。俄罗斯与普鲁士的联姻,往往诞生出"开明专制"君主,亚历山大二世即是如此。亚历山大二世于1818年4月29日在莫斯科出生。"他的母亲亚历山德拉·费奥多夫娜(改宗东正教前,为普鲁士夏落蒂公主),是普鲁士腓特列·威廉三世同路易莎王后的女儿。后来的腓特列·威廉四世和威廉一世都是她的兄弟。直至1860年去世,她与在柏林的家族保持着紧密的联系。年幼的亚历山大二世是吸吮着深浸母乳中的普鲁士影响长大的。1829年,11

---

① G. Vernadsky: *A Source Book for Russian History*. p.591.
② G. Vernadsky: *ibid.* p.592.
③ 《列宁选集》,第2卷,第416页。

岁时,他第一次访问了柏林。他的外祖父任命他为第三骑兵团上校。直到访问结束,他除了新的普鲁士军服外没有穿过其他衣服。这是亚历山大二世一生同普鲁士——德意志关系史的开端。"[①]亚历山大二世早期教育具有双重性[②],一方面受到启蒙思想的教育,另一方面又受到了专制君主的教育。具有启蒙思想的宫廷文人茹科夫斯基担任了亚历山大二世古典与人文学科教师,他用半年的时间拟定了亚历山大二世为期12年的学习课程计划,尼古拉一世钦准了这一教学计划。茹科夫斯基认为君主的教育应是"人文主义"的,皇太子需要的不是具体学科的灌输,而是思想启蒙。在茹科夫斯基的课程设计中,历史被置于最重要的地位。茹科夫斯基说:"历史是所有学科中最重要的学科,甚至比哲学更为重要,因为在历史中蕴藏着最深刻的哲学,因此,它是最重要的,而且也是最有益的。……积累过去时代的经验、并且预示现在和未来的历史是皇太子受教育的宝库。历史能够给予君主现在和将来所需要的一切东西。历史应该是皇位继承人最重要的学问。"[③]历史教科书其中之一为法文版的《大革命史略》,详述了法国大革命的历程,亚历山大二世很喜欢这部历史著作,并认为第三等级革命是国王及其政府不明智导致的,是本来可以避免的。从此,避免爆发革命、引导形势向有序化方面发展成为亚历山大二世终其一生的政治理念。人文主义素养支撑其开明地施政,坚定地进行大改革。

[①] W. E. Mosse: *Alexander II and the Modernization of Russia*. Tauris 1992. p. 29.

[②] W. E. Mosse: *ibid.* p. 29.

[③] W. E. Mosse: *ibid.* p. 33.

专制君主的军国主义教育,使亚历山大二世具有了一切专制君主都有的铁碗,坚决地维护秩序,打击超越社会结构承载能力的激进变革行为。世界时间与历史时间的人格裂变高度整合性地体现于亚历山大二世一身。宫廷禁卫军军官科·梅杰尔担任亚历山大二世的军事课教师,随侍其达10年之久,被尊为皇太子"第二个父亲"。在梅杰尔的熏染下,亚历山大二世迷上了军旅生涯,喜欢检阅、军事游戏等,尤其喜欢与自己的侍从亲兵生活在一起,情同手足,最终因体恤负伤的卫兵,遭炸弹袭击殒命。亚历山大二世尽管深受军国主义教育,但仍禀赋人文主义的现世关怀,否则,大改革也就无从谈起了。在日常生活中,他也以悲悯之心行事。13岁时,他同梅杰尔在圣彼得堡,沿着运河散步。亚历山大二世看到一艘停泊在码头的驳船上,有一个老人披着破毯子,摇晃着,大声呻吟,他立刻跳上船,俯身问候老人,用手帕揩去老人脸上的泪水。梅杰尔从皮夹里拿出一枚金币,递给亚历山大二世,他把这枚金币放到老人胸上。1834年梅杰尔在罗马去世,亚历山大二世获悉后,号啕大哭。从此,他在正式场合和私下里很容易流泪。[①]

亚历山大二世的正规教育结束后,父皇尼古拉一世派高级官僚来教授治国之术。开明官僚米·斯佩兰斯基教授法律课程半年,使亚历山大二世明晰了专制君主制与立宪君主制的区别以及俄罗斯沙皇制不适于实行立宪制,因为俄罗斯文化与民众精神都不同于西欧,立宪制会导致帝国崩溃。财政大臣为其讲授俄罗斯财政问题,外交部资深顾问为其讲授叶卡特琳娜二世以来外交问题,沙皇军事侍从长讲授军事战略问题。这些治国实用课程突出

---

① W. E. Mosse: *Alexander II and the Modernization of Russia*, p. 31.

了俄罗斯不同于西欧的特殊性,使未来沙皇在思想上徘徊于世界时间和历史时间之间。从1839年开始,尼古拉一世让亚历山大二世出席国务会议。1846年,亚历山大二世担任了专门研究农民问题的枢密委员会主席。农民问题是历代沙皇面临的根本性问题,亚历山大二世准备亲政以后,在这个困扰俄罗斯帝国数百年的根本问题上有所突破。

亚历山大二世对于农民事务总委员会的工作不满意,于1859年3月成立编纂委员会,审理各省贵族委员会的改革方案,搜集各国,特别是包括普鲁士在内的德意志各邦的农奴制改革资料。罗斯托夫采夫任主席,直接对沙皇负责。该委员会有39名成员,大多受过高等教育,年龄在35—45岁之间,其中自由主义知识分子、开明官僚萨马林和切尔卡斯基被誉为委员会的灵魂。

1860年1月,罗斯托夫采夫去世,米留金被一致推举为主席。该委员会成员大多为开明官僚,大土地贵族居少数,且也倾向于改革。因而,工作效率极为惊人。他们在一年零七个月的时间召开409次会议,整理并出版了多卷本地产统计资料,搜集了俄罗斯和西欧全部农民问题的资料。① 亚历山大二世把这个委员会称为"政府机构",但未作为正式建制列入政府序列,大改革开始即被解散。② 针对各种阻力,亚历山大二世于1859年10月25日致信罗斯托夫采夫要求一定把改革事业进行下去,"如果那些(反对改革的)先生们认为能够阻止我,那他们就大错特错了。没有任何人能够阻止我达到预期的目的,我无比坚定地相信这一神圣事业的正

---

① 勒·格·扎哈洛娃:《俄国专制制度、官僚和"大改革"》,第20页。
② 勒·格·扎哈洛娃:《1859—1860年编纂委员会:机构和活动》载《历史问题》俄文版1983年第3期,第67页。

确性。目前主要的任务是寻找改革的道路。我祈祷上帝的赐福和像您这样忠贞之臣的帮助,让我们为了俄罗斯未来的福祉,把这项神圣的事业进行到底。不要丧失信心,像我一样永不言败,让我们共同祈祷上帝赐予我们力量"。① 由此可见,沙皇和开明官僚在实施改革过程中,受到多么大的压力。尽管压力是巨大的,沙皇改革的决心也是不可动摇的。

在沙皇的督促和开明官僚的努力下,反对改革的土地贵族及其在政府中的代言人不再反对改革,但反对带土地解放的大有人在。最高法院院长索洛维约夫说:"没有一个省毫无保留地赞成和愿意按政府提出的原则解放农民。"据13个省的统计,45811名地主中签名同意政府原则的只有12590人,不到1/3。

1860年10月22日,编纂委员会将改革草案提交农民事务委员会讨论、审议。1861年1月28日,帝国国务会议开始讨论这一法案。亚历山大二世在开幕式上说:"解放农奴法案提交国务会议审议,我认为这是俄国最重大的事件,关系到国家未来的长治久安。再拖延下去,只会更加激起狂怒,并且只会给整个国家,特别是给地主造成有害的、灾难性的后果。……凡是为保障地主的利益能够做的,都做到了。"②沙皇一言九鼎,使大改革的沉重帷幕徐徐开启。

1861年3月3日(此为公历日期),亚历山大二世在其登基纪念日,颁布《解放农奴法案》,为此发表特别宣言。

《解放农奴法案》第一条宣布:"农奴对地主的财产和人身依附

---

① G. Vernadsky: *A Source Book for Russian History*. p.596.
② G. Vernadsky: *ibid*. p.599.

永久性地取消。"①世界时间的人格基质是人的独立,历史时间的人格基质是人的依附。该法案使农民从历史时间的人格依附中解脱出来,步入世界时间的人格独立。法案第1条体现了资本主义立法精神,是对封建主义宗法关系的否定。第2条规定,则把第1条精神加以法权化:"农民和解放的农奴享有农村自由等级的人身权和财产权。"②就是说,在法理上农民与地主是平等的法律意义上的主体。农民生产和生活资料最重要的是土地,农民土地在改革中的获取方式,法案的规定既有资本主义的契约交易方式,又有封建主义的国家指定方式,大改革从立法基础上就浸透了资本主义世界时间与封建主义历史时间两种精神禀赋,第3条规定:"地主具有土地全部所有权,地主须分给农民永久所有的宅旁园地和耕种的份地,以便保障农民的生活和保障其履行对国家和地主的义务。农民获得土地资源的数量由各省制定标准,但不得与本法令相抵触。"在规定了农民取得土地的原则的同时,也规定了土地获取的办法,第4条规定:"农民从地主那里取得土地,必须以劳务或现金方式赎买,其额度由各省制定。"土地的所有者——地主,按照国家法令,把土地分给农民,是产权交易。法理上,产权交易是平等主体之间的等价交易,但在历史时间向世界时间转换的背景下,由于信息的不对称和既有利益格局的不平衡,地主与农民处于起点不平等的交易过程中,使得资本主义产权交易成为封建主义超经济剥夺的一种形式。地主农奴在未订立赎买契约前,称"暂时义务农",仍履行对地主的原有义务。地主不得与农民订立契约,

---

① G. Vernadsky: *A Source Book for Russian History*. p. 600.
② G. Vernadsky: *ibid.* p. 600. 以下引述该法案皆出自于本书,不另注。

只能同村社订立契约。沙皇把农民从地主的超经济强制之中解脱出来,又放到村社这种农业社会主义的集体强制之中了。据刘祖熙先生统计,通过1861年3月3日的地主农民解放法案、1863年8月7日宫廷农民和1866年11月24日国有农民法令。农民改革使地主农民平均获得3.4俄亩份地,付出赎金8.67亿卢布,实际土地价格应为5.44亿卢布,赎金比实际价格高出3.22亿卢布。在非黑土地带,赎金高于市价120%,在黑土地带,高出市价56%。到1906年,地主农民已偿付15.65亿卢布(包括利息和各种费用)。宫廷农民平均获得4.2俄亩份地,偿付赎金1.15亿卢布。国有农民平均获得5.7俄亩份地,向国家支付赎金9.64亿卢布。三类农民共付出赎金26.44亿卢布。[1]改革对于农民是双重剥夺:一、剥夺了农民对地主的宗法依赖关系,及其最低限度保障;二、通过赎买把农民货币化或劳务化资源剥夺殆尽。地主经济摆脱掉了农奴的宗法依附关系,使土地经营由超经济的封建主义社会职能转变到经济的资本主义赢利职能,通过赎买方式,积聚资金;通过剥夺依附关系,整合资源。地主经济走上了保守的资本主义地主经济道路,即"普鲁士道路"。经济的"普鲁士道路",必然在政治上导致民族失败。[2]"普鲁士道路"也是一条资本主义世界时间规定性异化为封建主义历史时间特殊性的普世化路径模式,沙皇俄国如此,明治日本亦如此。

农民解放法案具有俄罗斯历史文化特质的举措,是建立农业社会主义的"村社"体制。从此,村社由古老传统的遗存转变为现

---

[1] 刘祖熙:《改革与革命》,北京大学出版社2001年版,第25页。
[2] 参阅钱乘旦等:《走向现代国家之路》,第293—307页。

实社会的体制建制和政治思想资源。法案第43条规定:"每乡人口为300—2000名男性公民,辖地原则上不得超过距乡治所12俄里。"乡是国家政权的基础建制——县与农业社会的基元——村的纽带,乡的规模建制与中央权力的性质相一致,中央集权要求县与乡整齐划一,便于指令的直接下达,迅速落实,中央政府能够在成本最小化的前提下,保障对全局的掌控能力不被削弱。这是俄罗斯与西欧区域县、乡自治建制大相径庭之处,也是俄罗斯特殊性的组织建制。乡由若干村社组成,村社是俄罗斯皇家社会主义与农业社会主义的共同载体。法令中最具有皇家社会主义特征的举措是关于村社的建制,村社之所以体现为皇家社会主义,就在于解放农奴的目的,不是使其成为自有小农,而是由对地主个人化的人身依附,转变为对村社集体化的人身依附,村社表现为社会组织形式与基本功能单位,既具有历史时间的封建主义超经济强制的实质,又具有世界时间资本主义社会化组织的形式。村社从基层保障了自上而下的社会转型不至于陷入无序、无政府状态,使沙皇政府获得暂时性的农村社会稳定,其代价是伴随沙皇政府始终的社会性肿痛,因为,社会转型的总方向是世界时间普世性的,而村社实质上是历史时间特殊性的。法案第46条规定:"村社管理权由村民大会和长老共同行使。"村民大会由每个农户的户主组成,村民大会选举村长和公职人员(税务征收员、粮库管理员等),负责定税、征税、征兵、划分土地、调节纠纷等村务管理。一个村社通常由同属一个地主领地上的农民组成,为了更好地保持国家对村社的控制,使村社农民不致脱逸出秩序的轨道,法案强化了地主对村社的监管作用,第149条规定,地主"享有维护所属领地范围内的社会秩序和社会安全的监督权"。国家利用地主制衡村社,地主有权要求撤换村长和其他管理人员,有权把"危害秩序与安全"的农民开除出村社。但是,地主在改革后,大多把自己的住所搬离农民聚居的村所在地,或迁居城市,对村社的事务大多不甚关心,逐渐村社中具有发言权与决策影响力的是富裕农民。村社具体分析将在下一章详述。

大改革是世界时间普世性背景话语下的历史时间特殊性的社会转型,农奴制改革是其核心,也是其他方面改革的牵动力量。沙皇政府还在其基础性制度领域进行了改革,这些改革与农民改革,构成了"大改革",成就了亚历山大二世"解放者"的英名,"解放农奴这一改革本身就要求一些相应改革,取消农奴制就是消除地主的特权,因而要求新制度的建立"。[1] 伴随农奴制改革的其他方面改革有:军事、财政、高等教育、司法、书刊检查和地方自治。因地方自治,已有邵丽英博士的专著《改良的命运:俄国地方自治改革史》[2],本文不再论及。

军事改革是克里米亚战争失败与农奴制改革的直接后果。军事领域是社会转型的关键性部门,在前现代社会,以军功致仕、受封为贵族比其他途径要快捷许多,因而军官阶层既是精英荟萃所在,也是等级化的多元利益集团。俄罗斯军队的军官大多是贵族出身,从小受到世界时间内涵的欧化教育,"十二月党人"是其杰出代表。他们对改革"充满了热情"。[3] 克里米亚战争结束后,老派军人舒克霍茨涅特将军任陆军大臣,他"接受军事事务中数百项自

---

[1] G. Freeze ed. *Russia: A History*. Oxford. 1997. p.178.
[2] 社会科学文献出版社 2000 年版。
[3] D. Saunders: *Russia in the Age of Reaction and Reform 1801-1881*. Longman 1994. p.245.

由化改革措施"。① 民族失败的痛楚使冥顽的脑筋也开窍了。军事改革的进展仍显迟缓,1861年11月,亚历山大二世任命开明官僚季·米留亭为陆军大臣。

米留亭受过高等教育,按照现代军事组织建制,把俄军从准中世纪建制改组为现代建制,从军令和兵役两方面进行改革,把全俄划分为16个军区,由陆军部管辖;把兵役期由25年缩短为16年,废除士兵的体罚。义务兵制度是现代国家的基本军制,而俄罗斯则实行募兵制。1874年1月13日,米留亭制定的义务兵役条例颁行。条例规定:"保卫沙皇和祖国是每个俄罗斯人的神圣职责。所有男性成年人,不分阶级,一律应服兵役。"②服役期,陆军现役为6年,预备役为9年;海军现役7年,预备役3年。现役或预备役期满人员编入民军,直到40岁。③ 和平时期,军队员额少于应征人数,服现役人员只占应服役人员总数的30%。④ 新的兵役制和军令制,是现代军事制度在俄罗斯的雏形,但仍具有封建主义与资本主义的双重性。其表现为军官血缘自赋的比例相对于效绩自致的比例,占绝对优势,1893年数据显示,贵族在近卫骑兵军官中占96.3%,在近卫步兵军官中占90.5%,在近卫炮兵军官中占88.7%。⑤

统一定制的国家财政体系是现代国家的基本要素之一,也是现代国家与传统社会的本质区别所在。1860年,亚历山大二世设

---

① D. Saunders: *Russia in the Age of Reaction and Reform* 1801-1881. p. 245.
② G. Vernadsky: *A Source Book for Russian History*. p. 625.
③ G. Vernadsky: *ibid*. p. 625.
④ D. Saunders: *ibid*. p. 247.
⑤ D. Saunders: *ibid*. p. 248.

立了帝国银行。1862年,实行"预算统一"、"收支统一"的统一财政制度,取消各部门、各地区的财政独立权限。一切预决算由财政部审理,国务会议批准,定期公布国家收支状况。1864年,财政监督制度改革,在各省建立国家财政监督局,每月检查所有地方权力机构的财务状况。1868年起,定期公布国家财政稽查员报告。沙皇通过"公开性"财政状况公布,加强了对各地区、各部门的财政监管力度,强化了统一集中的财政权,减少了国家财产流失和贪污公款,但加大了体制监督的社会成本,使本已臃肿不堪的官僚机构楼上架屋,由此造成的支出远大于监督的收益。冗员冗吏的负担,迫使沙皇政府在入不敷出的情况下,大肆举借外债,"俄国所欠外债从1861年的53700万卢布增加到1900年的396600万卢布"。[①]冗员是封建主义的痼疾,是人身依附关系的"官本位"的必然产物。"官本位"的人身依附,呈层级递进动态结构,下级依附上级、上级依附总督、大臣,总督、大臣依附沙皇。沙皇为了扩大统治的阶级基础,大肆封官晋爵。上行下效,依此类推,层层增设官位,招亲纳故,形成一个个的官官相依的圈子,花国家俸禄,养自己亲信。1796年,俄罗斯人口3600万,官吏约16000人,2250个居民中有一个官吏;1851年人口6900万,官吏74330人,929人中有一名官吏;1897年人口1.29亿,官吏385000人,即335人中有一名官吏。在19世纪官吏增长是人口增长的7倍,其中大改革后,增长近4倍。[②]

农奴制改革是法律权利的根本性调整与变革,因而司法改革

[①] 苏联科学院:《英法德俄历史》,商务印书馆1972年版,下册,第346页。
[②] 阿·扎昂契科夫斯基:《19世纪俄国的政府机构》,莫斯科科学出版社1978年俄文版,第221页。

必须进行，以适应社会转型的新形势。司法改革是世界时间普世性法理与历史时间特殊性法理交锋的时空平台。司法改革体现世界时间的普世性法理准则，在应用法律时，强调程序法与实体法的普遍性准则。对所有人依照同一法律，遵循同一秩序，在同一类法院审理。一般刑事案件由区（省）法院审理，如不服，可上诉至下辖若干区（省）法院的高等司法厅。高等司法厅的判决为终局裁定。只有在违背程序法的情况下，才可上诉至终审法院——参政院。民事诉讼或轻度刑事犯罪，归地方治安裁判所审理。

确立了现代程序法的法庭控辩规则，由历史时间的究辩式的"有罪推定"转变为世界时间的抗辩式的"无罪推定"。建立陪审员与律师制度。法庭陪审员须达12人，才可开庭审理案件，由陪审员投票决定是否定罪，再由法院院长和两名法官量刑。律师必须受过法律专业高等教育并有5年以上司法实践经验的人士充任，不是国家官员，但在业务上受高等司法厅的监管。司法独立，法官不受行政机构的任命与撤换，审判完全在程序法的规定下进行，不受行政权力支配。

尽管司法改革有着世界时间的普世性取向，但俄罗斯历史时间的特殊性仍以其特殊的方式为自己留下坚硬的一席领地。1864年12月2日颁布的司法改革章程第204条规定："案件涉及反对国家罪行，由高等司法厅和参政院审理。"为了迅速地扑灭人民反抗的革命火焰，该章程第1051条规定："高等司法厅的任一成员均可独立地审理反对国家的案件。"[①]

高等教育是世界时间意识形态的培养基，是社会进步的晴雨

[①] G. Vernadsky: *A Source Book for Russian History*. pp. 615-616.

表。1863年6月30日,亚历山大二世颁布《大学章程》,授予大学享有西欧和普鲁士大学拥有的广泛自治权。章程第4条规定:"大学校长(在大学内部)行使全权。"大学管理机构包括:"(第5条)除了系外,校务会议、行政管理委员会、校内纪律法庭和副校长或监察员。"大学教学与科研的核心是系,该章程参照普鲁士大学的做法,在第6条中规定:"每一个系由系主任、教授、副教授、讲师、讲座讲师按组织机构表组成。另可聘用不受机构表数量限制的无薪讲师。"大学自治的基础是管理人员的选举制,第8条规定:"系主任每三年由全系大会选举产生,除特殊情况,系主任人选须为教授,选举结果报教育部长批复方可生效。"大学章程特殊强调了世界时间的语种教育的极端重要性,第19条规定:"所有大学均须设立现代外语的讲座讲师,语种为德语、法语、英语、意大利语。"语种的排序,反映了俄罗斯官方与知识界对世界时间的不同感知程度。世界时间因素对俄罗斯官方的影响以普鲁士为大,对知识分子以法兰西为巨。普鲁士道路与法兰西道路在俄罗斯精神领域的交锋持续百余年,震荡全世界。章程把世界时间的教授治校观念加以俄罗斯化,第24条规定:"校长每4年由全体教授大会选举产生,报沙皇批准。"章程还有一些开放办学的内容,第90条规定:"除在校生外,大学应允许外来人旁听。"章程规定了普适性学位获得制度,第114条规定:"俄国籍和外国籍学生均可获得学位。"章程规定大学自治不受侵犯,大学用图书资料不受书刊检查。可以自由地从国外输入,第130条规定:"大学从国外进口的图书、期刊资料不受书刊检查。"大学从此成为维护与倾覆沙皇专制的双重策源地,沙皇大改革的双重性,在高等教育之树得到了应得的历史成果。

意识形态的物化领域——传媒系统,从来都是历史时间观念与世界时间观念冲突斗争的焦点。沙皇政府对待书刊的态度是矛盾的,一方面希望借助舆论力量推进改革,另一方面又希望舆论能够限制在许可的范围。1865年4月18日,颁布《书刊法案》。历史时间意识形态不得不披上世界时间的外衣,来确证和增强自己的合法性,同时世界时间也在潜移默化地改造着历史时间,使两者杂糅并处,界限难辨,既显得刺目的矛盾,又显得自然的必然。《书刊法案》把出版自由这一世界时间意识形态的要素,给予明确的限定,第一条规定:"下列出版物免于书刊检查:A、两个首都(彼得堡与莫斯科),1.所有表达出版者观点的期刊;2.长度不超过160页的手稿;B、全国,1.所有政府出版物;2.所有大学、学术团体及机构出版物;3.所有古典语言及其译本出版物;4.图画、图表、地图。"[1]法案接着在"出版自由"的头上,加上了紧箍咒,第二条规定:"免于书刊检查的期刊或其他出版物发表触犯刑律的文章,书刊出版者要受到连带的行政处罚。"[2]法案把书刊检查权高度集中于中央,第三条规定:"书刊检查事宜集中于内务部新设的专职部门负责,由内务大臣直接领导。"[3]沙皇政府一方面扯起"出版自由"的大旗,另一方面,在加以诸多政策性限制的同时,提高出版界的市场准入门槛。第15条规定:"期刊出版者欲免于书刊检查,必须向内务部交纳保证金。"第16条具体规定保证金的数额:"日报须交纳5000卢布,其他期刊须缴2500卢布。"第19条规定保证金

---

[1] G. Vernadsky: *A Source Book for Russian History*. p. 616.
[2] G. Vernadsky: *ibid*. p. 616.
[3] G. Vernadsky: *ibid*. pp. 616-617.

的用途:"保证金主要用作对刊发违章文章的罚金,直接上缴国库。"①法案还规定,内务部主管部门和大臣有权警告发表违规文章的期刊,直至查封。②

　　大改革的各项措施都具有资本主义与封建主义两重性质,特别是农奴制改革,沙皇利用宗法制农业社会主义建制——村社来整合农村社会,使农民从地主的超经济强制中解脱出来,又落入到村社的泛化强制之中。农奴制改革应该是体制创新,而不是传统体制复归。在世界时间价值取向下的历史时间的社会转型,往往会在传统化特殊性惯性作用下,使体制创新不是利用世界时间的新质资源来进行,而是跨过改革的对象性制度设施,从历史时间体现为特殊性规定形态的建制遗存中发掘可资利用的资源。这既是现实客观给定的制度创新的空间限制与文化局限使然,又是改革中制度设计的价值取向导致的必然结果。改革是人类历史上无法破解的悖论性道路:改革是利益调整过程,其最大利益受损者恰恰是操作、实行改革的中坚力量——既得利益集团,从直观上和可预期的成本——收益比较来看,他们的利益将受到具体的损失。但是改革的逻辑结论在此之上,还把由此引发的整体性秩序解体的危局加诸其身,改革者集团就不能考虑改革体制的根本目的问题了。改革不是要彻底革除旧体制,而是改掉其不合时宜的部分,是既有体制的调整与完善。如果改革导致社会利益格局的解体与秩序体系的崩溃,改革集团面临这样的危险趋势,是会做出预防性制度安排的。村社就是这样一种控制改革所可能产生的基础性无序

---

① G. Vernadsky: *A Source Book for Russian History*. p. 617.
② G. Vernadsky: *ibid*. p. 617.

动荡的制度安排,也是适合历史时间条件下宗法农民价值诉求的现实形式。"村社被设计为防止农民反对从前的地主,但又不同于地主专横的替代物,它倾向于防范农民的自发的无序的反抗"。[①] 村社是宗法条件下农业社会主义的组织形态,是历史时间特殊性的农村社会学的范型,也是世界时间普世性的解构对象。大改革从改革历史时间的农奴制启动,落脚到历史时间的村社制。因此,大改革的核心内容——农奴制改革客观上有利于俄罗斯特殊性资本主义发展,同时也有利于历史时间宗法制以村社的形式延续生命。农奴制改革不完全是农民革命压力下的产物,是以沙皇为首的开明上层统治集团,在世界时间的意识形态影响下,主动地带有制度创新意义的"自上而下"的改革举措,是现代化压力下的结果,也是顺应现代化的举措。俄罗斯历史学家正确地指出,大改革中的农民普遍是封建宗法意识形态中的人,农民的反抗是针对具体地主,而不是沙皇政府,农民并非想要彻底取消封建社会关系,而只接受替代地主的人身依附关系的村社形式。[②] 村社作为改革后农村的社会建制形态,典型性昭示了大改革的半封建主义与半资本主义的双重矛盾性质。大改革的其他改革措施同农奴制改革一样,一方面促进了世界时间普世性资本主义物化形态与精神形态在俄罗斯大地上生根开花;另一方面又把历史时间特殊性封建主义基因移植入新的社会形态中去,使新质的规定性总是在旧的特殊性异化下扭曲。俄罗斯在本时段的社会转型,其价值建构与实体存在形成了多维学理视角审读的广域空间与多重结构,认识论

[①] D. Saunders: *Russia in the Age of Reaction and Reform* 1801-1881. p. 264.
[②] 阿·安弗莫夫:《19世纪后半叶农民运动》,载《历史问题》,1973年第5期俄文版,第31页。

与本体论组合的判值基线为历史时间特殊性对世界时间普世性的有意识与潜意识的异化,显像化为社会转型道路的扭曲与反复。

第二章 民粹主义:农业社会主义超越工业资本主义的理念

村社是农奴制改革中,解除农民对地主人身宗法依附关系后,产生的前资本主义的农村社会基层建制。村社是俄罗斯历史时间特殊性的社会文化建制遗存,既作为前资本主义的宗法社会形态而存在,又被赋予了超越工业资本主义的农业社会主义实态的理想主义内涵。村社在俄罗斯存在近千年。[1] 在大改革酝酿和其后的一段时期,村社引起了斯拉夫派和西欧派知识分子的争论,在这种论争的基础上,产生了民粹主义运动。俄罗斯历史时间的特殊性以村社为依托,觅得了超越世界时间普世性的"良方"。

村社是斯拉夫派与西欧派关于俄罗斯政治、经济发展道路选择的争论焦点。西欧派把村社看作是大改革的产物,斯拉夫派坚持村社源于早期斯拉夫部落的组织形态。[2] 村社是斯拉夫派防止资本主义社会关系格局下阶级斗争与冲突的安全岛,是避免西欧资本主义弊病的社会性健康保证机制,是不局限于农业经济的社会形态,它应该而且能够延伸到工业社会,成为资本主义工业化的替代形态。

---

[1] М.М.格罗梅科:《俄罗斯农村世界》,莫斯科1991年俄文版,第3页。
[2] W. Vucinich: *The Peasant in Nineteenth-Century Russian*. p.137.

斯拉夫派巨擘霍米亚柯夫指出:"村社是全部俄国历史上惟一保存下来的政治制度。一旦废除了它,便什么也不剩了;然而它发展下去,可以发展出一个完整的社会组织。……工业的公社现在是、或者将来是农业的村社的发展。"[1]他是如何来看待这种特殊性的"普世化",他论证道:"村社原则充分替自己辩护,证实自己在一切场合都适用,并且主要适用于工厂工业的发展。在我看来,目前要做出肯定而明确的答复是不可能的;只能根据可能性进行推测。……可能性对我们有利。全欧洲的共同愿望证明了这一点,它证明了资本与劳动的斗争,证明了调解这两个对手或融和它们的利益的必要性。"[2]他认为现代资本主义制度造就的工业无产阶级——工人阶级,由于脱离了村社的集体主义宗法文化的约束,成为资本主义社会的无序力量与破坏性力量。他说:"普遍的和合理的愿望到处碰壁;而碰壁的原因不是任何理论上的不可能,而是实践上的不可能,并且正是由于工人阶级的性格。这些性格是铲除了一切古代风尚及其习惯的生活的结束,它们不能容忍任何真正共同的东西,因为它们不想放弃个人自主权利中的任何东西。"[3]避免在他看来的工人阶级的不可驾驭性格出现的惟一出路,是把农村公社普世化,使"工业的公社自然而然地形成起来。"[4]

如果说霍米亚柯夫是从特殊性替代普世性弊端的理论角度,肯定公社,那么,其他斯拉夫派知识分子则从政治、经济、文化的现实角度,弘扬村社这一俄罗斯文化的特质。科谢列夫说:"政府比谁都关心维持农民村社土地占有制;因为对它来说,一切维护社会

---

[1] 《霍米亚柯夫全集》,莫斯科1900年俄文版,第3卷,第462、468页。
[2][3] 同上,第467页。
[4] 同上,第468页。

安宁、社会秩序和社会稳定的东西都是特别珍贵的。……俄罗斯皇冠最可靠的支柱是：俄国人民的共同意志，他们对自己目标的信念，尤其是国内人数最多和最稳定的农民阶级的安土乐耕。村社土地占有制对后一点有最重要的意义，因为任何制度都不可能比这个——俄罗斯托庇天主之佑——稳固的制度有更多的保守主义，亦即自发的保护力量。因而政府应当比谁都更珍视它和竭力维护它。"[1]科谢列夫认为村社是替代地主，把农民系留在土地上的制度安排，以避免随着农奴解放，务农人口的自由流动与大量流失。他说："农业不是那种随时可以拣起或搁下的手艺：农业是一直最沉重、最乏味和报酬最微薄的劳动。……谁一脱离农业，谁就很少再回到农业中来；只要让农民占有一份土地，就可以把农民系留在土地上，并且使他们有力量经受劳累、歉收和其他灾难，而不致脱离农业。如果希望有一个很安定的务农的等级，就必须遵守这个条件。……村社土地占有制把人们系留在本乡本土，而不是把他们束缚在自己的家乡。"[2]

斯拉夫派各家对村社的侧重有所区别，但在肯定村社可以避免西欧资本主义道路的弊端上高度一致，其实质是要走一条有别于世界时间普世性的特殊化道路，并将其普遍化。科谢列夫说："在欧洲，少数人家财万贯，多数人一贫如洗，所以在西方形成的那种共产主义和社会主义，在那里是完全自由的、合乎逻辑和不可避免的，因而必然会越来越广泛地威胁社会稳定。……在我国，感谢上帝，情况完全不同。我们不用担心西方的共产主义和社会主义，

---

[1] 科谢列夫：《论俄国村社土地占有制》，莫斯科 1858 年俄文版，第 54—55 页。
[2] 科谢列夫：《杂志评论》，载《俄罗斯论丛》，1857 年第 4 期俄文版，第 131、161 页。

因为我们有着占有土地的村社,它保护大多数人,使他们不致无家可归和沦为赤贫,它保障国家安宁和稳定。"①科谢列夫认为,村社是俄罗斯社会的功能性基础:"村社土地占有制为村社独立行动提供了巩固的基础,从而使政府有可能责成整个村社缴纳捐税、提供新兵和做其他事情;对于政府和私人而言,这比政府同个人打交道和个人单独同国库办交涉方便得多。"②村社成为斯拉夫派知识分子把传统化特殊性转变成现代化普世性另一种模式的现实载体与精神资源。

西欧派不是一般意义上的反对村社,反对斯拉夫派把村社普世化,而只是认为村社是大改革在俄罗斯条件下的必然产物。由此可以看出,在现代化次生形态地区,世界时间观念较为彻底的社会集团,自觉或不自觉地把历史时间的特殊性形态,作为实现普世性现代化目标的不可或缺的手段,原因极其简单明了:国情使然。但是,如此行事的后果,却是十分不简单的复杂性状。西欧派代表人物卡维林说:"掌握在君主和俄国政府人士手里的村社土地占有制能变成一种护符,它将使我国的未来既免于经受其他西欧国家所经历的严重考验,又免于产生目前成为欧洲文明和文化严重威胁的社会空想。"③卡维林所谓的严重考验就是阶级斗争,社会空想是工人阶级革命学说——科学社会主义思想。卡维林认为,村社是避免工业资本主义条件下阶级斗争的惟一出路:"村社土地占有制的使命不在于推动农业和促进工业发展,它只能保障农村群众及其子女的生活。它不是沸腾的、广泛的工业活动的天地,但它

---

① 科谢列夫:《论俄国村社土地占有制》,第110页。
② 同上,第164页。
③ 《卡维林文集》,1908年彼得堡俄文版,第658页。

是广大农民群众可以安定地发展并准备进行工业活动的场地,同时也是在不断的经济和工业利益斗争中失利和受挫的人们的避难所。对于精明强干、才智出众的人来说,村社占有制显得太挤太窄,他们将走出这个小天地。但对能力不强、普遍的、为少许成就满足而无进取心的人及对于其他失败者来说,这些人占极大多数,村社占有制是他们救命的稻草,是他们在经济动荡和社会风浪中借以泊靠安全口岸的救生舟,保护他们远离冷酷无情的利润斗争。"①卡维林的村社理念同斯拉夫派区别不大,但他的思考更具有世界时间的背景话语、理念。他对大改革后出现的土地积聚现象极为忧虑,他指出:"有钱的庄稼人收买穷人的土地,这就造成了无产阶级,大批人家一贫如洗,因穷困而死亡。……为什么不把农民土地宣布为村社的不可侵犯的财产呢?从各方面早已看出这是反对各处普遍发生的丧失土地现象的惟一方法。……难道说把土地分给农民是为了让富农、小高利贷者和小酒馆老板得利吗?"②卡维林看到了小农土地所有制必然导致土地积聚的大地产,造成无地的农村无产者激增,从基础上破坏俄罗斯社会的稳定,因而他主张:"承认村社是划给农民的份地的土地永远所有者,它们无权转让和典押土地,形成一种不能流通、不能买卖的农民土地,这样就可以免除少数人收买农民份地而使农民丧失土地的一切危险。"③卡维林从世界时间的价值判断立场出发,无情地揭示了村社作为历史时间特殊性的传统遗存的负性内涵:"让我们抛开斯拉夫派团结友爱题材的田园诗,即这种团结友爱似乎是建立在村社

---

① 《卡维林文集》,第 281 页。
② 同上,第 852 页。
③ 同上,第 470 页。

土地占有制的基础上,是俄国人民有代表性的特征。目前这种形式的村社土地占有制是束缚农民的沉重羁绊,是一副锁链,它同人头税和连环保一起,把农民锁在土地上而失去自由。我们也要排除社会性的梦想,即村社占有制似乎包含人人平等的份地权的萌芽。这种不能实现的权利根本不存在也不可能存在,至少它已被目前的村社土地占有制所证实,因为在村社占有制下,份地的平等是租税、赋役和劳务平等的结果,它压制了一切个人自由和个人的积极性。"①卡维林对待村社的态度是现实主义的,一方面他肯定了村社存在的现实性,另一方面又否定了村社的天赋合理性。

村社作为前资本主义的农业社会主义的基层建制,受到了西欧派的否定性批判,在世界时间的度量仪上显示,"在俄国,不仅地主土地占有制是中世纪式的,而且农民份地占有制也是中世纪式的。"②西欧派知识分子斯特鲁柯夫针对村社的弊端,指出:"公共财产总是分解为若干富裕农民的财产,并且,如果说村社有时也做些有益的事,那么这有益的事情主要是为着村社领导者的利益。这有益的事情很少是排干沼泽地,而往往是修理富人经营的公共磨坊的蓄水坝,并且几乎从来不改善牧场。……村社社员要请求使用风磨,或者请村社领导人喝酒,或者行贿。"③斯特鲁柯夫反对替代农奴主的村社继续对农民实行超经济压迫,斯拉夫派确立两种土地占有制,一种是地主的,另一种是农民(村社代为行使)的,通过两元土地所有制安排,继续巩固改革后的农村宗法社会网络。斯特鲁柯夫说:"说什么我国一切等级土地占有权平等,而他(斯拉

---

① 《卡维林文集》,第 464—465 页。
② 《列宁选集》,第 1 卷,第 770 页。
③ 斯特鲁柯夫:《论土地占有和利用》,载《农业报》俄文版1858 年附刊,第 43 页。

夫派)所指的权利平等都是:如今的地主有世袭领地占有权;这种权利仍然应当保留下来;生活于领主土地和国有土地上的农业公社对这些土地仅仅有村社使用权,这种权利应当用法律加以规定。这一点也可以由他们的原则的进一步阐明来证实:对最高等级是土地占有制;对农民等级只是村社利用制。好一个平等!"[1]村社在大改革前后成为西欧派与斯拉夫派争论的主要议题。那么,村社到底为何物?

村社起源至斯大林集体化运动近千年的发展历程,已有金雁等著《农村公社、改革与革命》[2]一书详尽阐述,本章不予复述,只侧重于大改革后的村社状况分析。村社是改革后的农村社会的基层行政管理单位,担负着经济、司法、文化、教育、宗教、社会保障等全面性职能。村社具有集体主义与国家主义双重本位,在国家面前,村社对于农民负责;在村社面前,家庭对其成员负责,村社集体利益高于村民的个体利益;在村社中,农民的权利与义务完全平等,平均地使用村社全部资源,有义务参与村社管理与决策,如参加村民大会、农民法庭和竞选村社领导及公职。村社有义务帮助困难村民及其家庭;在不违反村社利益的前提下,不干涉村民的自由。村社既对国家负责,又对农民负责。对于国家,村社是一个基层功能性基础单位;对于农民,村社是一个提供全面保护的家园。村社利用国家赋予的执法权力,对于村民强制推行宗法制保护措施,限制农民中的两极分化,抑制外部世界的资本主义物质形态的利益诱惑,营造了相对隔绝的农业社会主义营地氛围。正是村社

---

[1] 斯特鲁柯夫:《论土地占有和利用》,第37页。
[2] 中央编译出版社1996年版。

的这种特质,引发了19世纪后半叶蔚为壮观的民粹主义运动。这一运动的出发点,就是利用村社这种农业社会主义形式去超越工业资本主义的历史阶段,用历史时间的特殊性形态跨越世界时间的线性递进谱系。

民粹主义运动兴起于大改革之后,由于受到西欧激进主义思潮的影响,大多数俄罗斯知识分子都把社会主义作为俄罗斯未来的发展方向,而不是西欧的资本主义。无论是自由主义取向,还是保守主义取向,知识分子认识到自己的使命在于实践,首要的是满足农民的实质性需求。各种西方社会主义思潮涌进俄国,形成了具有俄罗斯特色的一种社会主义理念——民粹主义,理论基础建立于农村公社的农业社会主义形态上。德意志著名学者阿·卡茨格乌兹男爵在游历俄罗斯后,于1843年出版了关于俄国村社的专著。这部著作影响了几代民粹主义者。民粹主义运动受他的著作影响,坚信俄罗斯的村社可以使俄国不经历西欧资本主义血与火的痛苦煎熬,直接进入到自由生产的法国社会主义者所设想的社会。民粹主义既是社会实践,又是理论探索。

首先作为理论探索,民粹主义提出通过村社形式,跨越资本主义"卡夫丁峡谷"的理念,至今仍有常思常新的理论思维价值,这是一个历史时间特殊性对世界时间普世性的反诘,以超时空的相对论式的反诘,质疑着线性进步理念的合法性。这涉及立论的前提,农村公社是不是俄罗斯独有的特殊性,古代社会是否还有类似现象。马克思对此做出了科学的解答:"近来流传着一种可笑的偏见,认为原始的公社所有制是斯拉夫族特有的形式,甚至只是俄罗斯的形式。这种原始形式我们在罗马人、日耳曼人、克尔特人那里都可以见到,直到现在我们还能在印度人那里遇到这种形式的一整套图样,虽然其中一部分只留下残迹了。仔细研究一下亚细亚的,尤其是印度的公社所有制形式,就会得到证明,从原始的公社所有制的不同形式中,怎样产生出它的解体的各种形式。例如,罗马和日耳曼的私人所有制的各种原型,就可以从印度的公社所有制的各种形式中推出来。"① 马克思认为,俄国村社是前资本主义时期普遍存在着的一种劳动与分工的原始形式,西欧生产形式前溯可推至此,俄罗斯和其他非西方地域如果没有世界时间的普世性冲击,农村公社也会自然地步入前资本主义更高级的生产形态。俄国村社在世界时间普世性背景下,超越了其后前资本主义历时性阶段直接与西欧资本主义共时性地对峙了。世界时间的普世性阶段具有不可逾越性,《共产党宣言》明确宣示:"资产阶级除非使生产工具,从而使生产关系,从而使全部社会生产关系不断地革命化,否则就不能生存下去。反之,原封不动地保持旧的生产方式,却是过去的一切……阶级生存的首要条件。生产关系的不断变革,一切社会关系不停的动荡,永远的不安定和变动,这就是资产阶级时代不同于过去一切时代的地方。"② 村社则恰恰相反,生产关系是古旧的、静态的,原封不动地保留着传统的生产方式。如果在前资本主义时代,它也许可以怡然自得地存在下去,但是,不幸的是它与资产阶级这个世界时间普世性进取的人格化身同居一个共时性空间,资产阶级"它迫使一切民族——如果它不想灭亡的话——采用资产阶级的生产方式;它迫使它们在自己那里推行所谓文明制度,即变成资本者。一句话,它按照自己的面貌为自己创

---

① 《马克思恩格斯全集》,第13卷,第22页。
② 《马克思恩格斯选集》,第1卷,第254页。

造出一个世界"。① 资本主义在人类文明进程中,首次开创了世界历史,即世界时间的历程。非现代化原生地域无论以民族国家或是跨族际帝国形态存在,从此失去了自己特殊性的封闭发展道路和自然成长的可能性,无一例外地被纳入到世界时间进程之中,因为,世界时间的物质基础——大工业"通过普遍的竞争迫使所有人的全部精力极度紧张起来。只要可能,它就消灭意识形态、宗教、道德等等,而当它不能做到这一点时,它就把它们变成赤裸裸的谎言。它首次开创了世界历史,因为它使每个文明国家以及这些国家中的每一个人的需要的满足都依赖于整个世界,因为它消灭了以往自然形成的各国的孤立状态。它使自然科学从属于资本,并使分工丧失了自然性质的最后一点痕迹。它把自然形成的关系一概消灭掉(只要这一点在劳动范围内可能做到的话);它把这些关系变成金钱的关系"。② 资本主义大工业把历史时间合法性的依托——意识形态、宗教、道德统统予以解构,还把历史时间的社会纽带——宗法性的自然关系予以拆解。在这种情境下,村社存续的合理性与超越资本主义的可能性,不再是俄罗斯国情的问题,越出了历史时间特殊性语境,转变为世界时间普世性的异类诘问。

村社有可能,仅仅是有可能,成为超越资本主义,直接进入到世界时间普世性高级阶段——社会主义的载体。任何人类社会进步,都是主体、客体、载体的基本同步推进,与所处的世界时间环境相一致。从世界时间给定的空间性状来看,村社不具有超越资本主义阶段的现实基础,社会主义是对资本主义的建设性否定式的

---

① 《马克思恩格斯选集》,第1卷,第255页。
② 同上,第67页。

超越,而村社是对现代资本主义的消极性否定式的复古。带有原始共产主义色彩的村社,在现代世界时间中的作用是消极的,不利于社会进步。"原始共产主义,像在印度和俄国一样,今天正在给剥削和专制制度提供最好的,最广阔的基础(只要现代共产主义的因素不去震荡这种原始共产主义),并且在现代社会条件下,它和瑞士各旧州的独立的马尔克公社一样,成为极其引人注目的(或者应当被克服或者应当得到进一步发展的)历史遗迹"。① 世界时间的线性历程规定,历时性的社会经济发展阶段是无法逾越的。恩格斯指出:"每一种特定的经济形态都应当解决它自己的、从它本身产生的问题;如果要去解决另一种完全不同的经济形态的问题,那是十分荒谬的。"②村社这种前资本主义社会经济形态被民粹主义用作解决资本主义弊病、超越资本主义阶段的载体,应当是十分荒谬的。但是,村社作为超越工业资本主义阶段的载体,又有其主客观两方面的因素。

主观上,村社"一方面,土地公有制使它有可能直接地、逐步地把小块个体耕作转化为集体耕作,并且俄国农民已经在没有进行分配的草地上实行着集体耕作。俄国土地的天然地势适合于大规模地使用机器。农民习惯于劳动组合关系,这有助于他们从小地块劳动向合作劳动过渡;最后,长久以来靠农民维持生存的俄国社会,也有义务给予农民必要的垫款,来实现这一过渡。另一方面,和控制着世界市场的西方生产同时存在,就使得俄国可以不通过资本主义的卡夫丁峡谷,而把资本主义制度所创造的一切积极成

---

① 《马克思恩格斯选集》,第4卷,第442页。
② 同上,第443页。

果用到公社中来"。① 经典作家在这里为村社超越资本主义阶段,规定内部与外部的充分必要条件,这些要件缺一不可。否则,这种超越将产生灾难深重的历史悲剧,俄罗斯 200 多年的历程证明了这一点。

在世界时间的空—时四维环境中,资本主义已经发展出社会主义上层建筑所需要的大工业生产力,以阶级斗争为表现形式的生产力与生产关系的斗争在 19 世纪后半叶日趋尖锐,"这时,在西欧不仅一般的商品生产,甚至连它的最后和最高的形式——资本主义生产都同它本身所创造的生产力发生了矛盾,它不能再继续支配这种生产力,它正是由于这些内部矛盾及其造成的阶级冲突而走向灭亡"。② 如果资本主义社会阶级斗争像 20 世纪下半叶那样发生重大变异,经典作家也不会同意俄国民粹主义把村社作为超越资本主义的载体。经典作家与民粹主义知识分子在村社超越问题上,有着本质的区别。经典作家为村社超越规定了世界时间内涵的准则,而民粹主义从历史时间观念形态替代世界时间现实病态的角度出发,不加限制地肯定村社作用。经典作家一方面肯定"村社"及其类似的前资本主义社会建制所蕴涵的公有制形式,指出:"在俄国公社面前,资本主义正经历着危机,这种危机只能随着资本主义的消灭,随着现代社会回复到'古代'类型的公有制而告终。"③ 另一方面,经典作家否定前资本主义的村社直接作为后资本主义社会形态的可能性,指出:"在商品生产和单个交换以前出现的一切形式的氏族社会同未来的社会主义社会只有一个共同

---

① 《马克思恩格斯选集》,第 3 卷,第 765 页。
② 《马克思恩格斯选集》,第 4 卷,第 441 页。
③ 《马克思恩格斯选集》,第 3 卷,第 763 页。

点,就是一定的东西即生产资料由一定的集团共同所有和共同使用。但是单单这一个共同性并不会使较低的社会形式能够从自己本身产生出未来的社会主义社会,后者是资本主义最独特的最后产物。每一种特定的经济形态都应当解决它自己的、从它本身产生的问题;如果要去解决另一种完全不同的经济形态的问题,那是十分荒谬的。这一点对于俄国的公社,也同对于南方斯拉夫人的扎德鲁加、印度的氏族公社,或者任何其他以生产资料公有为特点的蒙昧时期或野蛮的社会形式一样,是完全适用的。"[1]经典作家明确指出社会主义革命只能发生于高度发达的资本主义阶段:"在资本主义社会本身完成这一革命以前,俄国公社如何能够把资本主义社会的巨大生产力作为社会财产和社会工具而掌握起来呢?在俄国公社已经不再按照公有原则耕种自己的土地之后,它又怎么能向世界指明如何按照公社原则管理大工业呢?"[2]经典作家的结论是:"目前的俄国无论从公社那里还是从资本主义那里,都不可能达到社会主义的改造。"[3]

民粹主义是1861年大改革的逻辑产物,正如上一章所论述的那样,大改革是半封建主义与半资本主义的混合构建。民粹主义把大改革的前资本主义形态基层性建构——村社,作为超越资本主义的载体,只能是水中月、镜中花。马克思指出:"俄国想要遵照西欧各国的先例成为一个资本主义国家,——它最近几年已经在这方面费了很大的精力,——它不先把很大一部分农民变成无产者就达不到这个目的;而它一旦倒进资本主义怀抱以后,它就会和

---

[1] 《马克思恩格斯选集》,第4卷,第442—443页。
[2] 同上,第442页。
[3] 同上,第450—451页。

尘世间的其他民族一样地受那些铁面无情的规律的支配。"①大改革的双重悖论性取向,使得"俄国继续走它在1861年所开始走的道路,那它将会失去当时历史所能提供给一个民族的最好的机会,而遭受资本主义制度所带来的一切极端不幸的灾难。"②马克思明白无误地指出了大改革后的俄罗斯困境的根源:封建主义宗法制超经济强制性的灾难与资本主义原始积累的无情灾难同时压在绝大多数人民头上。经典作家寄希望于在俄罗斯发生以农民群众为主体的法兰西式革命,使俄罗斯彻底进入到世界时间的普世性文明中来,"如果发生这种情形,俄国的1793年就会来到;这些半亚洲式农奴的恐怖统治将是历史上空前的现象,然而它将是俄国历史上的第二个转折点,最终将以真正的普遍的文明来代替彼得大帝所推行的虚假的文明。"③马克思的伟大预见,概括出了俄罗斯从1861年中经1917年直至1991年历程的本质。

  村社作为俄罗斯的社会建制特质,经典作家予以的关注是超乎寻常,对其作出的具体判断却是十分谨慎的。马克思在致俄国民粹主义女革命家维拉·查苏利奇的信中说:"在《资本论》中所做的分析,既不包括赞成俄国农村公社有生命力的证据,也不包括反对农村公社有生命力的证据,但是,从我根据自己找到的原始材料所进行的专门研究中,我深信:这种农村公社是俄国新生的支点;可是要使它能发挥这种作用,首先必须肃清从各方面向它袭来的破坏性影响,然后保证它所具备自由发展所必需的正常条件。"④

---

① 《马克思恩格斯全集》,第19卷,第130页。
② 同上,第129页。
③ 《马克思恩格斯全集》,第12卷,第725页。
④ 《马克思恩格斯全集》,第19卷,第269页。

马克思在这里并未改变经典作家关于村社的结论性看法,而是说利用村社的形式,消除掉以宗法集权主义为核心的前资本主义形态对它的"破坏性影响",并且保证它自由发展的必要条件。在这种前提下,村社有可能成为超越资本主义的载体。

村社精神是民粹主义的意识形态的特质,"米尔"是村社的口语称谓。民粹主义认为,米尔精神是超越资本主义代议制民主精神的载体。俄罗斯民粹主义者阿·普·夏波夫写道:"古老的、不朽的、永恒的农民米尔,即整个俄国米尔的支柱是我们自我发展的本原和初型。……村米尔作为人民喜爱的、古老的天然根源——俄国土地上自由民的人民会议米尔幼芽,对于我们来说,乃是自然历史遗留的人民的本原,或者是全俄国的地方自治米尔的新的自由民自治和自我发展的起点。无怪乎历史把米尔的原则一直保持到我们的时代。无怪乎我们新的地方自治结构也是从村米尔开始的。人民自己逐步地、自然而然地组织建立了地方人民会议米尔,同样,新的地方自治米尔也能够从村米尔开始,按照它的初型组织起来。人民会议制的地方自治米尔的自由民自治的自然历史过程,也是按这个顺序逐步完成的。……我们什么也不需要,只需要米尔的联合、接近与和解的精神,只需要米尔的会议和协商的精神,只需要米尔的主动精神和米尔的连环保精神……我们只有把米尔、米尔的会议和协商原则,米尔的连环保、米尔的公社进取精神的原则贯彻到自己的社会生活中去,贯彻到自己的风俗习惯中去,才能有任何全体一致的、坚决的社会主动精神,才能有任何有益的社会会议和社会舆论。……我们的粗糙的、不文明的、然而强有力的、正在开始自我发展的农村米尔所灌输给我们的就是这样的社会原则。"①民粹主义直接地回到特殊性传统文化的遗存中,发掘现代普世文明的替代物,由人民至上的民粹主义蜕变为文化至上的民粹主义。村社是前资本主义宗法制的基层建构,是文化民粹主义坚持特殊性传统的精神载体。村社已不再是本体论意义上的存在,在文化民粹主义话语中,承载着过于繁重的超越普世性的语境。早期的普列汉诺夫信奉民粹主义,认为资本主义在俄国的发展是一种倒退,村社是俄国消灭专制制度后,超越资本主义,跃迁到社会主义的现实载体。他从民粹主义立场出发,质疑马克思主义社会发展规律学说:"这里自然就产生一个问题,作为马克思考察对象的西欧社会究竟在什么时候便已探索到这一不可逆转的规律了呢?我们认为,这正是发生在西欧村社解体的时候。众所周知,早在同中世纪封建制度的斗争中,村社已遭到破坏。取代每个公民都有权占有土地的村社原则的,开始是封建主义的原则,即土地权只能世袭;随后是资产阶级的原则,即凡有钱购买土地的人均可占有土地。……不过,我们认为,如果西方的村社不是过早地解体的话,那么,那里的社会主义将完全是另一种发展过程。共同占有土地这一原则本身并不具有例如私人占有制所遭受的那种不可克服的矛盾,因此,它本身不带有导致自身灭亡的因素。也许有人会对我们说,原始公社原则的矛盾在于,它看不到任何超出自己范围的东西,它同一切其他的村社进行竞争。但我们反对这种说法,因为这与其说是原始公社的情况,毋宁说是氏族公社的情况。……在原始公社的原则里,如目前俄国存在的这种村社里,我们看不到注定导致其灭亡的任何矛盾。因此,只要我国大多数农

---

① 《俄国民粹派文选》,人民出版社1983年版,第33—41页。

民依然保持土地村社时,我们就不能认为我国已经走上这样一个规律的道路,根据这个规律资本主义生产是它前进道路上的必经之站。……这样,对那种认为俄国不能避免资本主义生产的意见,我们看不出其根据何在。因此,我们并不认为在俄国宣传社会主义为时过早。相反,我们认为,正是现在,这种宣传比任何时期更为适时,只是宣传的出发点和实际任务与西方应有所不同。"[1]普列汉诺夫这篇写于1879年民粹主义运动高潮期间的著作,是他后来思想的否定性前提。普列汉诺夫这时的思想代表了民粹派知识分子的普遍倾向,既然资本主义是封建主义的否定性替代,社会主义是资本主义否定性替代,那么为什么不利用传统村社这种农业社会主义载体,超越资本主义阶段,直接进入到社会主义阶段,避免遭受资本主义的灾难。应当说,这种设想的人文关怀是正当的,但问题的症结在于社会历史发展阶段是不能够人为地省略的,这是世界历史的史实性结论,也是马克思主义历史唯物论的基本原理。人为地跨越,势必混淆线性的坐标系,采用非线性的价值判断,对于生活事实做出多元价值判断,而置简单的事实判断于不顾。主观的超前跨越,落脚点可能陷在了比超越对象更加落后的特殊性传统泥淖里,像蛀牙一样痛苦万分而无法自拔,只有以民族失败形式的世界时间强力推动,才能饱含痛楚地挣脱出来。如果没有明晰的世界时间普世性观念,还是徘徊在现代与传统两界之间,背负着难以割舍的特殊性包袱,难免重蹈覆辙,如此往复,令后世承受创痛,让方家扼腕叹息。1861年以后的俄罗斯历程,以民族悲喜剧的方式上演着这样的历史活剧。

---

[1] 《俄国民粹派文选》,第491—494页。

在现代化后发地域,民粹主义尽管表现形式各异,所冠以的名目也千差万别,但其思想的归旨,即追赶中超越,省略中介环节,在世界时间共时性空间,呈现出历史时间特殊性的独特样态,蔚成大观,底蕴皆在于民粹主义。民粹主义的批判性对象是世界时间普世性,批判性工具是历史时间特殊性,批判性话语是世界时间话语的历史时间语境。民粹主义批判现代化的精神资源,不是直接面对资本主义的那个前资本主义形态,而是意识形态化了的古风遗存,是一种纯粹的真善美的统一体的"托古幽思",是民粹派知识分子普遍认同的意识形态语境,民俗学与人类学考证在这里是不起作用的。民粹主义神化土地与人民,圣化古风,深化非当下的历史时间特殊性曾经有过的存在状态。在深化臆造中,设计超越资本主义的捷径。民粹主义经济学家尼·弗·丹尼尔逊在1893年出版的《我国改革后的社会经济概论》中写道:"我国过去的历史留给我们的遗产是村社,在资本主义及其造成的生产条件和流通条件以及工业和农业分离的压力下,村社不能保证自己成员的生活资料。因此在现存的条件下它受到了必然灭亡的威胁。但是与此同时,村社的农业是未来的经济大厦赖以建立的那种生产的基本物质条件之一。为了在原来的位置上发展像西方一样建立在应用农业科学基础上的资本主义农业,我们用不着等待大多数农民丧失土地。这种大规模的丧失土地也许意味着我们的经济面临死亡。我们不得不使科学的农业和现代的大工业,'同村社衔接起来,同时把村社改变到能够成为组织大工业和把大工业的资本主义形式改造为社会形式的合适的工具的程度。'对于社会经济组织来说,要么就是发展,要么就是退化和死亡,别的出路是没有的。因此,我们得出的结论是,资本主义的生产和流通形式已不再适应最迫切的人民经济的要求了。资本主义破坏了我们建立在直接满足生产者需要的基础上的宗法式生产,但是资本主义破坏了它以后却把它变成了满足全社会的产品需要的社会生产了。与此同时,它剥夺了大量的过去的生产者,剥夺了他们的生产资料,把生产工具集中在少数人的手里,并且在得到科学和技术支持以后把工人的劳动生产率提高到了这样的规模,以至于一小部分工人就可以满足全国的产品需要。另一方面,生产虽然成了社会的行为,但都没有像在过去宗法式生产条件下生产者自己享用自己的劳动产品那样,带来社会享用它的产品的结果。……在这种情况下社会生产力远远超出了社会的需要,——不是越来越得不到满足的真正的需要,而是受到资本主义生产和流通形式本身限制的那些需要。"[1]如何避免资本主义经济的痼疾,米哈伊洛夫斯基给出一帖农业社会主义宗法式生产消费组织形式的包治百病的灵丹妙药:"(资本主义)生产形式同大多数人的需要的这种不相适应,对于居民和整个国家有可能造成有害的后果,以致除了以下的办法外没有别的办法,这就是依靠从过去的历史遗留给我们的生产的物质条件来停止摧毁我国数世纪以来形成的,建立在直接生产者自己占有生产工具基础上的生产方式,'以便消除正在威胁准备走上放弃'自身福利的'古老'根基的'道路的那些人民的危险',集中全副力量把农业和加工工业统一在直接生产者的手里,但不是在分散的小生产单位的基础上的统一,……而是在公共的、社会化的大生产的基础上的统一,这种大生产将建立在自由发展社会生产力、应

---

[1] 《俄国民粹派文选》,第 811—812 页。

用科学和技术并旨在满足真正的需要和为全体居民谋福利的基础上。"①民粹主义知识分子明确否认,俄国走上世界时间普世性谱系中的社会发展阶段规律性,民粹主义思想家瓦·巴·沃龙佐夫运用古典经济学方法论,引证大量经济统计数据,论证了俄国经济形态的独立于世界时间普世性的特殊性,反对马克思主义政治经济学的基本原理,并援引丹尼尔逊的论点,说:"他的结论同我的结论相一致,……他的研究结果同样是对资本主义生产在我国布下的罗网的广泛性和巩固性表示怀疑,那么这就十分有力地证明,所谓一切民族的工业都不可避免地要经过资本主义发展阶段的理论是错误的。……马克思本人假如着手对俄国资本主义的命运进行研究的话,也不可能选择更好的研究方法,并且也未必会比本文作者研究得更加透彻。"②民粹主义制造了超越普世性的特殊化神话,并沉溺于这个神话之中。

如果说,在社会经济领域内,民粹主义以村社作为超越资本主义社会经济阶段的载体,那么,在政治制度领域,民粹主义也提出了超越资本主义代议制民主的纲领。民粹主义政党——民意党在其《工人党员纲领》中宣布:"国家制度应建立在所有村社的联盟条约的基础之上。每个村社在处理内部事务方面享有充分的独立的自由。村社的每个成员在信仰和个人生活方面享有充分的自由;这种自由只有在变成暴力侵犯本村社的其他成员或其他村社的成员时才会受到限制。"③村社又被民粹主义者作为超越资本主义制度的新型政权结构性基础,民意党在此基础上进一步阐释了关于

---

① 《俄国民粹派文选》,第812—813页。
② 同上,第716—717页。
③ 同上,第533页。

政治结构的变革思想:"用人民政权来取代俄国的沙皇政权,即政府由人民代表组成;人民自己可以任命和撤换代表;选举时人民详细地指示代表们应当做什么,并要求他们汇报自己的活动。按照居民的生活特点和生活条件,俄罗斯国家划分成一些在内部事务方面各自独立的州,这些州联合成一个全俄罗斯联盟。州内事务由州执行委员会管理,全国事务由联盟政府管理。用暴力强行并入沙皇俄国的各个民族,有脱离或留在全俄罗斯联盟内的自由。"①民粹派在俄罗斯历史上第一次提出了建立人民性民族联盟国家政权思想和少数民族享有民族自决权的主张,这是超越了封建主义帝国观念和资本主义民族国家意识的超前性思维的结晶,是民粹主义思想在现代世界中具有恒久魅力的闪光点。民粹主义尽管有很多不合现代性时宜之处,但人民至上、人民联盟国家、民族自决至上等超越特定历史阶段的华彩思想是人类精神宝库的瑰宝。人们可以不同意民粹主义超越普世性社会经济发展阶段的个别论断,但如果连民粹主义的人民至上的人文关怀取向也予否定的话,就彻底地站到专制主义官方意识形态立场上去了。这是区别学术立场与人文立场的试金石。人民性民族联盟国家在20世纪的俄罗斯大地上终于出现了,但只是徒具形式,在它开始向着实质性内涵自我变革时,轰然解体。因为这个联盟的基本价值取向,不是人民至上。

民粹主义强调:"制度的变革应当使生活更接近于社会主义制度。"②民粹主义的社会主义理念是以公社为核心的,综合了世界

---

① 《俄国民粹派文选》,第537页。
② 同上。

时间普世性形式与历史时间特殊性内涵,其基础是农业与工业中的公社建制:"村社(村庄、农村、城郊、工厂劳动组合等)在全体大会上决定自己的事务,并通过选举出来的负责人员……付诸执行。全部土地归劳动人民所有,并视为全体人民的财产。各种工厂都视为人民的财产,交给工厂公社使用,收入归这些公社所有。……凡成年人都有选举联盟政府和州执行委员会代表的权利;同样,凡成年人也都可以被选入联盟政府和州执行委员会。所有俄国人都平等地享有宗教自由、言论与出版自由、结社自由、集会自由与竞选宣传自由。人人享有免费初等和高等国民教育的权利。现在的军队和一切部队都由地方民兵代替。建立俄罗斯国家银行并在俄国各地设立分行,以使支持和帮助工厂的、农业的和一切工业的、文教的公社、劳动组合和团体。"[①]民粹主义富于幻想的人民性集体主义特质,存在着内在的悖论,一方面充分肯定人民的个体主权,享有一系列自由及其实行权力,另一方面又把集体主义公社建制,作为制度上的权力主体;这样两个主体势必在实际生活中发生矛盾,终局的裁决是由集体主义的人格化身公社负责人乃至联盟负责人做出,使绝对意义上的人民平等,转变为事实上的绝对不平等。民粹主义社会革命以推翻少数人统治的暴政为目标,逻辑的结果是建立起形式上多数人统治的暴政。民粹主义消除旧的不平等的制度设计,导致了新的不平等的现实结果。事与愿违,是一切真诚的理想主义者共同遭遇的现实坎陷。

民粹主义在现代化后发地域,第一次提出了农民是社会变革主力军,工农联盟才能取得革命胜利的思想,启迪东方社会各种类

---

① 《俄国民粹派文选》,第 537—538 页。

型的革命实践家与革命理论家制度创新的活动与思索,民意党明确提出:"城市工人更应牢记,如果脱离农民,他们将总是受到政府、厂主和富农的镇压,因为人民的主力不在他们而在农民之中。如果他们能永远和农民在一起,把农民吸引到自己一边并向他们证明,只要团结一致,共同努力,那么全体劳动人民一定会成为一支坚不可摧的力量。"①民粹主义的理想既超越与其同时并存的世界时间观念和历史时间观念,又同时杂糅着两种时间观念的历时性语境。其实践性前途,必须以世界时间普世性更高级时序性推进为前提,否则,只能成为悲剧的精神跃进与现实的充满自我牺牲精神的壮举。19世纪末,经典作家从理论与实践两个方面,对民粹主义做出了思辨性结论。恩格斯在1894年所著的《"论俄国的社会问题"跋》一文中,针对民粹主义思想家以农业社会主义超越工业资本主义阶段的理念,给予了深刻的剖析,他指出:"在俄国,我们看见,除了狂热发展的资本主义制度和刚开始形成的资产阶级土地所有制外,大半土地仍归农民公共占有。那么试问:俄国公社,这一固然已经大遭破坏的原始土地公共所有制形式,是能直接过渡到高级的共产主义的土地所有制呢?或者,他还须先经历西方的历史发展所经历的那个解体过程呢?对于这个问题,目前惟一可能的答复是:假如俄国革命将成为西方无产阶级革命的信号而双方互相补充的话,那么现今的俄国公共所有制便能成为共产主义发展的起点。"②恩格斯认为,如果没有经历过西欧式社会经济发展阶段和政治革命的洗礼,村社不会自然地成为超越资本主

---

① 《俄国民粹派文选》,第538—539页。
② 《马克思恩格斯全集》,第22卷,第503页。

义的载体。在这一点上,经典作家同民粹派社会主义理念是有着本质的分歧的。恩格斯接着指出:"一个由德国开创的新的时期,即自上而下的革命的时期,同时也就是社会主义在所有欧洲国家迅速成长的时期到来了。俄国参加了共同的运动。正如预期的那样,这一运动在这里采取了坚决进攻的形式,其目的在于推翻沙皇专制制度、争得民族的文化发展和政治发展的自由。对于农民公社的深处能够而且应该实现社会新生的信念……,起了自己的作用,它鼓舞起了英勇的俄国先进战士的热情和毅力。这些战士虽然不过几百人,但由于他们的自我牺牲和大无畏精神,竟然弄得沙皇专制制度也不得不考虑投降的可能性和条件了,——对于这些人,我们并不因为他们把俄国人民看作社会革命的天之骄子而去同他们争论。但是我们完全没有义务去跟他们抱同样的空想。天之骄子的时代一去不复返了。……资本主义在俄国迅速前进而且愈来愈接近恐怖主义者所未能达到的目的:迫使沙皇制度投降。"[①]恩格斯完全不赞成民粹派把农民作为推翻沙皇制度的主力军以及把农民宗法社会主义载体——村社,作为超越资本主义阶段的替代物,恩格斯在这里明白无误地指出,既不是农民斗争,也不是民粹派的恐怖主义行动,而是俄国内部迅速发展的资本主义迫使沙皇制度不得不考虑投降。

村社这种前资本主义的原始共产主义农业社会建制,在资本主义及后资本主义社会发展中,除了具有形式的借鉴意义,也不具有任何实质性进步意义。村社如果要实现民粹主义所构想的跨越历时性普世阶段的大飞跃,只有在西欧发生成熟的资本主义之后

---

① 《马克思恩格斯全集》,第 508 页。

的社会革命,由其引发全欧洲的社会主义革命,在这种历史条件下,村社才有可能成为超越资本主义的现实载体。经典作家对此所做的阐释是明确的,恩格斯指出:"在俄国,从原始的农业共产主义中发展出更高的社会形态,也像任何其他地方一样是不可能的,除非这种更高的形态已经存在于其他某个国家并且起着样板作用。这种更高的形态——凡是在历史上它可能存在的地方——是资本主义生产形式及其造成的社会二元对抗的必然结果,它不可能从农业公社直接发展出来,只能是仿效某处已存在的样板。"①经典作家明确地规定了对俄国村社这种农业社会主义原始形式进行历史性改造的主体不是农民,而是西欧意义上的工业无产阶级,"对俄国公社的这样的一种可能的改造的首创因素只能来自西方的工业无产阶级,而不是来自公社本身。西欧无产阶级对资产阶级的胜利以及与这俱来的以社会管理的生产代替资本主义生产,这就是俄国公社上升到同样的阶段所必需的先决条件"。②

民粹主义在巴枯宁及其追随者那里发展出"无政府主义的集体主义"。③ 无政府主义是民粹主义的政治虚无主义的集中体现,民粹派在俄罗斯亦称为"虚无派"。巴枯宁的无政府主义理想,是破坏一切形态的国家,摧毁资产阶级文明,在一切形式国家的废墟上完全自由地按照自下而上的原则,建立毫无区别地包括一切语言、属于一切民族的人的自由生产协作社、公社和区域联合的兄弟联盟。巴枯宁既否定资产阶级共和国的合法性,也否定无产阶级专政制度的合理性,认为替代资产阶级国家统治机器的手段是无

---

① 《马克思恩格斯〈资本论〉书信集》,第 560 页。
② 《马克思恩格斯选集》,第 4 卷,第 441 页。
③ 《马克思恩格斯全集》,第 32 卷,第 360 页。

政府主义。他说:"同这些由1789年和1793年资产阶级大革命所产生的国家主义共和制的和新君主制的压迫人民的流派相对立,从无产阶级——起初是法国和奥地利的无产阶级,后来是欧洲其他国家的无产阶级——本身深处,终于形成了一个崭新的流派,它的直接目的就是消灭一切剥削和一切政治的或法律的以及政府的行政压迫,即通过在经济上平均一切财产的办法消灭一切阶级,并消灭阶级的最后堡垒——国家。"[1]马克思主义认为,国家是阶级的产物,阶级是一定社会经济文化发展阶段的产物,国家与阶级的存在与否是受生产力发展水平决定的,不是人为能够消灭或摧毁得了的。马克思主义科学地预见到,阶级与国家在生产力与文化高度发达的基础上,是会渐趋灭亡的,但这不是19世纪的社会革命主题。恩格斯指出:"巴枯宁有一种独特的理论……其中最主要的东西就是:他认为应当消除的主要祸害不是资本,就是说,不是由于社会发展而产生的资本家和雇佣工人的对立,而是国家。……巴枯宁却硬说国家创造了资本,资本家只是由于国家的恩赐才拥有自己的资本。因此,既然国家是主要祸害,那就必须首先废除国家,那时资本就会自行完蛋。而我们的说法恰巧相反:废除了资本,即废除了少数人对全部生产资料的占有,国家就会自行垮台。差别是本质性的:要废除国家而不预先实现社会变革,这是荒谬的;废除资本正是社会变革,其中包括对全部生产方式的改造。但是,在巴枯宁看来,既然国家是主要祸害,那就不应当做出任何事情来维持国家的生命,即任何一种国家——不管是共和国,君主国等等——的生命。……撤销一切政权机关,废除国家,而代之以

---

[1] 巴枯宁:《国家制度和无政府状态》,商务印书馆1982年版,第51页。

国际的组织。千年王国由以开始的这一伟大行动,就叫做社会清算。"①巴枯宁反对任何形式的国家政权,包括革命专政政权,他说:"革命专政和国家政权之间的全部差别仅仅在外观上。实质上,两者都是由少数人管理多数人,借口是多数人的所谓愚蠢和少数人的所谓聪明。因此,它们都是反动的:两者的直接的和不可避免的结果都是巩固少数治人者的政治和经济特权,加强对人民群众的政治和经济奴役。现在已经清楚,以推翻现存政权和制度为目的,以便在其废墟上建立自己的专政的学理主义的革命者,为什么从来不是而且将来也不是国家的敌人,相反,他们过去一直是而且将来也仍然是国家的最热烈的拥护者。他们仅仅是现存政权的敌人,因为他们希望取而代之;他们仅仅是现存政治机构的敌人,因为这些机构排除他们建立专政的可能,但他们同时又是国家政权最热情的朋友,因为如果他们不保有国家政权,革命在真正解放了人民群众后,这些假革命的少数人就完全不能指望重新驾驭人民群众和用自己的行政措施来施恩惠于人民群众。"②巴枯宁从无政府主义的视角,超前地揭示了 20 世纪革命专政政权面临异化的问题。问题的关键,不在于专政,而在于专政是否沦为少数人或个别集团的特权。巴枯宁阐述的这个问题,其历史实然语境只能留给他永不曾涉猎的 20 世纪去诠释了。专政就是政权垄断,革命专政是革命者垄断政权,支配全部社会物质、精神与制度资源。权力本身就带有异化的腐蚀性,专政权力的权能超出了一般意义上的权力,因而带有更大的异化的现实可能性。巴枯宁从专政的消极

---

① 《马克思恩格斯选集》,第 4 卷,第 400—401 页。
② 巴枯宁:《国家制度和无政府状态》,第 149 页。

后果大于积极后果的角度,把它作为一种国家全能主义建制加以反对,从法国大革命直到20世纪诸多革命,都曾出现了专政名义下的权力异化。巴枯宁的观点很难简单化地一批了之。

马克思主义科学理论,制定出了防止无产阶级革命政权异化的纲领。马克思指出:"只有因对全社会负有新社会使命而得到鼓舞力量的无产阶级,即负有消灭一切阶级和阶级统治使命的无产阶级,才能够粉碎阶级统治的工具——国家,也就是集中化的组织起来的窃居社会主人地位而不是充当社会公仆的政府权力。"[①]"无产者本身必须成为权力,而且首先是革命的权力。"[②]无产阶级革命不是为了享有资产阶级内涵的国家权力,而是为了粉碎这一内涵的权力,建立新型政权,进而创造出各种完备的条件过渡到无阶级、无国家的共产主义社会。马克思指出:无产阶级革命"是反对国家本身、这个社会的超自然的怪胎的革命,……它不是为了把国家政权从统治阶级这一集团转给另一集团而进行的革命,它是为了粉碎这个阶级统治的凶恶机器本身而进行的革命。"[③]巴枯宁攻击马克思说:"当似乎一切真诚的革命者都应当联合起来给国际反动派的猖狂进攻以反击的时候,我们都看见学理主义的革命者在马克思先生的率领下到处站在国家制度和国家主义者方面反对人民革命。"[④]针对巴枯宁这类强行取消国家的无政府主义理论,恩格斯指出:"国家是整个社会的正式代表,是社会在一个有形的组织中的集中表现,但是,说国家是这样的,这仅仅是说,它是当时

[①] 《马克思恩格斯选集》,第2卷,第412页。
[②] 《马克思恩格斯选集》,第1卷,第171页。
[③] 《马克思恩格斯选集》,第2卷,第411页。
[④] 巴枯宁:《国家制度和无政府状态》,第149页。

独自代表整个社会的那个阶级的国家:在古代是占有奴隶的公民的国家,在中世纪是封建贵族的国家,在我们的时代是资产阶级的国家。当国家终于真正成为整个社会的代表时,它就使自己成为多余的了。当不再有需要加以镇压的社会阶级的时候,当阶级统治和根源于现代生产无政府状态的生存斗争以及由此产生的冲突和极端行动都被消除了的时候,就不再有什么需要镇压了,也就不再需要国家这种特殊的镇压力量了。国家真正作为整个社会的代表所采取的第一个行动,即以社会的名义占有生产资料,同时也是它作为国家所采取的最后一个独立行动。那时,国家政权对社会关系的干预将先后在各个领域中成为多余的事情而自行停止下来。那时,对人的统治将由对物的管理和对生产过程的领导所代替。国家不是'被废除'的,它是自行消亡的。……应当以此来衡量所谓无政府主义者提出的在一天之内废除国家的要求。"[1]马克思指出:巴枯宁"的头脑里是一片无政府状态,那里只容得下一个明确的思想,即巴枯宁应该当第一提琴手。"[2]无论是民粹主义一般形式的奉行者,还是以无政府主义形式出现的激进主义者,他们身上还有着太多历史时间特殊性的文化基因,使得他们在反抗历史时间的俄罗斯特殊性统治秩序——沙皇专制制度时,经常连世界时间的代议制民主制度也一起反掉。他们过于渴望毕其功于一役,他们具有东正教救世圣徒的终极关怀的情怀,他们认真地以为,只要按照民粹主义或无政府主义的制度设计,就可以在一夜之间建成地上天国;只要人民群众,跟随他们,就能够走入到这样的

---

[1]《马克思恩格斯全集》,第19卷,第242—243页。
[2]《马克思恩格斯全集》,第32卷,第360页。

美好境界。资本主义对于民粹主义或无政府主义者来说,甚至是比封建主义还坏的东西,因为民粹主义自信有把握摧毁封建专制主义,却不太自信能够撼动资本主义代议制民主,因此,民粹主义在反对资本主义方面,发展成无政府主义,反对一切形态的国家政权,无论其实质如何。无政府主义与马克思主义针锋相对了,巴枯宁借助反犹主义攻击马克思说:"马克思先生是犹太人。可以说,他身上集中了这个能干的种族的一切品质和一切缺点。有些人说,他神经质到了怯懦的程度,功名心和虚荣心太重,喜欢争吵,缺乏耐性,像他祖先的上帝耶和华一样专制,并且像耶和华一样,热衷于报复达到疯狂的程度。谁要是不幸地激起他的嫉妒或者仇恨(反正一样),为了对付这个人,他是没有什么谎言和污蔑不能制造和不能散布的。他不惜采取最卑鄙的阴谋,只要他认为,而且多半是错误地认为,这种阴谋能够用来加强他的地位、他的影响或者扩大他的力量。就这方面来说,他完全是一个政治人物。"①马克思是伟人,不是完人。马克思明确说,人所具有的,他都具有。巴枯宁是彻底的无政府主义者,他敢于解构话语权威,勇于反对一切国家权力,但他对马克思的人身攻击是不公允的。他把攻击的矛头也指向了恩格斯,"马克思先生开始成为德国共产主义者的首领,接着,便和他的忠实的朋友,同样聪明、虽然学问稍差、但实际得多而且在从事政治污蔑、造谣和阴谋活动方面并不比他逊色的恩格斯先生一起,创建了德国共产主义者国家主义的社会主义者的秘密团体。"②巴枯宁把马克思、恩格斯的革命活动加以漫画化,仅仅

---

① 巴枯宁:《国家制度和无政府状态》,第154页。
② 同上,第156页。

因为马克思主义拒绝无政府主义。巴枯宁同样也拒绝共产主义,他在和平与自由同盟1868年代表大会公开表达了反对共产主义的信念:"由于我要求阶级和个人在经济方面和社会方面平等,由于我同布鲁塞尔工人代表大会一起宣布自己是集体所有制的拥护者,有人就指责说我是共产主义者。……我憎恨共产主义,因为共产主义否认自由,而我不能想象在没有自由的情况下还会有任何属于人类的东西。我不是共产主义者,因为共产主义把社会的一切力量集中在国家中,国家吞噬社会的一切,因为共产主义将不可避免地使财产集中在国家手里,而我们希望废除国家,根除权威和国家监护的原则,这一原则直到现在还在文明和使人日臻完善的借口下,对人进行奴役、压迫、剥削和使人道德沦丧。我力求通过自由联合自下而上地,而不是借助于任何权力自上而下地去组织社会和集体所有制或社会所有制。我要求废除国家,就是要求取消个人的继承财产,个人的继承财产完全是国家的一种制度,是国家的原则本身的结果。……在这个意义上,我是个集体主义者,但绝不是共产主义者。"[①]巴枯宁道出无政府主义与共产主义的本质区别,恩格斯在1883年的一封信中指出了马克思的科学共产主义与巴枯宁的无政府主义的根本分歧:"马克思和我从1845年起就持有这样的观点:未来无产阶级革命的最终结果之一,将是称为国家的政治组织逐步消亡和最后消失。这个组织的主要目的,从来就是依靠武装力量保证富有的少数人对劳动者多数的经济压迫。随着富有的少数人的消失,武装压迫力量或国家权力的必要性也就消失。但是同时,我们始终认为,为了达到未来社会革命的这一

[①]《巴枯宁言论》,三联书店1978年版,第129页。

目的以及其他更重要得多的目的,工人阶级应当首先掌握有组织的国家政权并依靠这个政权镇压资产阶级的反抗和按新的方式组织社会。这一点在1847年写的《共产党宣言》的第二章末尾已经阐明。无政府主义者把事情颠倒过来了。他们宣称,无产阶级革命应当从废除国家这种政治组织开始。但是,无产阶级在取得胜利以后遇到的惟一现成的组织正是国家。这个国家可能需要很大的改变,才能完成自己的新职能。但是在这种时刻破坏它,就是破坏胜利了的无产阶级能用来行使自己刚刚获得的政权、镇压自己的资本家敌人和实行社会经济革命的惟一机构,而不进行这种革命,整个胜利最后就一定会重归于失败,工人就会大批遭到屠杀,巴黎公社以后的情形就是这样。这种无政府主义的谬论从巴枯宁用现在的形式把它提出来的第一天起就遭到了马克思的反对。"①恩格斯的这篇著述为巴枯宁无政府主义做出了政治结论。

民粹主义是19世纪后半叶,伴随大改革而在俄罗斯社会,特别是知识分子中兴起的思潮及其践履。19世纪60年代,主要是民粹主义小组活动时期;19世纪70年代,大规模"到民间去"阶段;19世纪80年代,上半期恐怖主义活动阶段。1884年,民意党停止活动,民粹主义大规模社会活动时期结束。由于国内已有多种专著和数十篇专文论及民粹主义的社会实践活动,故本章重点剖析尚无专论的民粹主义的思想内涵。民粹主义及其极端思想形式——无政府主义,在俄国的盛行"推翻了这样的假设,即如果某种东西是流行的,则它必定在意识形态方面是健全的"。②

---

① 《马克思恩格斯全集》,第36卷,第9—10页。
② 吉·麦克盖根:《文化民粹主义》,南京大学出版社2001年版,第195页。

第三章 泛斯拉夫主义:俄罗斯特殊性普世化的载体

在世界时间的普世性背景话语下,历史时间特殊性的合法性来源与确立,已不再仅仅依靠历史时间特殊性的本体论形式,而是依托世界时间话语范式,构造历史时间特殊性内涵的普世化话语。泛斯拉夫主义就是19世纪后半叶,俄罗斯特殊性普世化的合法性载体。在历时性语境中,俄罗斯特殊性有着不同的普世化合法性载体。中世纪的"第三罗马",19世纪的"泛斯拉夫主义",20世纪的"苏维埃联盟"、"第三国际"、"人民民主国家阵营"、"社会主义大家庭"等不一而足。泛民族主义的兴起是历史时间特殊性对抗世界时间普世性的一种形式。俄罗斯特殊性的普世化载体,从古代至现代,都是借取西欧普世性话语范式,用特殊性内涵更替其原初的质的规定性,使现代性取向的普世化发生异化、逆转,沦为历史时间特殊性解构世界时间普世性的物质手段、制度工具和精神武器。

18世纪末、19世纪初的法国大革命与拿破仑战争一方面重构了欧洲的社会政治版图,另一方面唤起了欧洲的民族主义思潮。从此以后,民族主义像幽灵一样纠缠了欧罗巴,"这种民族政治理念与新意识,皆诞生于1789年,也就是法国大革命那一年"。[①] 民

[①] 埃·霍布斯鲍姆:《民族与民族主义》,上海人民出版社2000年版,第122页。

族国家是近代国际社会的独立主体,是法国大革命的国际性政治遗产。自此以后,人民认同的国家不再是君主的一人之国,而是民族的万众之国。君主,如拿破仑等,只是这个民族国家的人格象征,而不是其全部。"这正是法国对人类历史最大的贡献"。[①] 在19世纪民族主义兴起的历史背景下,作为欧洲大陆人口最众、分布最广、差异最大的族群——斯拉夫人产生了"泛斯拉夫主义",具有深刻而复杂的历史内蕴。"泛斯拉夫主义起源于西斯拉夫人中间"。[②] 斯拉夫人分为三个支系:由俄罗斯、白俄罗斯、乌克兰(小俄罗斯)人组成的东斯拉夫人,信奉东正教,国家形态为欧洲列强之一的俄罗斯帝国,是19世纪上半叶欧洲的国际宪兵;由波兰人、捷克人、斯洛伐克人等组成的西斯拉夫人,信奉天主教,极少数信奉新教,分别被普鲁士、俄罗斯、奥地利统治;由保加利亚人、塞尔维亚人、克罗地亚人、斯洛文尼亚人等组成的南斯拉夫人,信奉东正教、天主教,分别被奥地利和奥托曼土耳其统治。斯拉夫人之间的矛盾,如波兰与俄罗斯,比与其他民族的矛盾还要深,斯拉夫人没有共同的文化归旨,比邻而居,宗教迥异,像同在巴尔干地区的塞尔维亚人信奉东正教,克罗地亚人则信奉天主教。除俄罗斯外,其他斯拉夫民族都是分布在各个帝国或王国中的被压迫民族,没有形成单一民族国家或多民族国家政治、经济、文化等方面的客观条件。客观情势使得斯拉夫民族走上不同于西欧的争取民族解放的道路。1848年,西欧爆发资产阶级革命,意大利、德意志等民族资产阶级一方面要求扫除封建势力,发展资本主义;另一方面争取

[①] 埃·霍布斯鲍姆:《民族与民族主义》,第104页。
[②] 赫坦巴哈等:《俄罗斯帝国主义》,三联书店1978年版,第93页。

实现统一,建立资产阶级民族国家。民族民主革命风起云涌。1848年6月2日,奥匈帝国各地的斯拉夫领导人聚会布拉格,召开斯拉夫人大会,宗旨为帝国制宪议会做准备。与会代表分为三部分:西部斯拉夫人——捷克人、西里西亚人、斯洛伐克人;东部斯拉夫人——波兰人、乌克兰人;南部斯拉夫人——斯洛文尼亚人、克罗地亚人、塞尔维亚人等。每部分代表为16人,会议主席为捷克人弗普拉斯基。会议邀请奥匈帝国境外的俄罗斯、保加利亚派代表,被婉拒。会议通过决议,呼吁加强帝国境内包括斯拉夫人在内的各民族团结,抵御席卷欧洲的1848年革命浪潮,吁请沙皇俄国制止革命蔓延。泛斯拉夫主义的第一个文本就包含伴其始终的内在悖论性:既是被压迫民族,又是"反革命的民族"。① 恩格斯针对泛斯拉夫主义在1848年革命中的表现,指出:"如果斯拉夫人在他们受压迫的某一时刻开始新的革命历史,那么他们仅用这一点就足以证明自己是有生命力的。从这个时候起,革命就会要求他们求得解放。"②1848年革命失败后,泛斯拉夫主义者没有正确地总结历史经验,相反却认为革命失败恰好证明依恃强权取向的正确性。

泛斯拉夫主义从19世纪上半叶在西斯拉夫人中萌发,到19世纪中期异军突起,带有无法克服的内在悖论性。这就是,被压迫的斯拉夫民族已经有了民族自觉,但却把民族独立的希望寄托于同为斯拉夫民族的外部强权——沙皇俄国。1839年,一个匿名的西斯拉夫学者出版一部名为《欧洲五巨头》的书,主张全体斯拉夫

---

① 《马克思恩格斯论民族问题》,上册,民族出版社1987年版,第203页。
② 同上,第209页。

人在沙皇的领导下实现统一。其后,一些俄罗斯境外的斯拉夫知识分子大力倡导斯拉夫民族的兄弟情谊与团结。19世纪50年代初期,泛斯拉夫主义者并没有得到沙皇的善意回应,"俄国政府根本没有按泛斯拉夫主义准则行事的意图"。[①] 尽管沙皇政府对泛斯拉夫主义不可置否,但俄罗斯知识分子在19世纪上半叶西欧派与斯拉夫派大辩论中兴起了一股大俄罗斯主义思潮,与其殊途同归。大俄罗斯主义者从语言文化角度,来论证俄罗斯的大国领导地位,波兰华沙大学教授安敦·布迪洛维奇主张,俄语是"全体斯拉夫人"的,此说"体现了俄国在斯拉夫运动中的领导地位"。[②] 大俄罗斯主义与泛斯拉夫主义融合的主要代表人物米哈依尔·波高金,把俄罗斯帝国作为泛斯拉夫主义实现的形式与目的。他写道:"俄国——在世界舞台上是多么不可思议的现象……以宏大而论哪个国家能比拟?……有人口六千万,此外还有那些没被计算在内的。……让我们在这大量人口外,再加上三千多万我们的兄弟亲戚,即斯拉夫人……今天斯拉夫各民族中哪一个居于首位?以数量、语言和全部特质而论,哪个民族会被认为是整个斯拉夫世界的代表?……啊,俄国,啊,我的祖国。"[③] 俄国政治家萨马林在1842年写道:泛斯拉夫运动的目标是"提高俄国的地位并且在集中表现方面和斯拉夫精神的完善方面全面地提高俄国的地位。……斯拉夫人精神只有在俄国才实现了出于无私的自觉。……斯拉夫各民族消除他们的偏见并在其内部把全体斯拉夫

[①] Saunders, D.: *Russia in the Age of Reaction and Reform 1801—1881*. Longman 1994, p. 288.
[②] 赫坦巴哈等:《俄罗斯帝国主义》,第114页。
[③] 同上,第105—106页。

人的本质变为现实,也只有在一种条件——即通过俄国来实现他们的自觉——之下才有可能"。① 俄国19世纪著名哲学家弗·索洛维约夫分析道:"把自己的民族当作宣扬普遍真理的优秀使者来崇拜;其次是把这些民族当作自然力来崇拜;而不考虑普遍真理;最后是崇拜那些民族界限和反常现象,以致因直接否定普遍真理的理想本身,而把民族分割开来。"② 泛斯拉夫主义进入到俄国,开始了它的异化历程,首先,由斯拉夫各民族共同追求的理想转变以沙皇俄国的利益为准则;其次,斯拉夫各民族不再是平等的,而是要接受俄罗斯的领导;第三,"泛斯拉夫主义,成为俄罗斯帝国主义扩张及帝国化的工具"。③ 在俄罗斯国家历史传统中,一向存在着以自身特殊性为内涵的普世化倾向,从"第三罗马"到泛斯拉夫主义是一脉相承的。

1877—1878年的俄土战争是泛斯拉夫主义思潮达到顶点的产物。19世纪上半叶,沙皇俄国是欧洲的宪兵,是维护1814—1815年维也纳体系的支柱,特别是在扑灭1848年革命中,沙俄"居功至伟"。俄罗斯是既存国际体系的受益者,而泛斯拉夫主义虽有寄望于俄罗斯的保守性,但又具有民族自觉的革命性,这很可能破坏维也纳体系。因而,尼古拉一世对频频向其示好的泛斯拉夫主义者视而不见。1855年,亚历山大二世即位后,俄国官方对境内外的泛斯拉夫主义的态度发生了变化,由原来的漠视转为重视。俄国在1853—1856年克里米亚战争中败北,维持欧洲均势的维也纳体系,因英法支持土耳其抗击俄国,而分崩离析。俄国更加

---

① 赫坦巴哈等:《俄罗斯帝国主义》,第107页。
② 同上,第101页。
③ 艾恺:《世界范围内的反现代化思潮》,贵州人民出版社1991年版,第99页。

关注在巴尔干地区自己的战略利益,不再以欧洲宪兵自居,由欧洲大陆列强中的平衡性力量,转为在纷争复杂的欧洲南部的进取性力量。俄国的战略意图是一方面利用、支援南部斯拉夫人的民族解放运动,削弱奥托曼土耳其,取得进入地中海的出海口;另一方面,又约束南部斯拉夫民族独立斗争,不要危及土耳其的存在,俄国需要一个虚弱、依附于自己的土耳其,从而避免使其解体,作为抗衡欧洲其他列强的筹码。在巴尔干问题上,泛斯拉夫主义与沙皇俄国既互相倚重又目的迥异。西方学者指出:"亚历山大二世成了泛斯拉夫主义的牺牲品。"[①]19 世纪中叶俄国境内的泛斯拉夫主义开始高涨,到 19 世纪 70 年代巴尔干半岛危机时,达至鼎盛。1857 年,波高金等俄罗斯知识分子在莫斯科组建"斯拉夫福利委员会",其目的是帮助南部斯拉夫民族恢复与发展斯拉夫文化,如建筑东正教教堂、普及斯拉夫语言教育等。1867 年,在莫斯科召开了第二次泛斯拉夫大会。但是会议的结果与沙皇政府及俄罗斯知识界的预期相反,没有取得任何"积极"成果,成为大俄罗斯主义的独角戏。波兰人没有派代表出席,捷克代表明确拒绝以大俄罗斯主义取代泛斯拉夫主义,主张斯拉夫人的团结不应否定斯拉夫各民族的特性,而应兄弟般互助。这次大会标志着从西斯拉夫人中产生的泛斯拉夫主义,蜕变为大俄罗斯主义统一斯拉夫各族人民图谋的意识形态工具。俄国诗人丘切夫评论这次会议时,写道:"每件事都以斯拉夫人如何理解并如何感受他们和俄国的关系为转移。……如果他们只把我们看成一个友好的、同盟的、有益的,然而,是一个外国,那么什么事情也完成不了,而且我们还离(我们

---

① Saunders, D: *Russia in the Age of Reaction and Reform 1801—1881*. p. 304.

的)目标很远。只有在他们真正地理解了他们和俄国是一体,并且在他们感到由于对一个有机的共同体那种信赖而与俄国联系起来时,这个目标才能达到,而那个有机的共同体则把一个实体的所有部分都结合成真正有生气的某种实体。"① 这次会议在俄国煽起泛斯拉夫主义的新浪潮,"成为俄国从官方到民间同情境外斯拉夫人的公开展示,这在10年前是无法想象的"。②

1875年,土耳其统治下的波斯尼亚和黑塞哥维那爆发人民起义。1876年4月,保加利亚发生起义。土耳其军队残酷镇压这些起义。同年6月30日,塞尔维亚和黑山向土耳其宣战。巴尔干半岛斯拉夫人争取民族解放的斗争风起云涌,土耳其军队在保加利亚实行血腥的恐怖政策,在欧洲称为"保加利亚惨案"。俄国泛斯拉夫主义情绪高涨,影响到了政府。泛斯拉夫主义者、沙皇驻土耳其大使伊格那切夫宣称:"只要10万俄军,就能消灭土耳其。"③沙皇政府只想削弱土耳其,使其听从于俄国,而不是消灭它。巴尔干地区,如果没有了土耳其,英、法、奥地利就会大举进入,使本来就不太平的这一地区,更加不稳定。沙皇政府看到土耳其深陷于巴尔干斯拉夫民族解放斗争的泥潭,并不急于出手,需同欧洲列强协调好关系,把自己的战略意图以尽可能小的代价,得到最大化的实现。沙皇既要支持巴尔干斯拉夫民族解放斗争,又要防止同在巴尔干地区有重大利益的奥匈帝国发生冲突。1876年,俄国派出

---

① 赫坦巴哈等:《俄罗斯帝国主义》,第119页。
② Petrovich, M. *The Emergence of Russin Pan-Slavism*, 1856 — 1870. New York 1956, p. 201.
③ Rupp. H. G. A. *Wavering Friendship: Russia and Austria 1876 — 1878*. Porcupine Press 1976, p. 20.

4000多名志愿军,退役将军切尔尼亚耶夫还担任了塞尔维亚军队总司令。同时,亚历山大二世同奥匈帝国皇帝约定,击败土耳其后,保加利亚、波斯尼亚和黑山将实行自治;塞尔维亚、黑山和希腊版图将扩大;俄国得到南比萨拉比亚和巴统;奥匈帝国得到波斯尼亚和黑塞哥维那一部分;不支持巴尔干大斯拉夫国家的建立;使君士坦丁堡成为"自由市"。① 该协议使俄奥各得其所,奥匈帝国保证在未来俄土战争中保持中立。

1876年10月,塞尔维亚被土耳其军队击败,大公米兰向亚历山大二世紧急求援。沙皇政府支持大公米兰维护塞尔维亚主权的行动,于10月31日向土耳其发出最后通牒,要求它在48小时内同塞尔维亚签约休战。土耳其慑于沙皇的威胁,接受这个条件。这时,一贯以操纵欧洲大陆列强均势盟主自居的英国登场了。英国维护摇摇欲坠的土耳其封建帝国,是把它作为在巴尔干地区制衡俄奥等欧洲大陆列强的战略筹码。英国与俄国达成土耳其给予波斯尼亚、黑塞哥维那和保加利亚自治的协议,并倡导召开包括土耳其等有关国家参加的国际会议落实这项协议。12月23日,会议开幕伊始,土耳其全权代表宣布,土耳其最高统治者苏丹已把一部民族自治宪法赐给自己的臣民,因此,本次会议已无必要。英国与土耳其合演了一出外交双簧,俄国不甘于外交失败,加之国内泛斯拉夫主义情绪鼎沸,惟有与土耳其一战。1877年4月24日,亚历山大二世对土耳其宣战。6月底,两国开始交战。俄国群情激昂,"斯拉夫福利委员会"发起全国大募捐,"群众踊跃捐献,个人、城市或村社都慷慨解囊,捐钱赠物给军队和南部斯拉夫人,盛况好

---

① 孙成木等:《俄国通史简编》,下册,第212页。

像回到了 1812 年。"①俄国群众非常关心战争,有关战争报道的报刊销量激增,批评战争的言论沉寂了。② 甚至列夫·托尔斯泰这样倡导非暴力的伟大人道主义作家,在名著《安娜·卡列尼娜》中不惜重墨描述了男主人公渥沦斯基开赴俄土战争前线时的场景。1878 年 1 月 13 日,在土耳其军队遭到俄军沉重打击的不利情况下,苏丹致书亚历山大二世求和。1878 年 3 月 3 日,俄土签订圣斯特法诺条约。该条约改变了巴尔干半岛的政治版图,规定罗马尼亚、塞尔维亚、黑山完全独立,其领土也有所扩大;保加利亚成为自治王国,仍向苏丹纳贡;黑塞哥维那和波斯尼亚自治;俄国取得南比萨拉比亚、巴统、卡尔斯、阿尔达罕、巴雅扎特等地;土耳其赔款 31000 万卢布。这项条约,使俄国同其他欧洲列强完全对立,俄国凭借此条约就可以在巴尔干地区处于优势地位,这是其他列强万难接受的。俾斯麦提议在柏林召开国际会议修改《圣斯特法诺条约》,俄国外交大臣哥尔查科夫和德、英、法、奥、意、土和巴尔干各方代表与会。1878 年 7 月 13 日,签订《柏林条约》,规定:保加利亚北部自治,须向苏丹纳贡,南部实行行政自治,仍隶属于土耳其;马其顿和色雷斯归土耳其;塞尔维亚、黑山、罗马尼亚独立;俄国得到南比萨拉比亚、巴统、卡尔斯和阿尔达罕,巴雅扎特归还土耳其;波斯尼亚和黑塞哥维那由奥匈帝国占领;土耳其赔款 3 亿卢布;英国占领塞浦路斯岛。俄土战争后,《柏林条约》使俄国在战场上得到的东西,在谈判桌上被别人拿走了一些。这种外交失败激化了俄国国内矛盾,引发了民粹主义新浪潮,亚历山大二世毙命于

---

① Mackenzie, D. *The Serbs and Russian Pan-Slavism 1857—1878*. Cornell Uni. Press. 1967, p. 195.

② Saunders, D. *Russia in the Age of Reaction and Reform 1801—1881*. p. 305.

民粹主义者的枪口下。《柏林条约》在法律上确认了南部斯拉夫人的解放斗争成果,同时又留有隐患,巴尔干半岛继续处于动荡不宁中,使该地区成为欧洲的"火药桶",在20世纪初,引发了第一次世界大战。巴尔干问题遗存到21世纪,仍时有火星飞溅。

俄土战争后欧洲范围内的泛斯拉夫主义走向低潮,这是世界时间普世性力量对历史时间特殊性普世化势力的胜利。俄国泛斯拉夫主义者阿克萨科夫徒唤奈何地发问:"这是你吗,罗斯胜利者犹如罪犯那样在被告席上对自己神圣获得的成果悔过,你将乞求宽恕你的胜利吗?"①俄土战争是泛斯拉夫主义高潮的标志,也是大国利用泛民族主义旗号,行扩张之实的典型例证。

在19世纪历史条件下,泛民族主义是民族主义的变种,具有强烈的民族主义内涵。我国著名历史学家钱乘旦教授深刻地分析道:"民族主义从本质上说是民族利己主义的,因为近代的民族主义与发展问题连到了一起,每一个民族都想为自己的发展创造最好的条件,争取最有利的发展机遇。"②最初发起泛斯拉夫主义的西斯拉夫民族,由于信奉天主教,接受西欧启蒙主义文化较多,特别是波兰民族与俄国有着亡国之仇,从19世纪50年代后期,便与重心转到俄国的泛斯拉夫主义运动逐渐分道扬镳。19世纪40年代,捷克泛斯拉夫主义者哈夫里切克到俄国做了一次旅行,使他的泛斯拉夫主义理想彻底破灭了,这种对俄国的幻灭感在西斯拉夫民族中比较具有典型性。他写道:"作为一个普通坚决的捷克人,甚至对斯拉夫这个名称怀着一些暗自痛苦心情而回到布拉格,因

---

① 孙成木等:《俄国通史简编》,下册,第226页。
② 钱乘旦主编:《欧洲文明:民族的融合与冲突》,贵州人民出版社1999年版,第12页。

为对俄国更多的了解就使我对这个名称发生了怀疑。在俄国的酷寒气候和俄国生活的其他方面都使我心里仅有的一颗泛斯拉夫之爱的火花熄灭了。……俄国的泛斯拉夫派相信,我们和伊利里亚人会愿意受他们支配!他们坚信,有朝一日他们要控制一切斯拉夫人的国家!现在他们高兴地盼望着他们未来的达尔马提亚的葡萄园。这些绅士已经在各处不论说和写都开始用斯拉夫人代替俄国人,以便尔后能够重新说俄国人以代替斯拉夫人……我能……证明,俄国人不是兄弟般地,而是狡诈地和利己主义地想到其他斯拉夫人。"[1]

俄国官方对于境外的泛斯拉夫主义运动不抱有利他主义的想法,而完全从民族自利角度加以利用。沙皇驻土耳其大使伊格纳切夫说:"奥地利和土耳其境内的斯拉夫人,都应成为我们反对日耳曼人政策的同盟者和工具。俄国只有达到这一目的,才能替他们做出牺牲。"[2]俄国在"泛斯拉夫主义的伪装下,补充了这个国家的对外扩张政策。于是,因四百年扩张的传统而被加强了的俄国的国家目标,就比泛斯拉夫团结的理想更有影响。"[3]塞尔维亚人作为南部斯拉夫人实力最强大的实体也是把泛斯拉夫主义作为谋取本民族利益的工具。克里米亚战争期间,塞尔维亚统治者马利诺维奇宣称:"我绝不会组织志愿军去帮助俄国,或站在俄国一方参战。我甚至要告诫俄国人不要把战火烧到塞尔维亚,我们也不会同俄国的交战方结盟,我们不能为了少得可怜的利益而牺牲掉

---

[1] 赫坦巴哈等,《俄罗斯帝国主义》,第102—103页。
[2] 同上,第127页。
[3] 同上,第131—132页。

我们全体。"①南部斯拉夫民族完全以一种实用主义态度对待泛斯拉夫主义。1876年,俄国因塞尔维亚与土耳其交战失利,宣布参战。塞尔维亚大表欢迎,同时要俄国每月资助100万卢布的军费。②俄军遭受土军的包围,形势危急,塞尔维亚却按兵不动,害怕与俄军一道被土耳其军队消灭。塞尔维亚摄政布拉日那维奇向奥匈帝国求助,表示,俄国不是他们惟一的选择,只要奥匈帝国出手相助,塞尔维亚愿意摆脱掉俄国。由于俄国援军及时赶到,彻底击溃了土耳其军队,奥匈帝国才没有能够插足塞尔维亚。③ 在俄土战争期间,塞尔维亚并没有按照泛斯拉夫主义的团结精神,始终不渝地与俄国站在一起,而是"依自己利益需要而行动。"④泛民族主义的理想主义色彩,在民族利己主义面前必定暗淡无光,泛斯拉夫主义在19世纪的历程就证明这一点。因而,泛斯拉夫主义没有摆脱掉作为俄罗斯特殊性的普世化载体的历史宿命。

---

① Mackenzie, D. *The Serbs and Russian Pan-Slavism 1957—1878*. p. 6.
② Mackenzie, D. *ibid*, p. 220.
③ Mackenzie, D. *ibid*, p. 17.
④ Mackenzie, D. *ibid*, p. 207.

第四章 东正教:俄罗斯特殊性的基因与变异

1861年农奴改革至1917年革命这一时段的俄罗斯,处于全面的社会转型的激荡的历史进程之中,历史时间与世界时间分别以特殊性和普世性为依托,在传统性与现代化的纠葛之中,互为驱策,互相异化,向着同归于尽的历史渊薮绝尘而去。在这一过程中,东正教则非常耐人寻味。东正教既是俄罗斯特殊性意识形态的精神支柱,又是这种特殊性普世化的神圣基因。东正教,正如马克思所说:"是那些还没有获得自己或再度丧失了自己的人的自我意识或自我感觉。"[①]

俄罗斯东正教源于拜占廷。拜占廷是西方文明的同质性中的异类,是后来俄罗斯特殊性的精神发生学源泉。由拜占廷开始了欧洲意义上的东西分野,延及后世为欧洲及至世界的文化多样性与文明多元化奠定了一个类的意义上的类型学框架。拜占廷文明是俄罗斯东正教的母体,也是俄罗斯特殊性及其普世化创世冲动的文化底蕴所在。

在欧罗巴文明2000余年的时间银河中,有一对独具神采光韵的双子星座,即以"第二罗马"著称于世的君士坦丁堡的拜占廷文

---

① 《马克思恩格斯选集》,第1卷,第1页。

明和以"第三罗马"载入史册的俄罗斯的斯拉夫文明,东正教是贯穿两种文明的精神纽带。

398年,统一的罗马帝国分裂为东西两个部分。东部为定都于君士坦丁堡的东罗马帝国,因其首都君士坦丁堡建立于古希腊移民城市拜占廷的旧址上,又称为拜占廷帝国。476年,西罗马帝国灭亡后,拜占廷帝国又存在了近千年。拜占廷帝国在漫长的中世纪时期,对于存续、扩展欧洲古典文明具有不可或缺的历史作用。从发生学和类型学整合的视角观察,尽管在中世纪晚期拜占廷帝国被奥托曼—土耳其人灭亡,但东欧在拜占廷东正教精神熏染下,与西欧共同构筑了欧罗巴文明的历史文化大厦。拜占廷不但保存了欧洲古典文明,而且有所发展和创造,打上了自己的鲜明烙印,直接影响了东欧斯拉夫文明的历史走向,并辗转传到西欧,为"文艺复兴"运动提供了丰富的古典文明的精神营养。从这个意义上说,拜占廷以"第二罗马"自诩也并不为过。

拜占廷文明与西欧中世纪文明进程的最大区别在于,它并未在奴隶制国家的废墟上发生封建关系,而是在既有社会经济政治格局的矛盾运动中,按照历史发展的逻辑性规律生长出封建关系。

农业是前工业社会的结构性主导产业,它在社会互动中的组合运作方式决定着社会的性质。拜占廷前期农业的基础是隶农制,隶农在农村占人口的多数。在奴隶主的庄园中,相当一部分奴隶转化为隶农,分到一小块土地,自行经营,按主人规定的数额上缴收获物,成为事实上的半自由人身份。拜占廷帝国颁布一系列法令,限制他们的人身自由,不准随便离开土地,无权处理自己的财产。这些农业生产者成为固定在土地上的依附农民。

帝国政府的赋税重负和贪官污吏的巧取豪夺,使自由小农的生计难以维系,其中相当多的人不得不把自己的土地和人身交给有势力的人庇护,土地向权势阶层集聚。拜占廷社会出现了一个地位显赫的土地贵族阶层,成为左右帝国政局的重要势力。帝国政府不断颁布黄金敕令,逐步扩大世袭贵族的特权,世袭贵族拥有大量地产、大批雇佣农民和数以千计的畜群,自己身居高位,坐享厚禄。世袭贵族成为封建势力的主体,改变了拜占廷中央集权体制的政治结构,这既是拜占廷封建化的前提,也是其结果。西欧中世纪封建化是由分权走向集权,最终形成中央集权的封建民族国家,如法国、英国。而拜占廷则是在中央集权体制下产生了以官僚贵族为主体的封建分权势力,从经济基础与政治结构方面削弱中央集权,从而导致其灭亡的。

7—11世纪,拜占廷开始向封建制过渡。拜占廷封建制度与西欧封建化相似。西欧封建化是罗马因素与日耳曼因素结合的产物;拜占廷封建化综合了帝国早期封建因素和斯拉夫人农村公社因素。7世纪,拜占廷为了解决劳动力的匮乏,允许斯拉夫人涌入境内,随之带来了斯拉夫人的农村公社制度。拜占廷帝国于8世纪前期制定的《农业法》,综合了拜占廷法和斯拉夫人习惯法,是拜占廷封建化过程的重要法律。这部法律反映了拜占廷农村的社会结构与阶级关系,自由农民公社的组织形式继续存在,耕地归农民占有。份地定期轮换,使用权受公社保护。小农土地占有是普遍形式,隶农也开始分化,与自由小农相同获得一定自由,并占有或租种一份土地。封建化的基础——封建土地关系已经在拜占廷确立了。

在国家政权建设上,拜占廷为了与封建阶级结构和经济基础相适应,从康士坦斯二世(641—668年在位)开始实行军区制。这是与西欧封建化政权建设有着根本不同的特殊之点。帝国全境划分为11个军区,军区首脑也是地方长官,行使军区辖地的军政大权。自由农民被编入军队,分得世袭份地,成为屯田兵。帝国对军队将领进行大规模分封,形成了军事封建贵族阶层。他们和世袭土地贵族共同构成了新兴的封建主阶级,压迫农民。

虽然拜占廷帝国于500多年前就消失在历史的风尘之中,但它的精神魂魄至今仍在欧罗巴大地的东部生生不息,显示着历久弥新的生命力,这就是诞生于拜占廷的东正教。罗马教会管辖君士坦丁堡、安提俄克、耶路撒冷三个教区。东西方教会的彻底决裂发生于1054年,此前双方因教权与君权关系、神学理念、文化仪规等几乎所有重大问题都发生过对抗,其宗旨就是君士坦丁堡教会要摆脱罗马教廷的羁绊。1054年,因西西里大主教任命问题,双方发生尖锐的对抗,无法调和。罗马教皇派使节到君士坦丁堡,宣布教皇革除君士坦丁堡牧首迈克尔的教籍。东西方教会彻底决裂,时间长达900年之久。1965年,罗马教皇保罗六世与东正教大牧首阿斯纳戈斯一世取消了两个教会之间的斗争。

由于处在地跨欧亚的地缘政治区位与交通要冲上,拜占廷从其定都君士坦丁堡开始,就受到日耳曼蛮族、匈奴人、斯拉夫人、波斯人、十字军,尤其是阿拉伯帝国和现代土耳其人的前身——塞尔柱突厥人轮番冲击,长达千年,加之帝国内部王朝更迭频仍,动乱不已。人们不得不对这样一个国无宁日的老朽帝国居然能苟延千年表示惊讶,然而这就是历史进化不以人的主观意志为转移的客观规律性,"历史的进化像自然的进化一样,有其内在规律"①。拜占廷帝国在风雨飘摇中走到弥留之际,到 14 世纪其辖地局促于色雷斯、爱琴海北部一线,其余领地被奥托曼土耳其夺占,与"帝国"的称谓已相去甚远。进入 15 世纪,拜占廷终于遭到自己的"终结者"——土耳其 20 万大军和 300 艘战舰的围攻,末代皇帝君士坦丁十一世(1448—1453 年在位)统率 3000 雇佣军和 6000 首都居民殊死抵抗,战争持续了 53 天,君士坦丁堡于 5 月 29 日被土耳其军攻克。君士坦丁十一世像多数亡国之君一样战死在疆场。土耳其苏丹建都于君士坦丁堡,并将其更名为伊斯坦布尔,千年帝国——拜占廷在土耳其人掀起的征服巨浪中倾覆了,湮没于历史地平线越来越远的另一端。

拜占廷文化却未随着帝国灭亡而消失,而是为西欧文化复兴提供了思想营养,为斯拉夫文明提供了精神文化。意大利文艺复兴直接受益于拜占廷文化。14—15 世纪意大利人到拜占廷广泛搜集希腊著作。意大利富商奥里斯帕在 15 世纪初的一年时间里,就购买了 238 种拜占廷希腊著作手抄本。他说:"我的整个企业、所有的现金,甚至我的衣服,都献给了希腊的著作。"②拜占廷文化因其独特的文化地理区位优势,兼具欧洲古典文化、基督教文化和东方文化的特点。首先,拜占廷在保存、发扬古典文化方面做出了巨大贡献,对古典文化的经典,如欧几里德的《几何原理》和亚里士多德等人的著作进行了整理、考订、注释,使古典文化精髓迄今未绝。其次,形成了一整套东方基督教的神学理论体系。第三,综合古典文化与东方文化,在建筑、文学、史学等文化部类创造出了独

---

① 《马克思恩格斯选集》,人民出版社 1995 年版,第 4 卷,第 393 页。
② 龚方震:《拜占廷的智慧》,浙江人民出版社 1994 年版,第 2 页。

特的拜占廷风格。君士坦丁堡的圣索菲亚大教堂,是世界建筑史上的瑰宝,体现了拜占廷的建筑风格。文学与史学密切结合,形成独具拜占廷特色的援史入文、以文写史的文本范式,代表作有普罗可比的《查士丁尼战争史》8卷本和皇帝约翰六世(1341—1354年在位)的《回忆录》等。

拜占廷灭亡后,其末代公主索非娅于1472年嫁给莫斯科大公伊凡三世(1462年—1505年在位)。索非娅为莫斯科宫廷带来了全套的拜占廷朝仪,使莫斯科拜占廷化。伊凡三世动议将大公称号改为"沙皇"(这一称号由"恺撒"转化而来)。他自称为拜占廷皇帝的继承人。首都莫斯科成为君士坦丁堡的继续,克里姆林宫内仿君士坦丁堡,建有教堂和修道院。"第三罗马"之说是由16世纪俄罗斯修士菲洛提乌斯提出的。他说,罗马的教会被蛮族征服了,第二罗马——君士坦丁堡被土耳其人摧毁了,只有莫斯科教会是新的罗马教会,在基督教世界只有第三罗马——莫斯科挺立着。法国历史学家狄尔说,东正教在斯拉夫人中的传播,是所有拜占廷成就中最伟大的一项。

俄罗斯的"第三罗马"之说,尽管有穿凿附会之嫌,但也从一个侧面反映出了斯拉夫人在中世纪封建化进程中的性状。俄罗斯的前身古罗斯国,起源于诺曼人的征服,斯拉夫人称诺曼人为"瓦兰吉亚人",意为商人。862年,瓦兰吉亚人留里克建立了诺夫哥罗德公国。此前,东欧平原上的斯拉夫人的氏族制度从公元6世纪开始解体,7世纪以公社为单位定居下来,并出现贫富分化。"罗斯"的称谓起源于瓦兰吉亚人,后来扩及到东斯拉夫人。留里克死后,他的亲属奥列格继位,于882年占领基辅,建立留里克王朝基辅公国。11—12世纪,基辅公国开始封建化,雅罗斯拉夫(1019—

1054年在位)编成《雅罗斯拉夫法典》,从法律上保护封建统治阶级的利益。基辅公国对外袭掠拜占廷和其他邻国,对内残酷压迫农民,统治集团内争不已。到12世纪中期,基辅罗斯分裂为13个独立的封建公国,内战无休无止。

随着蒙古帝国的崛起,俄罗斯受到威胁。1237年冬,拔都会集蒙古军队进攻俄罗斯,1240年底攻陷基辅。1243年,拔都建立金帐汗国,统治俄罗斯,利用当地封建王公控制地方,迫使其效忠蒙古征服者。俄罗斯王公对蒙古征服者奴颜婢膝,彼此为争夺领地兵戈不断。从1328年起,俄罗斯大公权位基本掌握在莫斯科王朝手里。伊凡三世(1462—1505年在位)经过几十年征战,统一了俄罗斯大部国土,1480年打败蒙古军队,彻底摆脱了蒙古征服者的统治。伊凡三世的孙子伊凡四世(1533—1584年在位)1547年1月加冕称"沙皇",史称"伊凡雷帝",实现了伊凡三世的夙愿。伊凡四世为了加强中央集权,推行政治、经济、司法、军事全面改革,打击封建贵族分裂势力,整军经武。他秉承双头鹰的指向,向东征服金帐汗国的领土,至1556年完全控制伏尔加河中下游和乌拉尔山以西广阔地域;向西进行了长达25年的立沃尼亚战争,图谋夺取波罗的海出海口,但终未得逞,反而坐视波兰和瑞典两国瓜分了立沃尼亚。伊凡四世死后,宫廷内争日益激烈,皇权更迭频繁,人民苦不堪言,统治集团也深受其害。波兰武装干涉,形势危急,俄罗斯各阶层同仇敌忾,打败了外国侵略军,赶跑了外国军队。俄罗斯缙绅大会于1613年2月在莫斯科召开,推选大贵族米哈依尔·罗曼诺夫为沙皇(1613—1645年在位),开始了长达300余年的罗曼诺夫王朝统治,直到1917年"十月革命"。

中世纪俄罗斯在造型艺术、文学、科学技术、教育等方面都有对人类历史的独特贡献,开始形成了俄罗斯东正教底色的文化的特质与特色。在直观造型视觉艺术方面,造型完美、外观质朴的教堂建筑,内饰色彩鲜艳、生动形象的壁画和塑像,最具代表性的为诺夫哥罗德索菲亚教堂及其壁画。世俗的绘画艺术在14—15世纪形成了俄罗斯画派,以安德烈·卢布烈为杰出代表,他的代表作是谢尔盖耶夫三一大教堂的圣像壁画。克里姆林宫在15世纪重建,在原有俄罗斯风格基础上,吸纳了拜占廷和意大利建筑的神韵。中世纪俄罗斯文学创作也呈两大方面:一是宗教文学,以基辅山洞修道院的《圣僧传》为代表;二是反映社会现实的世俗文学,以《伊戈尔远征记》为代表。俄罗斯在天文学方面成就突出,14—15世纪编年史上记载了日食和彗星。伊凡四世尽管禀性兀烈,但重视教育,倡导学术,促进了俄罗斯文化的形成。他亲自参与编纂俄罗斯第一部《世界史》,记述从"创世"开始,直到伊凡四世时代,全书共有插图1.6万多幅,图文并茂。在此期间,还编有《世系记》、《喀山编年史》和《莫斯科大公史》等著作。俄罗斯文化的精神底蕴浇铸在重教倡学的历史与宗教的土壤之中。

东正教带给俄罗斯的是,令其挥之不去的特殊性普世化的神圣基因。菲洛提乌斯于1510年致信沙皇瓦西里三世宣称:"莫斯科是新的罗马帝国,是罗马和拜占廷的精神和物质遗产的继承者……莫斯科在扩大自身的权势时,也奠定了一个新的基督帝国的基础,由于拜占廷帝国在政治上的死亡和宗教上的毁灭,这就决定了莫斯科被命定为基督教千年王国的领袖。您是惟一的普世基督教沙皇,服从您,沙皇,也就是服从上帝。睿智虔敬的沙皇,基督教的王国汇聚于您一身。两个罗马消失了,第三个罗马将永世长存,第四个罗马将永无可能。您的基督教王国将是永无替代者的惟一存在"。① 东正教成为了俄罗斯特殊性的支柱,即"Caesaropapism"(沙皇教宗主义),沙皇与东正教在现世的最高层面上,合二为一了。而这一理念与西欧基督教的"Oecumenicalism"(基督教普世主义)是针锋相对的。作为历史时间的精神规定性,Caesaropapism 内蕴特殊性普世化强烈的进取冲动,构成了特殊性的历史时间合法性。与之相对的 Oecumenicalism,则自然地生发出世界时间规定性的现代化普世性话语霸权体系。

东正教为俄罗斯特殊性的普世化,提供了神圣的精神基因。16 世纪初,俄罗斯僧侣萨瓦,经过所谓的考证,认定沙皇瓦西里三世是留里克皇族世系传人,留里克是普鲁士创建者普鲁斯的兄弟,他们都是罗马帝国皇帝奥古斯都的直系后裔。因而,瓦西里三世是罗马帝国的当然继承者。② 这样的沙皇世系的神圣系谱,无疑是伪造的。留里克是 9 世纪的北欧诺曼人,与 700 多年前的拉丁人罗马奥古斯都是毫无关系的。但是,这种显然的伪造,造就了俄罗斯历史时间特殊性普世化的持久不竭的进取精神。东正教在俄罗斯,创造了两个质的规定性的精神源泉。一是"Orthodox"——正统性,俄罗斯东正教是普世基督教的正宗,其他皆为旁门左道;另一是宗教领袖与世袭统治者合二为一于沙皇,即"Caesaropapism"——沙皇教宗制。这两者将正教与西方基督教截然地划分为两个完全不同的阵营,由此引发了源于宗教基因的俄罗斯将其特殊性普世化的旷日持久的进取性历史进程。在俄罗斯的历史环境中,历史时间是东正教造就的特殊性普世化的维度。

---

① Vernadsky:*A Source Book for Russian Hisrory*, Yale, 1972. Vol I, p. 156.
② 张绥:《东正教和东正教在中国》,学林出版社 1986 年版,第 141 页。

俄罗斯成为实质意义上的"Caesaropapism",是在罗曼诺夫王朝创立之时完成的。1613年,年轻的大贵族米哈伊尔·罗曼诺夫被缙绅会议选举为沙皇,开始了罗曼诺夫王朝300年的统治。米哈伊尔沙皇由于年事尚小,历练尚浅,其父费拉莱特大主教任东正教莫斯科主教区牧首,赞襄国务。实际大政出于君父的费拉莱特牧首,沙皇颁布的各种诏令都与牧首联署,诏令抬头均为:全俄罗斯沙皇、大国君费拉莱特。[①] 罗曼诺夫王朝从体制上把"Caesaropapism"确立了下来,而西方的"Oecumenicalism"的基本准则是"彼得的归彼得,凯撒的归凯撒"的政教二元分离。西方的政教分离,导致建立世俗的民族国家,这是现代化的发生学起点,也是现代化的政治学结果。俄罗斯则不然,东正教与超民族国家政体——沙皇制度是合二而一的。沙皇国家是东正教的现世依存,东正教是沙皇国家的彼岸所在,东正教造就了俄罗斯特殊性的普世化取向,沙皇俄国赋予了东正教官方道统的神圣地位。东正教的现世关怀与沙皇的统治考量密切相关,并为政治举措提供神圣的合法性依据。

罗曼诺夫王朝建立之后,为了维护朝纲独断的专制主义统治,消救"大混乱时期"(1605—1613年)的无政府状态的结果,消除民间存在的异端教派的影响,从思想上把全俄人民笼罩在罗曼诺夫王朝的皇权统治之下,1653年任牧首的尼康大主教,在罗曼诺夫王朝第二代沙皇阿列克谢·罗曼诺夫的支持下,进行统一教义、教规、教仪的教会改革。尼康改革是宗教化政治践行,首先,Caesaropapism被圣化为话语霸权,从教义典籍至教仪行为,定于一统。

---

① Vernadsky:*A Source Book for Russian History*,Vol,p.213.

依照1652年希腊正教的祷文及其格式,修订俄文版的《圣经》,把耶稣的拼写由"ISUS"改定为"LISUS",圣像的绘制须按照拜占廷风格;在仪规上,尼康规定僧侣穿着希腊正教的服饰,画十字的方式由两个指头改用三个指头等。尼康改革顺应了沙皇政权加强中央集权的需要,并为其提供了神圣的合法性资源,得到沙皇统治集团和上层僧侣团体的支持。但遭到了下级僧侣与下层教徒的反对,反对者脱离了俄罗斯正教会,被称为"Old Believer"(旧礼仪派)。

尼康借改革之机,确立牧首的至高权威,打击反对派,同时,向沙皇权威发起了挑战。他把沙皇降为牧首宗教权威之下的世俗领袖,他把牧首比喻为太阳,把沙皇的权威称作月亮。牧首是普照大地的阳光,而沙皇只是太阳落下后依稀发光的月亮。尼康自称为"大国君",借助宗教改革,突破了"Caesaropapism",把牧首权威置于皇权之上。这是根本违背沙皇统治集团宗教改革初衷的僭越之举。沙皇集团一方面享用宗教改革提供的中央集权专制主义的神圣合法性资源,另一方面不允许宗教改革导致皇权衰落、教权上升。1666—1667年,沙皇召集全俄东正教主教会议,强调宗教改革的正当性和持续性,对抵制改革的阿瓦昆、贾多尔、拉扎、埃芬涅四名教士予以监禁,并于1682年被处以火刑。[1] 会议同时撤销了尼康的牧首职务,将其流放到北部偏远的一个修道院做修士。尼康作为突破"Caesaropapism"而失败的牧首,走进了历史,教权与皇权的对立,也逐渐被纳入到皇权对于教权的主导的轨道。"Caesaropapism"经过尼康改革,不但没有削弱反而趋向强硬。俄罗斯

---

[1] Vucinich: *The Peasont in 19th-Century Russia*, Standford 1966. p.136.

历史时间坚硬的内核,被其"Caesaropapism"体制强化到了一种极至。

马克斯·韦伯认为,新教精神为世界时间内涵的现代化的产生提供神圣的精神合法性资源。而东正教则为俄罗斯历史时间特殊性的普世化,提供了精神合理性依据。即使在俄罗斯第一次大规模地引进西欧器物的彼得大改革时期,亦是如此。彼得的"欧化"改革,是俄罗斯历史时间与西欧世界时间第一次在俄罗斯空间中的共时性碰撞。彼得大帝从西欧引进了造船、军械工业和近代军队编制,乃至服饰、社交礼仪等,但却没有把新教和天主教等西欧宗教引进,更没有引进代议制等制度设施。彼得大帝的欧化改革,只侧重了强国强兵,对于制度与精神层面的西欧建制则予弃绝。彼得大帝利用"Caesaropapism"强化皇权,推行其主导的"欧化"改革,使东正教彻底地国家化,成为沙皇国家的意识形态。彼得大帝对于依托于东正教的反对"欧化"改革的势力,无情地予以镇压。1721年,彼得大帝废除东正教牧首制度,建立政府序列内的"东正教事务委员会",主席由沙皇亲自任命。这一机构成为沙皇政府的东正教事务部,其首脑由文武大臣充任,成为沙皇政府统御东正教的首脑机关。同时,彼得大帝还在8个省份中设立"教区宗教委员会",作为一个省东正教事务的最高管理机构,主教及派往国外的传教团团长均由沙皇任命。至此,东正教成为沙皇国家的有机组成部分,以宗教的形式履行着沙皇赋予的神圣职能。

在沙皇俄国最后的60年中,东正教一方面固着于沙皇国家机体中,另一方面是俄罗斯最广大农民的精神家园,也是俄罗斯知识分子的背景话语。离开东正教,则无法探究俄罗斯历史时间的特殊性底蕴,更无从界定其普世化的精神发生学源头。整个19世纪至1917年革命,俄罗斯都是一个农民占人口绝大多数的农业国家。绝大多数俄罗斯农民都信奉东正教,这从语源学上也可以得到确证。俄语"农民"一词,即"Крестьянин",在革命前旧俄语词典中,被释义为:"东正教徒,作为整体存在的一类人,纳税的乡下人,农夫"。这是俄罗斯特殊性的深层根源,农民首先是作为"东正教徒"来界定,这在西欧是没有类似境况的。从西里尔创制古斯拉夫语字母起,"农民"一词就被赋予了"东正教徒"的含义,可谓源远流长。陀思妥耶夫斯基在《死屋手记》中,这样评价俄罗斯农民中的"旧礼仪派":"狡猾的乡下佬,是一些死读圣经,咬文嚼字的人,同时又都是很有才能的诡辩家,这些人都狂妄自大,目空一切,狡猾奸诈,而且十分固执己见。"[①]农民是农业文明的主体,主体的历史也是历史的主体,东正教农民是俄罗斯特殊性的人格主体。俄罗斯农民的东正教情怀之笃诚,正说明了"宗教是终身给他人劳作,为穷困和孤独紧压着的人民群众到处遭受的精神压迫的一种"。[②]对于俄罗斯民众中的这种深入骨髓的东正教笃诚,神学家赫克指出:"有一句古谚:英国人,或者美国人迟早会谈体育运动;法国人谈女人;而俄国人,特别是老百姓则会谈宗教和上帝的奥秘。了解俄国人的灵魂的人,都称俄国人为上帝使者和上帝追求者。格雷瓦姆说得好:俄国人永远走在一个他们可能找到上帝的地方之途中。"[③]

在沙皇俄国最后60年的精神领域,官方东正教除了伴同沙皇制度一步一步走向革命之外,乏善可陈。但这一时期以东正教为

---

① 陀思妥耶夫斯基:《死屋手记》,人民文学出版社1981年版,第50页。
② 《列宁全集》,第10卷,第62页。
③ 赫克:《俄国革命前后的宗教》,学林出版社1999年版,第6页。

背景话语的精神哲学,或称之为"宗教哲学",则形成了硕果累累,大家迭出,巨著煌煌的"白银时代"。历史时间的特殊性与世界时间的普世性,在俄罗斯精神空间中碰撞出独具神韵的精品与经典,丰实了人类精神文明宝藏。"白银时代"的精神底色是东正教,思想平台则是世界时间普世性的特殊化话语方式。世界时间与历史时间在"白银时代"提供的精神空间中,达到前所未有互动与融合的高度,这种精神高度也是其后一百年所无法企及的。

19世纪末与20世纪初的世纪转换之际,是"白银时代"在东正教的特殊性普世化语境中,从本文到文本全面建构的鼎盛期,西方学者认为,"白银时代文化中的启示录式想象,从小说中的启示录形式到救世计划,其中艺术与宗教和政治联手形成了拯救个人的可行性方案并描绘了未来世界的乌托邦蓝图"。[①] 在沙皇俄国最后60年,世界时间的普世性话语体系取得言说的无上合理性,甚至成为话语霸权。但这绝不意味着俄罗斯历史时间的特殊性,被彻底解构,相反,历史时间的特殊性语境觅得了世界时间的普世性话语,其合法性与生命力与时俱进地得到增强。这种特殊性的合法性的表象授权得自世界时间普世性的话语霸权,其核心性的授权源泉则来自于东正教的内涵的俄罗斯时代精神。

东正教对于俄罗斯特殊性的精神合法性的建构,在这一时段,表现得多元化而且繁杂。"白银时代"作为东正教俄罗斯精神文化的事件史,本文是多元并存的;作为研究对象意义上的"当代史"(克罗齐语),文本的解析的语境是跨世代与跨语际的;作为人类精神进化的思想史的建构,意境是哲学文化学的。在"白银时代"极

[①] 林精华:《西方视野中的白银时代》,东方出版社2001年版,第11页。

其典型性地诠释了俄罗斯时代精神的作者是索洛维约夫,因为他在基督教的框架内并与启示录教义的紧密联系的过程中发展了他的思想,在东正教神学与实证主义心态共存的语境中工作。① 与时代精神性状相适应,白银时代的话语与语境,体现了历史时间特殊性与世界时间普世性的纠葛与互相僭取对方合法性的复杂性状。索洛维约夫试图达到历史时间与世界时间的充分融合,进而使俄罗斯特殊性取得世界时间的空间形态的合法性。索洛维约夫的思考是深远的,因为他深刻地洞悉了阻塞俄罗斯步入普世性轨道的深层障碍机制是坚持特殊性普世化的东正教。由于他的学术背景,他不可能完全抛弃东正教,而彻底地皈依到世界时间普世性的基督教上来。他明确反对"Caesaropapism",而主张"Oecumenicalism",索洛维约夫认为,国家(沙皇政权)、社会、东正教会是"社会三位一体",是基督教"三位一体"在现世的体现。这就从宗教哲学的源头上,把"Caesaropapism"的特殊性转到了"Oecumenicalism"的普世性基础上。索洛维约夫在历史时间与世界时间的思想交汇区间,试图从普世性中寻找出特殊性的合理性状,并进而把特殊性内涵重构为普世性的归旨。

沙皇国家、俄国社会、东正教会,这三者作为历史时间的俄罗斯特殊性的空间建制,在索洛维约夫看来,是"Oecumenicalism"的世界时间普世性基督教的现世体现。他指出:"社会存在的所有三个部分,就同时呈现在宇宙教会的真实生活之中了。"②他把体现"Oecumenicalism"的普世教会称为"宇宙教会",他说:"指导宇宙

---

① 林精华:《西方视野中的白银时代》,第19页。
② 索洛维约夫:《俄罗斯思想》,浙江人民出版社2000年版,第182页。

教会的是综合起来的所有这三种主要作用力:代表人类非暂时的真正过去的、宇宙至高无上的大司祭(神甫们一贯正确的首领)的精神权威;集中和体现现在的利益、权利和义务的民族领袖(国家的合法元首)的世界政权;最后是预言家(感召整个人类社会的首领)的自由祈祷,他能发现实现人类未来理想的本原。这三个主要因素的协调一致,是历史进步的首要条件。"①这是索洛维约夫"宗教哲学"理论的核心,正如洛斯基所说:"索洛维约夫的、不满意于经验理论,按照经验理论,我们的认识仅局限于感性经验和外在现象提供的东西的范围内。他认为,任何一个外在现象在其与其他现象和与其所预示的对象的必然关系之外,都不可能存在和得到认识。这些关系惟有通过为我们证明事物的一般意义或理性的思维才能够被认识。任何事物都要在它与整体的关系中才能被认识。不应把一整体理解为诸事物的不确定的杂多,而应理解为万物统一。"②索洛维约夫不满意于东正教为"Caesaropapism"提供合法性的唯灵论,也不吸纳世界时间普世性的时代精神的精华——唯物论,而是将两者折衷。索洛维约夫的真理观,是他的宗教哲学观的基质。他认为"衡量真理的尺度就从外在世界转入认识主体本身,真理的基础不是事物和现象的性质,而是人的理性。"③索洛维约夫的"宗教哲学",建基于理性主义之上,而又不局限于理性主义,在他的思想中,"理性之作为万物处于统一之中的对应原则,只是真理的形成。……抽象的理性主义不足以认识真理。但这只证明着它的立论是不充分的。教条主义的理性主义无法对这样的问

---

① 索洛维约夫:《俄罗斯思想》,第 182 页。
② 洛斯基:《俄国哲学史》,浙江人民出版社 1999 年版,第 120—121 页。
③ 同上,第 121 页。

题,即我们的主观思维能够告诉我们客观世界是存在着的,给出理由充分的回答"。① 世界时间的意识形态——唯理论(理性主义)与历史时间的意识形态——唯灵论(正教主义)在俄罗斯时代精神的平台上展开了思想交锋。

在"白银时代",历史时间的东正教唯灵论受到动摇,世界时间的理性主义也遭到质疑。索洛维约夫用唯理论的话语,论证唯灵论结论;又用唯灵论的合法性,支撑唯理论的言说。他追求世界时间的"Oecumenicalism"普世境界,却又难弃历史时间"Caesaropapism"的特殊情怀。索洛维约夫既洞悉世界时间唯理论的局限,又明了历史时间唯灵论的症结。这已脱出宗教与世俗的语境,因为在"Caesaropapism"语境中,世俗与宗教没有发生两元分离,而是以沙皇为纽结高度一体化了。沙皇既是世俗宗法"君父",又是宗教神圣"牧首"。索洛维约夫指出:"不是在西方,而是在拜占廷,民族分立主义和专制主义的政教合一的原罪,首次给基督的社会肌体带来死亡。拜占廷的责无旁贷继承者,是俄罗斯帝国。现在,俄国是惟一的基督教国家;在那里,民族国家无条件地肯定自己绝无仅有的专制制度,使教会成为民族主义的标志和世俗政权的驯服工具;在那里,即使是人的精神自由,也无法抵偿败坏的上帝权威。"②索洛维约夫从历史时间特殊性的发生学源头,论证了俄罗斯东正教"唯灵论"的症结。进而,他在世界时间普世性语境中,论证了沙皇国家在宗教外衣掩盖下的世俗卑污的不合法性。他指出:"社会三位一体的第二个角色(位格)——国家,或曰世俗政权,

---

① 洛斯基:《俄国哲学史》,第 121 页。
② 索洛维约夫:《俄罗斯思想》,第 184 页。

由于其在另两个角色之间所处的中介地位,所以是维护或破坏宇宙躯体完整性的最主要工具。国家承认教会所代表的统一和团结本原,并以这种团结的名义把局部力量的自由活动所造成的一切不平等,调节至公平的程度。所以,国家是建立真正社会组织的强大武器。反之,如果禁锢在闭塞的利己主义专制制度之中,国家必然使其社会活动,先去牢不可破的真实基础和可靠的保证,使宇宙社会无力反对亵渎神明的奥秘,从而保护自己。"[1]"Caesaropapism"是索洛维约夫要克服的主要的障碍机制,建立他向往的"Oecumenicalism"的普世基督教的"天人合一"的"宇宙社会",必须解构"Caesaropapism"。他指出:"由于俄国所处的历史条件,它使专制主义民族国家得到了最充分的发展,它是这种国家最纯粹和最有力的表现,因为它破坏了教会的统一,抛弃了宗教自由。假如我们是多神教民族,我们当然能够最终形成上述状态。但是,俄罗斯民族是根深蒂固的基督教民族,专制国家的反基督教原则在该民族中的恶性膨胀,只不过是基督教国家即基督王权的真正原则和本原的反面。这是社会三位一体的第二本原。为使该本原表现为法律和真理,俄国应当置其于应有的地位,承认并肯定它不是我们孤立的民族存在的惟一原则,而是宇宙社会生活(我们与这种生活密不可分)三个主要活动者中的第二个。以基督为楷模的基督教俄国,应当使国家政权(圣子的皇权)服从宇宙教会(圣父的神甫们)的权威,赋予社会自由(圣灵的影响)以应有的地位。囿于自己的专制主义的俄罗斯帝国,只能构成争斗和无穷战祸的危

---

[1] 索洛维约夫:《俄罗斯思想》,第184页。

险。"①

　　基于超越"Caesaropapism"的理念,索洛维约夫试图整合世界时间与历史时间,构成"Oecumenicalism"普世性宇宙社会,实现"三位一体"的"地上天国"。他从历史时间特殊性本文的否定立场出发,借助世界时间的普世性文本的认知工具,达至历史时间与世界时间整合的特色语境。他说:俄罗斯的特殊性"要求我们承认,我们与基督的宇宙大家庭有着不可分割的联系,我们要把我们民族的天赋和我们帝国的一切力量,用于彻底实现社会三位一体。在那里,三个主要有机统一体中的每一个——教会、国家和社会,都是绝对自由的和强大的,而且与另两个密不可分;它不会吞噬或消灭它们,而是无条件地巩固与它们的内在链条。使上帝的圣三位一体这个真实形象在世重现,这就是俄罗斯思想的真谛。这个思想本身没有任何特殊的和分离主义的东西,它只是真正基督教思想的一个新的方面"。② 索洛维约夫标志着俄罗斯特殊性的神圣基因在"白银时代"发生了影响深远的精神变异。这种特殊性意识形态的变异的内涵与取向的复杂程度,是一个世纪之后也难以完全厘清的。但有一点是可以肯定的,从"白银时代"开始,世界时间普世性的话语体系被赋予了俄罗斯语境的合法性,并从俄罗斯的情境出发,丰实了世界时间普世性的精神宝库。

---

① 索洛维约夫:《俄罗斯思想》,第184—185页。
② 同上,第185页。

第五章 社会转型的悖论形态：
经济高涨与政治反动

　　以社会经济制度改革为启动的现代化后发地域的社会转型，为赶超现代化原生地域和增强制度变迁的合法性，大多在相对于现代化原生形态经济社会发展阶段同等时段大为缩小的时间区间内，经济高度成长。同时，在这一时段，政治的合法性与经济高涨相互依恃，制度改革提供的政治社会性参与空间，由于制度资源和物质资源与改革后相对丰富的精神资源呈绝对短缺的态势，因而，政治方面改革不但不能更进一步，反而走向改革精神的对立面，以维持在实物和实态资源稀缺瓶颈下的经济高涨，形成了社会转型的悖论态势——经济高涨与政治高压相伴携手。这种悖论推翻了古典经济学的公设，即由集权主义经济体制向市场经济体制转型，自然地导致政治上的代议制民主。古典经济学这一公设，从终极思考的角度看，是不错的，但放到转型的具体时段来看，大都是相反的实际局面。社会转型的经济形态，即由封建主义自然经济向资本主义市场经济转型。在经济转型的起始及其初级阶段，是一种混合经济，是两种不同质的取向合力作用的结果，即封建经济的高度权力垄断与市场经济绝对利润最大化，导致经济非常规的高涨，支撑这种变异性质的经济高度成长的，是无法估量的巨大的社会成本和政治成本。

20世纪后半叶大行其道的发展经济学、发展社会学和发展政治学,从整体论的发展主义概述到具体的发展中社会的现代化个案,取得一大批理论成果,无论是横向或纵向比较,还是发展取向模式论,大都持一种"现实主义"与"合理主义"的学术立场,对以发展中社会为特质的社会转型,抱有过于客观冷静的学术态度,认为存在的就是合理的。这种犬儒主义学术立场,使得所谓发展主义,即发展取向研究,更多地"登堂入室",成为发展中国家决策层的智囊资源,而不是支持这些社会健康转型的精神资源。备受推崇的"儒家资本主义"的"东亚模式",在1997年亚洲金融危机前,成为社会转型的话语霸权。1994年美国经济学家克鲁格曼教授撰文抨击"东亚模式",激起这一地域异口同声的谴责,韩国时任总统金泳三亲自领衔,集合起各学科专家,痛批克氏。然而,时势比人强,1997年后,克鲁格曼在这一地域却被奉为先知。克鲁格曼教授不是"撒旦",也不是"先知",只是一个秉持知识理性立场的学者。他不囿于现实与文化的天然合理性,也不拘于世界时间普世性的多元化样态。他只是全面地看待社会转型,不同意把社会转型等同于经济转型,把社会发展归结为经济高度成长。因而,他准确地判断到东亚模式的危机。

现代化后发区域社会转型有两个带有根本性的、可能导致转型脱轨的误区:社会转型等于经济转型,社会发展等于经济发展。不是整体性、均衡化地对精神资源、制度资源、物质资源做出理性的制度安排,而是精神资源弃之不顾、制度资源高度垄断、物质资源权利化配置。这种致命的转型误区,不只是"东亚模式"才有,在早于其一百年,俄罗斯的社会转型中就已存在了。

俄罗斯社会转型从1861年到1905年,历亚历山大二世、亚历山大三世、尼古拉二世祖孙三代沙皇,以俄罗斯特殊性方式超前地演绎着"东亚模式"的元形态。经济高涨与政治高压是并行不悖,甚至是互为前提的。这种畸形社会转型,以特殊性的制度启动方式,开始漫长的透支社会资源与合法性资源的增量扩张,内在的无法解脱的矛盾使其向着世界时间普世性的转型临界线,迂回曲折地逼近,到了临界状态便完全丧失了自我控制与调适的能力,被以革命形式出现的体制崩溃的垮塌裹挟进历史的废墟。如果自我觉醒搞错了指向,认为旧制度毁灭的关键在于盲从世界时间普世性,丢掉了安身立命之本的特殊性。新的体制以世界时间普世性为形式,以历史时间特殊性为取向,将其普世化,重新进行一轮特殊性与普世性的天使魔鬼大战,结局是人所共知的,在历史废墟的积淀上又增加了一些几乎失去知识考古学价值的制度碎片。

俄罗斯19世纪后半叶的经济高涨,既有大改革后的国家推动,又有大改革前的产业基础。19世纪下半叶,俄罗斯经济是机器装备工业主导的起飞,是工业革命的产物,是手工业完成历史使命,机器工业登上历史舞台的必然结果。俄罗斯在工业化基础上的经济高涨,循着世界时间普世性产业层次性递进的规律。纺织工业是世界时间普世性工业化的第一主导产业形态,俄罗斯亦不例外。纺织工业大机器化是历史时间转进到世界时间的分水岭,是社会转型的产业标志。纺织业是人类由自在转向自为的关键性产业,人类只有掌握纺织术,才能进入文明社会。纺织对于人的意义,是类的规定性上的。人们常说,"衣食住行"。衣——纺织被排在人类基本需求的第一位,纺织决定着人类社会层次递进的面貌。手工纺织术使人类进入到前资本主义农业文明社会,机器纺织业使人类进入到资本主义工业文明社会。纺织工业开启了现代化进程,因为"在这一进程中,纺织品……的制造是在以蒸汽为动力、效率大为改进的工厂里进行的"。[①]

俄罗斯的工业革命始于19世纪上半叶的纺织业,动力由以人手、畜力等自然力为主转向以机器为主。彼得堡城郊的亚历山大国有手工工场设立于1798年,1805年装备了第一台蒸汽机,1808年安装了第一台织布机,成为俄罗斯最早装备机器的工厂。该厂有棉纱、织布、织袜、漂白、染色、机器制造和维修车间。由于应用机器生产,1810—1828年,棉纱产量增加1.3倍,产量占全俄总产量的55%以上。[②] 1834—1835年,该厂达到鼎盛,拥有3000名工人,其中雇佣工人占53.7%。[③]

俄罗斯工业化是官民并举,由于俄国参加拿破仑大陆封锁体系,英国的廉价纺织品进口被阻断。进口替代型的民营企业趁势脱颖而出。1808年,莫斯科出现第一家私营机器纺织厂,到1812年莫斯科一地此类工厂增加到11家。1812年拿破仑入侵,莫斯科大火,使得这些企业被付之一炬。纺织企业元气大损,1822年前,俄国每年需进口5万普特原棉和25万普特棉纱。1822年实施的保护性关税,刺激棉纺业的复苏,但到1834年俄国自产棉纱只能满足国内需求的12%。[④] 俄国棉纱业发展受到沙皇政策的鼓励,1835年成立第一家机器纺纱股份公司,股本金为350万卢布,

---

[①] 道·诺思:《经济史上的结构和变革》,商务印书馆1992年版,第157—158页。
[②] 阿·索洛维约娃:《19世纪俄国工业革命》,莫斯科1990年俄文版,第39页。
[③] 季·沃洛妲斯卡娅:《俄国早期棉纱业向自由雇佣劳动过渡》,载《历史问题》俄文版1955年第11期,第77页。
[④] 普·季尼亚娜:《19世纪20—50年代俄国专制制度的工业政策》,莫斯科1968年俄文版,第440页。

股东为俄国的皇亲国戚、达官显贵、工商人士和英国资本家。1841年俄国为保护国内幼稚产业——机器棉纺业,将棉纱进口关税提高到30%。1842年,英国解除机器设备出口限制,俄罗斯可以自由地进口英国的纺织机器。俄国政府对于纺织机器的进口予以免税。1847年,俄国已有64家棉纺机器化工厂,76.5万纱锭,棉纱实现完全自给。[1]

棉纱机器化是纺织工业机械化的基础,印花机器是纺织工业产业链条中的重要一环。沙皇政府为了维持其资源垄断的特权,对印花业实行特许权制度,这是历史时间特殊性在俄罗斯社会空间对世界时间普世性的一种否定。1815年,彼得堡资本家维别尔等从沙皇政府取得了独家使用机器印花布的特许权。这种特权遭到了莫斯科资本家的强烈反对。1827年,沙皇政府迫于有产阶层压力,取消机器印花布的特许权。

机器印花布的最大对手,不是沙皇政府的特许权,而是遍布农村的手工印花布。历史时间特殊性以群众性方式,顽强地对抗着世界时间普世性的冲击。手工印花布无法同机器印花布竞争,这是一个常识。机器效率高于手工100倍,机器印花每昼夜可印300块布(每块长35.5米),手工则只能印同样大小的布3块。机器印花挤压了手工印花的生存空间,1820年弗拉基米尔省伊凡诺夫村就有7000名印花匠。1850年,整个弗拉基米尔省才有2000名印花匠。[2] 手工印花之所以绵延不绝,原因在于劳动力廉价。伊凡诺夫村就是一个典型例证,这里有5家机器印花工厂,占全村

---

[1] 阿·索洛维约娃:《19世纪俄国工业革命》,第43页。
[2] 同上,第48页。

总产量的36%,其余产量皆为手工产出。1849年该村印花布企业采用手工、机器或两者并用的分别为61家、19家和20家。总产量占全俄的39.2%,居全国第二位。① 农村手工印花成本远低于机器印花,1843年农村家庭手工生产平纹布每俄尺成本为4戈比,莫斯科机器工厂为6—8戈比,家庭手工纺织长盛不衰导致全行业工人劳动报酬下降80%。②

俄罗斯纺织业工业化,在19世纪上半叶遇到的最大障碍是封建宗法自然经济的制度性桎梏。同一时段,是世界时间普世性在全球经济数量结构中,取得压倒性优势时期。1850—1860年,世界工业生产,英国一家占36%,成为名至实归的"世界工厂";法国、德国、美国合占45%,其他所有国家占19%。③ 俄国纺织工业通过大规模应用机器,成为俄罗斯工业革命的前导行业。1850至1860年机器纱锭达160万枚,增加1.5倍。棉纱工厂数量只增加21%,工人数量增长85%,产值猛增150%。④

俄罗斯纺织工业呈现出特殊性的性状,即积聚与低效并存。生产数量规模积聚化,大型工厂(工人数量超过1600名)激增,1860年大型工厂共有54个,拥有机器纱锭153.5万枚,占全俄总锭数的96%。平均每家工厂拥有机器纱锭为28400枚,蒸汽动力10万马力。⑤ 俄罗斯棉纱厂纱锭的原棉消耗比美国、德国高4—5

---

① 阿·索洛维约娃:《19世纪俄国工业革命》,第49页。
② 孚·雅可夫斯基:《工农业资本主义起源》,莫斯科1965年俄文版,第317页。
③ 尤·库钦斯基:《资本主义条件下工人阶级状况史:世界概览》,莫斯科1970年俄文版,第17页。
④ 科·帕扎特诺夫:《改革前俄国纺织工业史纲:棉纺、麻纺和毛纺》,莫斯科1958年俄文版,第16—19页。
⑤ 阿·索洛维约娃:《19世纪俄国工业革命》,第68页。

倍,比法国高7—8倍,比英国高1.5倍。[①]

彼得堡作为自彼得大帝起俄罗斯"欧化"进程的桥头堡,在工业化中再次起到引领的作用。彼得堡纺织工业大多实现了现代企业制度建制——股份化,机械化程度为全俄首位。工人人均拥有机械纱锭比莫斯科同类企业高2.6倍,蒸汽动力指标比全俄高9倍。[②] 彼得堡所有棉纱工厂都装备了蒸汽机,莫斯科省和弗拉基米尔省棉纱厂水力传动的比例还很高。彼得堡棉纱厂年人均产值为1150卢布,比莫斯科同类企业人均产值高2.6倍。[③] 19世纪50年代全俄2000台机械织布机半数集中在彼得堡,彼得堡棉纱生产工人和产值分别占全俄的22%和39%。[④]

莫斯科处于欧化腹地,是历史时间与世界时间交锋的舞台,两种取向会聚之地,比彼得堡要厚重得多,也复杂得多。深厚的积淀,使得莫斯科在精神资源占有上享有全俄独一无二的崇高地位,在物质资源开拓上也极易做出跨越性发展。1850—1860年,莫斯科纺织行业进行规模化积聚,棉纱厂数量减少30%,产量提高30%。[⑤] 1860年,莫斯科省棉纱工人和产值分别占全俄的37%和24%。[⑥]

1861年大改革开始,全俄已拥有机械织布机近万台,彼得堡

[①] 勒·门捷尔松:《经济危机和周期的理论与历史》,莫斯科1959年俄文版,第1卷,第522页。

[②] 阿·索洛维约娃:《19世纪俄国工业革命》,第70页。

[③] 格·斯伊萨也夫:《1760—1860年在俄国资本主义起源和发展中纺织工业的作用》,列宁格勒1979年俄文版,第191页。

[④] 阿·索洛维约娃:《19世纪俄国工业革命》,第70页。

[⑤] 同上,第73页。

[⑥] 同上,第75页。

和莫斯科分别占有39％和22％。① 机械织布机对手工织布机形成了强大的压力,但手工织布生产方式仍以顽强的历史时间特殊性生命力存在着。1860年,莫斯科省522家织布企业,有34877台手工织布机,2275台机械织布机,33305名工人,产值770万卢布,每台手工织布机和机械织布机创造产值分别为250卢布和1602卢布。②

19世纪50年代,弗拉基米尔省和科斯特罗马省手工织布工人15万名,生产300万匹布(每匹长35.5米),机器织布只有15万匹。③ 手工织布比机械织布成本低85％,手工织布之所以成本低廉,这是手工劳动的宗法自然经济性质决定,它的可计算成本起点远低于资本化大机器生产的成本起点。历史时间特殊性的生命力,就在于此。1862年,俄罗斯棉布产量为230万普特,其中机械织布量仅为20％。④

棉纱生产机械化牵动了印花生产的机械化,莫斯科省和弗拉基米尔省是全俄印花和色染中心,19世纪50年代在这一地区集中了这一行业54％的企业、87％的工人和91％的产量。⑤ 机械印花对产业积聚、降低成本起到了决定性作用。1830年降至2卢布,1860年降至80戈比。1830—1860年机器印花工人劳动消耗下降近90％。⑥

---

① 阿·索洛维约娃:《19世纪俄国工业革命》,第74页。
② 同上,第76页。
③④⑥ 同上,第75页。
⑤ 勒·科什曼:《俄国工业进化史》载《莫斯科大学学报·历史学卷》俄文版1969年第2期,第83页。

纺织工业成为大改革后,俄罗斯产业结构的支柱。1861年,纺织工业占全俄加工工业产值的36%,工人数的49.3%,1879年,分别为55.4%和51%。[1] 俄罗斯纺织业主要从美国南方进口原棉,1861—1864年美国内战,南方原棉产地遭受重创,导致国际市场原棉价格居高不下,使得俄罗斯未形成规模效益的中小棉纺织企业大批倒闭,大型企业更加壮大。1860—1863年,40%的棉纱和棉布企业破产;1863年,注册的659家棉布企业仅存388家,棉纱和棉布产量分别下降了10%和15%,棉纱和棉布价格上涨75%—100%。[2] 国际市场原棉危机,引发了俄罗斯手工织布的反弹。1866年,科斯特罗马和弗拉基米尔省手工织布产量分别占本省棉布产量的71%和30%。[3] 手工织布比机械化大生产直观可计算成本要低得多,因而手工织布又大行其道。大型企业把机器停下来,采用手工织布。莫罗佐夫棉纺厂采用机械织布的工人有2000人,1878年,该厂另外雇佣5000名手工织布工人,后者生产成本比前者低30%。[4] 当时一位官方经济学家评论说:"在目前极低工资情况下,任何机器都不能与廉价的手工织布抗衡。"[5]

从总体态势上看,机械织布逐渐占据主导地位。1866—1879年手工织布机减少33%,手工织品减少53%。[6] 1879年,欧俄棉纺织工厂有50500台织布机,生产布432.4万匹,占全俄产量的

---

[1] 阿·索洛维约娃:《19世纪俄国工业革命》,第149页。
[2][3] 同上,第150页。
[4] 同上,第154页。
[5] 同上,第153页。
[6] 同上,第158页。

58.4%。① 同年度,俄罗斯全部注册的棉纺企业有76200台纺织机,机械织机和手工织机分别为58100台和18100台,1859—1879年间机械织机增长46倍,手工织机减少23%,两种生产设备的比例为3.2∶1。② 统计数字表明,无论落后的生产方式如何廉价,一旦新的生产方式突破稀缺的价值瓶颈,落后的手工生产方式,就将隐没在历史地平线的深处。俄罗斯纺织工业克服原棉危机带来的不利影响后,向着产业结构综合化方向发展。1866—1879年,欧俄综合型棉纺厂由18家增至32家,加工棉纱由11万普特增加至235万普特。③ 所谓综合型棉纺企业,即纺纱、织布、印染、修整一体化完成。

俄罗斯纺织企业工业化,受其历史时间特殊性制约,既有与世界时间普世性的纺织工业率先机械化的共性特征,又有其落后的个性特质。纺织业是日常消费品生产部门,长期积累了可供本行业工业化的启动资本,拥有技术人员与熟练工人,国内市场需求巨大,资金回笼快、回报率高,比起重工业和交通运输业,资本有机构成低,活劳动消耗高,劳动力又很廉价。这些有利因素导致纺织业成为工业化的启动产业。但俄罗斯纺织业也存在一些基础性制约因素,体制上,沙皇政府对纺织品实行高额保护性关税,使整个行业丧失了进入国际市场的冲动和接受国际市场竞争考验的条件;国内消费市场的主体——农民和工人购买力低下,无法成为支撑纺织工业扩大生产规模的需求支柱,从需求渠道无法获得工业化深度发展的资金;纺织企业普遍资本构成与机械构成偏低,仍侧重

---

① 阿·索洛维约娃:《19世纪俄国工业革命》,第163页。
② 同上,第160页。
③ 同上,第166页。

于低廉的活劳动投入的粗放式扩大再生产。1874—1879年俄国棉纺织业总产值增加8.5%,工人数量增加75.5%,人均棉花加工量减少23%,人均产值下降38%。① 俄罗斯纺织业的工业化历程,展现了社会转型的复杂性状,世界时间普世性与历史时间特殊性的矛盾交织。

重工业是工业化的装备工业,俄罗斯的重工业是由机械装备工业起步的,受到社会经济条件的局限,大改革前发展缓慢,拖了以纺织行业机械化为龙头的工业化后腿。直到大改革前的19世纪50年代,俄罗斯机器制造业还处在萌芽状态。② 彼得堡是萌发中的机器制造业的中心,19世纪初国有彼得堡铸造和机械工厂(普梯洛夫工厂前身)为制呢和棉纺织企业加工生产蒸汽机和机械设备。1842年,这家工厂有6台蒸汽机,总功率126马力,117台机械化车床。③ 这家工厂的王牌产品是船舶蒸汽机,1827—1837年为各种船舶制造45台蒸汽机,总功率达1600马力。④

私营企业、外资企业纷纷涌入机器制造业中。彼得堡别尔德机器制造厂是该行业第一家私营企业。1804年,该厂开始生产蒸汽机。1820年,该厂有3台蒸汽机,总功率为42马力,年产船舶蒸汽机10台。⑤ 1833年,英国工程师麦克尔在莫斯科创立机器制造厂,生产纺织设备和零部件。19世纪40年代,该厂有80名工人和2台小型蒸汽机。1833—1842年10年间,该厂为纺织企业

---

① 阿·索洛维约娃:《19世纪俄国工业革命》,第168页。
② 同上,第49页。
③ 同上,第54页。
④ 同上,第57页。
⑤ 同上,第56页。

生产 1000 余台机器设备,价值达 122 万卢布。仅伊凡诺夫村商人巴布林就向该厂订制了 90 余种机器,价值达 10 余万卢布。①

19 世纪 40 年代中期,英国政府取消机器出口限制,英国制造的机械设备潮水般涌入俄罗斯,使得俄国机器制造业面对英国先进机器设备的竞争,步履维艰,加之农奴制的制约,更是雪上加霜。1830—1850 年,全俄俄国资本的机器制造企业从 7 家仅增至 25 家,多为小型企业,工人总数 1475 万人,产值为 42.3 万卢布。② 1826—1860 年,俄国进口机器设备增长 86 倍。③

19 世纪 50 年代,是俄罗斯机器加工工业发展带有历史性转折的时期。1854 年,全俄只有 29 家机器制造工厂,3813 名工人,产值 200 万卢布。④ 到 1860 年,全俄机器制造企业增加 3 倍,工人数量增加 7 倍,产值增加 18 倍。⑤ 1860 年,彼得堡作为全俄机器制造业中心,该行业工人占全俄总数的 56%,产量占 91%。⑥ 同期,莫斯科该行业工人数和产量只相当于彼得堡的 17% 和 11%。⑦ 机器制造业的增长,为工业化提供了物质基础,使大规模应用机器生产成为可能,机器价格降至普遍应用所必需的程度。1860 年蒸汽机价格只相当于 1830 年的 20%。⑧ 但是国产机器远远满足不了工业化的需求,1850—1860 年国产机器增长 2.3 倍,

---

① 阿·索洛维约娃:《19 世纪俄国工业革命》,第 60 页。
② 同上,第 61 页。
③ 季塔尼娜:《1800—1861 年彼得堡工人》,列宁格勒 1991 年俄文版,第 40 页。
④ 阿·索洛维约娃:《19 世纪俄国工业革命》,第 92 页。
⑤ 同上,第 118 页。
⑥ 同上,第 93 页。
⑦ 鄂·里夫申:《革命前俄国工业分布》,莫斯科 1955 年俄文版,第 107 页。
⑧ 阿·索洛维约娃:《19 世纪俄国工业革命》,第 96 页。

进口机器增长 1.4 倍。①

冶金工业是工业化的基础骨干行业,19 世纪工业化从物质形态来看,就是冶金制品的广泛应用,装备国民经济各部门。从 18 世纪下半期叶卡特琳娜二世"开明专制"时期始,直至大改革前,历代沙皇政府奉行重商主义政策,对生铁及相关产品,征收惩罚性高额保护关税,使得俄罗斯冶金业处于与国际市场隔绝的缓慢发展之中。1800 年,俄国冶金高炉数量和产量与英国基本持平,俄国为 142 座,英国为 150 座;生铁产量,俄国为 9971 千普特,英国略低,为 9836 千普特。1860 年,俄国已经落后了一大截,俄国高炉只增加 3 座,达 145 座,比 1800 年增长 2.1%;英国高炉增至 565 座,增幅达 276.7%;生铁产量,俄国增加到 18198 千普特,增幅达 82.5%;英国增至 241900 千普特,增幅达 2359.3%。② 19 世纪 50 年代,由于工业化和克里米亚战争,导致冶金制品需求激增。沙皇政府分别于 1850 年、1857 年和 1859 年三次调低冶金制品的进口关税税率。1852—1860 年,生铁进口从 375 普特增至 547000 普特,8 年间增幅达 1500 倍。③

进口产品的涌入,迫使俄罗斯国内冶金企业采用新技术,提高生产效率。19 世纪中期,冶金生产技术进步表现为,应用搅拌法炼铁。1840—1860 年,乌拉尔应用该法的冶金企业由 2 家增至 35 家,高炉数量仅增 6.4%,生铁产量却增加 33.4%。④

---

① 阿·索洛维约娃:《19 世纪俄国工业革命》,第 97 页。
② 斯·斯图鲁米林:《彼得罗夫时期乌拉尔的冶金业》,莫斯科 1945 年俄文版,第 16 页。
③ 阿·索洛维约娃:《19 世纪俄国工业革命》,第 98 页。
④ 同上,第 99 页。

乌拉尔是俄罗斯黑色冶金工业基地,集中了85%以上的高炉,产量占全俄90%以上。乌拉尔地区森林茂密,水力充沛。乌拉尔黑色冶金工业的动力以木制水力磨轮为主,1861年该地区冶金企业动力容量为37000马力,蒸汽机容量仅为2600马力,仅占7%。[1] 乌拉尔黑色冶金企业的体制,早在18世纪初彼得大帝时期就初步形成,后经历代沙皇政府的完善,这种体现俄罗斯历史时间特殊性的工厂区体制,将森林、矿产和农奴工人编入企业,使劳动、土地和工厂结为一体。丰足的矿产、森林资源和廉价的劳动力,乌拉尔冶金企业使用木制燃料达200年,保护性关税措施,使厂主对技术进步毫不敏感,根本不关心。[2]

改革后,俄罗斯重工业没有马上受到改革的牵动而高涨,主要由于旧体制的惯性,使改革产生的产业连动效益降至负数。历史时间特殊性的异化功能得到了充分的发挥,这方面乌拉尔黑色冶金企业同样表现得极具知识考古学编年史的标本学理意义。大改革后,乌拉尔黑色冶金企业不但没有出现生产高涨,反而陷入长达20余年的危机。原因在于,改革后冶金企业主仍是集厂主与地主身份于一体。1883年,乌拉尔27个大地主拥有729.6万俄亩土地,[3] 土地与工厂一体化体制未随大改革而破除。厂主向工人和农民提供宅旁园地,不要求以现金赎取,以到工厂做工的劳务形式换取。厂主通过这种途径,稳定地获得了廉价的劳动力,陷入简单扩大再生产的低水平循环,靠加大活劳动的投入,来提高产量,导

---

[1] 阿·索洛维约娃:《19世纪俄国工业革命》,第102页。
[2] 勃·季豪诺夫:《19世纪下半叶俄国采煤和黑色冶金业》,莫斯科1988年俄文版,第74页。
[3] 同上,第72页。

致资本有机构成极度低下。1880年前,乌拉尔黑色冶金企业沿用木炭加热、水力驱动的"中世纪"技术,1860—1879年,该地区冶金企业蒸汽容量仅从7%增加到23%。① 乌拉尔远离欧俄工业中心区域,对欧俄地区工业化的需求不敏感,相对封闭,阻塞了扩大市场份额的可能性。欧俄在改革后20年的工业化中,大举进口冶金制品,使得1860—1877年乌拉尔生铁产量仅增加20%。②

乌拉尔冶金企业的落后状态,使整个工业化的产业联动、效益递进的链条出现断档。西方铁路建设热潮导致冶金业产量增加250%—300%,而俄国铁路建设热潮(1870—1875年)仅使生铁产量增加24%。③ 1870年全俄冶金产品产量仅为2190万普特,是国内需求总量的33%。④ 1875年前,俄罗斯铁路建设所需冶金制品自给率仅为9%。⑤ 1875—1878年,在冶金基地——乌拉尔地区建设铁路,所需的70%钢轨、54%的货车车厢和50%的客车车厢,绝大部分的铁轨零配件依赖进口。⑥

尽管冶金工业发展滞后,但改革后俄罗斯机器制造业仍取得长足进步。这得益于工业化进程加快,铁路建设和工业技术升级需要大量机器设备,为机器制造业提供巨大发展的需求空间。沙皇政府鼓励工业化,1861—1875年共特许141家机器制造企业免税进口冶金制品。1860—1879年,全俄机器设备制造企业增加1倍,产值增加5.5倍,平均每家企业产值增长7倍。⑦ 这一时期俄

---

① 阿·索洛维约娃:《19世纪俄国工业革命》,第176页。
② 勃·季豪诺夫:《19世纪下半叶俄国采煤和黑色冶金业》,第103页。
③⑤ 阿·索洛维约娃:《19世纪俄国工业革命》,第178页。
④ 同上,第187页。
⑥ 同上,第192页。
⑦ 同上,第183页。

罗斯制造业发展在地域上集中于彼得堡和莫斯科等欧俄中部地区,大多数制造业工厂资本有机构成低,技术含量不高。由于冶金、机器制造业等生产资料生产骨干行业发展水平不高,俄罗斯工业化的外向依存度始终居高不下。列宁说,俄国居于"一等国,但是不是完全独立的"。① 俄罗斯金属、机器、煤炭的自给率只有33%—50%不等,工业生产依赖进口,19世纪70年代,重工业产品进口总值达10亿银卢布。②

  铁路是工业化的标志,世界时间普世性在国民经济空间中战胜历史时间特殊性的加速推进器,就是铁路。在19世纪历史语境中,没有铁路的工业化是不可能的。这是工业化的共性规律,俄罗斯不应该,也不可能置身其外,另搞一套"工业化"。它只能循着这个规律规定的路径,跟跑前行。俄罗斯地域广袤,铁路可以成为中央专制集权号令全境的现代化工具,因而沙皇政府对于修建铁路有着异乎寻常的热情。1857年1月26日,亚历山大二世颁布《铁路法令》,该法令指出:"在过去10年中,铁路的重要性经常被质疑,现在社会各阶层都认识到了铁路对于国家、民族的极端重要性。为社稷及全民福祉计,修筑铁路应为不可动摇之国策。"③沙皇亚历山大二世接着在法令中勾廓铁路网的宏大远景:"铁路网:从彼得堡,经华沙,抵达普鲁士边境;莫斯科至尼兹雅——诺夫哥罗德;莫斯科经库尔斯克,沿第涅伯河低地,至菲奥罗波尔;从库尔斯克或奥廖尔,至奥德萨。这样,无间断伸展的铁路网,把26个省联结起来了。联结起三个首都(彼得堡、莫斯科、基辅——引者注),可通

---

① 《列宁全集》,第39卷,第202页。
② 阿·索洛维约娃:《19世纪俄国工业革命》,第197页。
③ G. Vernadsky: *A Source Book for Russian History*, p. 607.

航的主要河流,富庶的产粮区、黑海和波罗的海两个不冻港。"①

铁路网的拓展是世界时间普世性的客观要求,1860—1880年,世界铁路长度从10.8万里增加到37.3万公里。② 同一时期,美国铁路建设速度最快,铁路长度从1860年的4.9万公里,增到1880年的15万公里。③ 铁路带动美国经济的起飞,使美国在较短的时期内,克服了内战的创伤,1870年美国工业产值占世界总产值的23%,排第二位;英国占32%,居第一位。到1885年,美国跃居第一位,占29%;英国退居次席,占27%。1870年俄罗斯占4%,到1885年,减少为仅占3%。④

大改革后的20年,共时性横向比较,俄罗斯工业经济在世界工业产值所占份额微不足道。大改革启动的60年代,俄罗斯工业生产受到社会经济体制调整的影响,不升反降。生铁产量由18世纪末占世界总产量的32%,跌至仅占4%。煤炭开采量,仅占世界开采总量的1%。⑤ 由于铁路建设的滞后,大宗货物只能依靠水路和畜力运动。从莫斯科到彼得堡,经水路运输生铁,运输成本占其总成本的70%以上。⑥ 畜力运输粮食在200—400公里内,其运费与成本持平。⑦ 19世纪60年代,顿涅茨克的煤炭,运往350公里

---

① G. Vernadsky: *A Source Book for Russian History*. p. 607.
② 阿·索洛维约娃:《19世纪俄国工业革命》,第132页。
③ 同上,第133页。
④ 宋则行等:《世界经济史》,上卷,经济科学出版社1998年版,第238页。
⑤ 阿·索洛维约娃:《19世纪下半叶俄国铁路运输史》,莫斯科1975年俄文版,第88页。
⑥ 斯·斯图鲁米林:《苏联黑色冶金史》,第1卷,莫斯科1954年俄文版,第187页。
⑦ 阿·丘普洛夫:《铁路经济》,莫斯科1910年俄文版,第17页。

以外地方的运费超过成本的 5 倍。① 交通运输的落后,制约着工业化进程,阻碍经济高涨,加大了大改革的社会成本,侵蚀了大改革的合法性与经济现代化的合理性的基础。

铁路建设成为带动俄罗斯国民经济走出困境的"火车头",沙皇政府认识到"铁路建设缓慢将对国家构成严重的政治威胁,建设铁路是俄国的迫切需要,在这方面越拖延就越落后于西欧,国家的完整与统一将受到严重威胁"。② 1865 年,沙皇政府设立专门委员会制定铁路建设的政策。该委员会主张,鼓励私人投资建设铁路,国家资本与私人资本并重。1867 年沙皇政府设立私人建设铁路的专项基金,为私人资本提供贷款、贴息与国外融资服务。允许外国资本投资于铁路。1861—1880 年,俄国铁路长度增加 13 倍,达到 21000 俄里,③形成了以莫斯科为中心的欧俄铁路网。莫斯科、彼得堡、基辅三个工业中心同欧俄农业产区、港口、河流、矿区通过铁路网联结起来。1880 年,铁路连接欧俄、南俄、乌拉尔、高加索等 59 个省区,铁路运营里程覆盖欧俄 45% 的面积。④

铁路网打破了封建自然经济的封闭孤立状态,用铁轨编织出全俄统一市场,为市场经济取代宗法经济的社会转型提供了物质前提。铁路网改变了封建主义权力的地域分布格局,使城市的功能复合化,不再是单纯的政治中心,而是物质集散地、工业制造中心与人员流动中心。彼得堡地区铁路网络发达,彼得堡至华沙、柏林、巴黎的洲际干线以这里为起点,彼得堡至莫斯科、至基辅等地

---

① 普·弗米:《南俄采矿业》,第 1 卷,哈尔科夫 1915 年俄文版,第 122 页。
② G. Vernadsky: *A Source Book for Russian History*. p. 607.
③ 阿·索洛维约娃:《19 世纪下半叶俄国铁路运输史》,第 137 页。
④ 同上,第 120 页。

国内干线,也由此起始。铁路把其周边20%的居民点联结起来,带来工业产值达100万卢布以上。①

铁路运输以其货运量大、速度快捷、交货准时、运费低廉、受气候影响小等的比较优势,迅速成为陆上运输的主要工具。西欧早期铁路使陆上运输量提高5倍,运费比畜力低15%—25%,货运保全率提高10倍。② 俄国欧俄铁路网的建成,使货物运输成本大幅下降,1875年,铁路运输煤炭的运费仅为成本的25%,到1895年,更降至15%。③ 运输的便捷、低廉,刺激了煤炭工业的迅猛发展。1860年,全俄煤炭开采量为2000万普特,1880年为2亿普特,1900年激增到9.86亿普特。④

铁路网促进了全俄产业链条和全俄统一市场的形成,使农业生产在大改革后商品化和市场化速度加快。欧俄铁路网把中部产粮、产棉区同国内加工工业中心、波罗的海、里海港口联结起来,便于粮棉的深加工和出口,1862—1879年,俄罗斯粮食出口增长4倍,1879年,粮食出口占全俄出口总额的56.2%。⑤

铁路的迅猛发展,使内河航运衰落了下去。1861—1877年,铁路货运量增长24倍,内河航运则仅增长81.5%,1879年一年,铁路货运量就增长81.5%。⑥ 铁路运输业成为俄罗斯工业化的骨

---

① 阿·索洛维约娃:《19世纪下半叶俄国铁路运输史》,莫斯科1975年俄文版,第178页。
② 克·扎哥尔斯基:《运输经济》,莫斯科1923年俄文版,第16页。
③ 阿·索洛维约娃:《19世纪下半叶俄国铁路运输史》,第144页。
④ 勃·季豪诺夫:《19世纪下半叶俄国采煤和黑色冶金史》,第33页。
⑤ 米·波克罗夫斯基:《俄国对外贸易统计汇编》,第1卷,彼得堡1902年俄文版,第117页。
⑥ 阿·索洛维约娃:《19世纪下半叶俄国铁路运输史》,第146页。

干行业,是由其地域广大的特质所决定。铁路建设面临着一个基本矛盾,广袤的地域与短缺的资金的矛盾。沙皇政府国家资本、私人资本、外国资本,"三资并举"。俄国的铁路网络建设在19世纪末基本形成,这得益于"三资并举"的建设决策。但是,同时也存在一些严重的问题。铁路不同于其他行业,它是一个要求高度组织化、高度精确化、高度标准化的行业。由于投资主体的多元化,19世纪80年代后期,全俄有52个铁路公司,各家铁路公司设计标准千差万别,路基、铁轨、站场设备等五花八门,根本无法统一起来运行。各家公司为尽快收回投资,画地为牢,恶性竞争,导致全俄铁路网络不能充分发挥效用。从19世纪80年代开始,沙皇政府有步骤地将铁路实行国有化,到1895年,国有铁路占铁路总量的60%。铁路总长度在1861—1891年间,由1488俄里增加到28093俄里,到1900年猛增到47800俄里。[①] 沙皇政府的财政支持是铁路建设的主要支柱,1857年颁布《铁路法案》的当年,政府财政支出6163.3万卢布支持铁路建设,1892年增加到10088.8万卢布,占国家总支出的10%。[②]

俄罗斯是陆地扩张型帝国主义,经过克里米亚战争,俄罗斯向欧洲和西南方向的扩张基本停止,它最大的扩张所得在于西伯利亚和中亚细亚,这些地域资源不能说不丰富,但受当时技术条件局限,直接转化为有价值的资源比例不大,因而大改革开启的社会转型,所需的经济起飞的启动资金,只能寄希望西欧资本主义国家的外资来填充。如果没有外资的净流入,俄罗斯社会转型将会更加

[①] 孙成木等:《俄国通史简编》,下册,第134页。
[②] 菲·德米特列夫:《俄国历史文选》,第3卷,莫斯科1948年俄文版,第209页。

步履维艰。1861—1917 年,俄罗斯利用外资由 5.47 亿卢布增加到 156.67 亿卢布。外资流入的形式,依俄罗斯国内局势的状况而变化。在社会政治经济形势稳定时期,外资以直接投资为主;在俄罗斯形势不稳定时期,则以贷款为主。由于俄罗斯社会整体发展水平同西欧差距较大,外资以投资办厂形式出现的直接投资,回报率很不稳定,因而,直接投资在外资总额最高未超过 26%;1914—1917 年世界大战期间,外资贷款增长 77.5 亿卢布,直接投资降至外资总额的 14.3%。[1]

由于铁路是建设周期长,资金回报率高、资金投入额度大的基本建设项目,俄罗斯急于在较短的时期内建成覆盖欧俄的基本路网,因而在沙皇政府的财政担保下,大量外资涌入铁路建设。1861—1917 年,全俄铁路建设投资额度为 48.16 亿卢布,外资占75%。在铁路建设高涨的两个时段,1861—1881 年间,外资占92%;1883—1900 年间,外资占 83%。1901—1914 年,欧俄地区铁路网络大规模建设基本完成,外资在俄罗斯铁路的投资额度占全俄铁路总资产的 50%。[2]

外资对于沙皇政府的日常财政支持是极端重要的,1769 年叶卡特琳娜二世首次向荷兰提出财政借款,从此,向外国借款成为"维护专制制度的最重要条件",1801—1913 年,沙皇政府有 82 年是财政预决算赤字年,1845—1872 年,连续 28 年出现赤字。[3] 沙

---

[1] B. 巴维津:《论外资在俄国的作用》,载《莫斯科大学学报·史学卷》1964 年第 1 期,第 69—70 页。

[2] 同上,第 70 页。

[3] 尤·别列也夫:《俄国财政部 190 年》,载《财政》(俄文版)1992 年第 11 期,第 79 页。

皇政府举借外债，是其维系非生产性、庞大的军费开支所致的。1802—1889年，军费开支始终占国家财政预算的35%。[1] 1903—1913年，俄国军费占财政支出的29%，共90亿卢布，其中日俄战争耗费25亿卢布。[2] 1861—1914年，外资生产性资金投入额度为57.76亿卢布，其中直接投资为19.6亿卢布，其余被沙皇政府用作填补财政赤字的转移支付手段。[3] 1904、1905、1906、1907四个财政年度，沙皇政府举借外债总额达19亿卢布。[4] 到1914年，财政性外债占俄罗斯外资总额的20%以上。[5] 沙皇政府自1861年大改革启动社会转型，直至1917年覆灭，奉行的是赤字拉动型的财政政策，使国家深陷在外债的泥潭，最终丧失了偿付能力。1917年10月革命后，布尔什维克领导的苏维埃政权正式宣布废除沙皇政府的外国债务，对这些外债不予继承和承认。这固然是革命政府政治合法性与沙皇政府没有继承关系的象征性体现，更实际的原因是新生的苏维埃政权实在无力继承这样巨额的债务。这也是帝国主义14国武装干涉苏维埃俄国的一个原因。

外资积极地进入俄国的股份制企业。1861—1914年，俄罗斯股份制企业股本金总额为47.08亿卢布，外国资本占41.6%，俄国资本占58.4%。在信贷、保险、商贸、运输业，俄国资本占优势，外国资本主要投向生产资料生产行业。外国资本在参与俄国股份制企业的过程，与俄国资本不断融合，"外国资本家没有熟悉本国

---

[1] B.拉比：《19世纪俄国军费支出》，彼得堡1991年俄文版，第150页。
[2] 尤·舍巴尔津：《20世纪初沙皇政府的预算》，载《历史论丛》（俄文版），第65卷，第182页。
[3] B.巴维津：《论外资在俄国的作用》，第69页。
[4] 尤·舍巴尔津：《20世纪初沙皇政府的预算》，第179页。
[5] B.巴维津：《论外资在俄国的作用》，第70页。

情况和善于适应这种情况的俄国资本家与行政当局的配合,在俄国寸步难行"。① 外资企业在 1900—1903 年俄罗斯经济危机中蒙受重创,这一时期 164 家外资企业,分布在 17 个行业,盈利的为 84 家,盈亏相抵为 17 家,亏损的为 63 家,盈利与不盈利的企业数基本相当。分布在电力、煤气、化工、运输业的外资企业,盈利的较多;在煤炭开采和冶金工业中,亏损较多。英国资本的企业 40% 亏损,法国资本企业 33% 亏损,俄罗斯的普鲁士道路的原型——德意志资本企业表现优异,很适应俄罗斯特殊性国情,仅有 20% 亏损。

俄国资本通过与外资的合作,参与国际市场,在国外设立子公司。资本合作的载体是金融合作。1895 年,巴黎—尼德兰银行、巴黎国际银行同彼得堡国际银行、彼得堡贴现银行联合成立俄国黄金总公司,1896 年又创立了乌拉尔冶金公司。1898 年,巴黎洛希尔私人银行与彼得堡国际银行合作创立"马祖特"公司,该行还分别同德国和法国的银行,在彼得堡创立两家股份合作公司。②

金融合作,使俄国取得了进入国际金融市场融资的路径。俄罗斯开始大规模地使用现代金融衍生工具,俄国金融机构与外资金融机构合作组建证券公司。1897 年,法国银行总行与俄国工商银行、彼得堡亚速银行合资在比利时组建俄罗斯采矿和冶金股份有限公司,股本金为 2500 万法郎,法国银行总行占普通股的 66% 和优先股的 50%。该公司主要业务是购买俄罗斯工业证券,第二年,拥有俄国企业股票 4120 万法郎。1899 年 2 月,以财政金融手

---

① 勒·舍别列夫:《1904—1914 年专制制度与资产阶级》,列宁格勒 1987 年版,第 196 页。
② B. 巴维津:《论外资在俄国的作用》,第 178—185 页。

段扶持俄罗斯电力企业的多国银行财团"俄罗斯大辛迪加"创立。法国银行把购买到的俄国企业股份和债券投入到巴黎证券市场,套现获利,但巴黎证券市场很快大量推出俄国企业股票,超过了购买力。这些跨国银行财团,不甘心自己受损失,便在英国组建新的合资公司,把这些证券投入到伦敦股票市场。至第一次世界大战爆发,俄国企业股票在西欧的保有量,比在俄罗斯还高。持有俄国股票的除了大财团和大证券商,就是广大的中产阶级。十月革命后,苏维埃政府对这些股票不予承认,遭受打击最惨重的是西欧中产阶级,这也是西欧社会在很长时间里敌视苏维埃政权的重要原因。

俄国资本与外国资本在金融领域的融合,使俄罗斯社会转型在经济基础这个层面上与世界时间普世性接轨。金融合作的重点领域是基础建设项目,铁路建设是重中之重。1860—1914 年,银行发行铁路债券,仅平价外汇债券达 125 笔,17 家俄国银行和 45 家西欧各国银行参与其中,总金额达 23.09 亿卢布。20 世纪初,俄国银行开始涉足外资居主导地位的电力行业和铁路电气化工程,彼得堡国际银行和俄亚银行在俄国电力工业领域取代外资银行,居主导地位。[①] 俄国银行财团主导的俄国石油垄断集团,在国际市场上向老牌西方石油垄断集团发起竞争攻势,迫使美国洛克菲勒石油公司让出其占有的 28% 的世界市场份额。[②]

俄罗斯银行财团把东方作为资本输出的重点,1914 年俄国向东方各国输出资本达 7.49 亿卢布,投入到西欧金融市场的外汇储

[①] B. 加季:《在专制主义俄国电力和电力运输业中的德国资本》,列宁格勒 1971 年版,第 263 页。

[②] A. 弗尔琴科:《石油战争》,莫斯科 1985 年版,第 45 页。

备约为6亿卢布。俄罗斯金融业外资参与度是很高的,很难找到没有外资介入的银行,但可以找到外资不居主导地位的所谓"俄国资本的银行"。20世纪头十几年,俄罗斯"商业股份银行资本的42%在外国人手中。当时彼得堡有外资参与的银行地位步步升高,而俄国资本的银行则被排挤:伏尔加—卡马银行从第一位降到1913年的第六位,莫斯科商人银行从第二位降到第八位。"[1]1917年,俄国数个银行财团完全控制了铁路运输业、机器制造业,还控制了60%的冶金工业、石油开采、森林工业等。[2]

工业化导致社会结构细分化,既为社会转型创造了结构性前提,又为社会转型注入新的结构性矛盾因素。社会经济组织的构成方式,与世界时间普世性相衔接。资本积聚以股份制的方式实现。1831—1856年,全俄共有74家股份公司,股本金为6670万卢布;1857—1860年,又创立108家股份公司,股本金3.17亿卢布。[3]大改革前的这些股份制公司,13家主营铁路和轮船航运,占全部股本金的65%;52家主要从事工业加工领域,仅占全部股本金的12.4%。[4]大改革前,俄罗斯的股份制企业,股本金偏低,数量较少,行业领域限制较大,与西欧国家差距较明显。1859年,俄国股本金总量只相当于德国的一半,俄罗斯在金融领域没有一家股份制企业,德国有55家股份制银行,法国有12家股份制商业银行。[5]

---

[1] 波梁斯基等:《苏联国民经济史讲义》,上册,三联书店1964年版,第407页。
[2] B.巴维津:《辉煌成就前夜的俄罗斯》,莫斯科1988年版,第137页。
[3] 阿·索洛维约娃:《19世纪俄国工业革命》,第117页。
[4] 季·季妮娅娜:《19世纪20—50年代专制俄国的工业政策》,莫斯科1968年版,第83页。
[5] 同上,第82页。

大改革前,俄罗斯国家信贷银行掌握的 10 亿卢布资金,不向工商业投入,专门面向国家财政投向和官僚贵族借贷。商人和厂主无法取得低息的国家信贷,为了日常周转和扩大再生产,只得求助于高利贷,工商业发展在资金上受到极大的限制。1860 年,沙皇政府为了摆脱历史时间特殊性造成的经济—金融的困局,设立资本主义金融机构——国家银行,沙皇政府为国家银行规定的信贷投资方向是,投资铁路建设,发展工业生产能力,资助工业产品的进口替代的国产化,资助采矿业,资助机器制造业。①

社会经济结构的变化是社会转型的基础性要素,大改革前在工业经济领域,随着工业化的深化,世界时间的资本主义生产关系的普世性内涵取代历史时间的封建主义农奴制关系的特殊性内涵,成为工业生产方式的主导形式。工业劳动者与土地脱离了宗法依附关系,成为自由的雇佣工人,工业部门的劳动形式以自由雇佣劳动取代了宗法强制劳动。1825—1860 年,工业领域自由雇佣工人由 114500 人增长到 456000 人,1860 年自由雇佣工人占工人总数的 80%。② 乌拉尔冶金企业工人强制劳动仍占主导形式,这是全俄范围内的一个例外。

生产工具的质的跃升是社会转型的物质保障,机器生产方式是解除宗法强制劳动的历史进步工具。在手工劳动条件下,宗法强制劳动的手工工场与自由雇佣劳动的手工工场,势均力敌,甚至更具有优势。因为宗法强制劳动手工工场,直接的产品成本比自由雇佣手工工场低得多。但应用机器生产方式后,强制劳动丧失

---

① 阿·索洛维约娃:《19 世纪俄国工业革命》,第 110 页。
② A. 拉什:《从萌芽到 20 世纪初的俄国工人阶级》,莫斯科 1983 年版,第 108 页。

优势,1833—1861年,宗法强制劳动手工工场由132个降到43个,农奴工人由46000人减至26500人。1800—1860年,农奴工人占工人总数由41.1%减至4.7%。[①]

生产方式是社会结构性分化的催化剂,工业大机器生产方式使宗法的自赋社会分层转变为自由的自致社会分层,俄罗斯出现了世界时间普世性的社会阶级的对立性组合——资产阶级和无产阶级。这是因为,"手推磨产生的是封建主为首的社会,蒸汽磨产生的是工业资本家为首的社会"。[②]俄罗斯的相当一部分资产阶级与无产阶级都出自于改革前的农奴阶层,这是俄罗斯独特的社会分层的发生学来源。早在18世纪后半叶,叶卡特琳娜二世时期,农奴获准从事贸易和实业,一部分农奴因而发家致富,但没有支配自己财富的合法身份,往往把自己的财产寄托于其依附的贵族名下。18世纪80年代,一个叫做巴雷什尼克的大商人,拥有10万俄亩土地和9000名男性农奴,在1786年获得贵族证书前,一直把财产登记在莫斯科显贵伊·格·奥尔洛夫名下。1795年,伊凡诺沃的大工场主格拉切夫要求赎身,他的主人切列梅捷夫伯爵开价高达13500卢布,外加他所有的工厂、土地和农奴,从表面上看,几乎是他的全部财产。但是格拉切夫已把巨额资金寄存在他的代理商名下。交付如此高额的赎金后,他仍是纺织业巨头。[③]俄罗斯历史时间的特殊性内涵,使新生的资产阶级在其文化基因上就带有贵族宗法意识的特质。无产阶级也从其前身——农奴那里,拷贝下了许多宗法农民意识。这两个作为世界时间取代历史时间

[①] 阿·索洛维约娃:《19世纪俄国工业革命》,第118页。
[②] 《马克思恩格斯选集》,第1卷,第108页。
[③] 布罗代尔:《资本主义的动力》,第519页。

的革命性支柱力量,内在地存续着某些挥之不去的历史时间的核心价值观念。俄罗斯社会转型的千转百折,历久弥艰,其根源在于特殊性历史时间观念始终处变而不自我消退,相反以新的话语范式进入到世界时间普世性的价值内核,将其异化,使自己获得新的合法性语境。俄罗斯历史时间特殊性话语策略,令人叹为观止。

大改革前,农民资本家摆脱农奴身份后,列为商人等级,最大的工商业家族——莫罗佐夫家族,其第一代创业者就是莫斯科地区的农奴。[①] 农民出身的资本家一是具有雄厚的资本,二是从事实体性工商业。旧式城市商人已不再是城市资产阶级的中坚力量,而被移居城市的农民资本家取而代之。莫斯科是俄罗斯政治、经济、文化中心,农奴出身的资本家在取得自由身份后,大都迁居这里。莫斯科在大改革前,63个大工商业家族中,33个是农奴出身,并且都从事工业生产活动。1850年,莫斯科90％以上的商人拥有工业企业。[②] 俄罗斯资产阶级对沙皇政权的依附,是其发财致富的保障。沙皇政府制定高额保护性关税,使资产阶级的工业产品免遭西方优势的同类产品的竞争压力。沙皇政府通过大量的国家订货,给资产阶级带来了稳定的利润。沙皇政府在改革后的反动,政治高压措施使工人运动受到压制,资产阶级可以比西欧的同侪更加残酷无情地榨取剩余价值。资产阶级成为沙皇政权的最大受惠者和坚决的拥护者。沙皇政权通过大改革,自己统治的阶级基础不但没有缩小,反而扩大了,资产阶级作为整体被整合进改革后俄罗斯的既得利益集团中去。现代化后发地区的社会转型,

---

[①] 阿·索洛维约娃:《19世纪俄国工业革命》,第119页。
[②] X.古比雪娃:《1859—1861年俄国革命形势》,莫斯科1965年俄文版,第317页。

与原发地域相比,具有整体性特征。社会转型创设的主导集团,同时也是既得利益集团。改革是既存利益结构的调整和解构——重构,但是主导集团的利益不是绝对的削减,而是绝对的同比增大。

大改革后,无产阶级形成并壮大,主体来自于农民。1860年,300万人外出打工,农民占90%。① 大改革使手工工场的农奴工人摆脱了宗法依附关系,成为自由雇佣工人,这类工人总数达100多万人,② 直接转为工人阶级。改革后,农民外出打工,补充进工人阶级,1861—1880年,政府颁发的农民外出务工证增长3倍,达500万件。③ 大机器生产使工人阶级克服了一些小农的特性,被组织起来,不允许工人亦工亦农,农闲来厂,农忙回乡,这类现象在工业中心基本被杜绝。彼得堡工人总数的90%,是外来的农民,但是这些工人基本脱离了农业生产。在矿区,季节工现象还存在。顿涅斯克煤矿,季节工占70%,农忙季节,矿井停产。④

俄罗斯无产阶级带有其敌对阶级的共性特点及与之不同的个性特点,小农小生产性是其绵延的特性,使其内在地产生资产阶级化的冲动,"小生产是经常地、每日每时地、自发地和大批地产生着资本主义和资产阶级的"。⑤ 这是与西欧无产阶级的区别所在。无产阶级在空间上比较集中,这是俄罗斯社会转型的空间不平衡的必然结果。1879年欧俄40座城市集中了35%的产业工人,⑥

---

① Х.古比雪娃:《1859—1861年俄国革命形势》,第289页。
② 阿·索洛维约娃:《19世纪俄国工业革命》,第199页。
③ 潘古拉托娃:《俄国工人阶级》,莫斯科1983年俄文版,第186页。
④ 阿·索洛维约娃:《19世纪俄国工业革命》,第196页。
⑤ 《列宁全集》,第31卷,第6页。
⑥ 阿·索洛维约娃:《19世纪俄国工业革命》,第199页。

彼得堡工人占全俄工人总数的12%。[①] 1880年全俄产业工人达125万,其中91%以上集中在欧俄工业城市。[②] 俄罗斯资本主义机器工业的原始积累的残酷性体现在大量使用童工和女工,使无产阶级队伍遭受的苦难比西欧更深重。大改革后的20年,彼得堡和莫斯科工厂的女工稳定在占工人总数的20%左右,童工则无法统计。[③] 受到社会的反对和西方人道主义组织的压力,1882年沙皇政府颁布法令,限制工厂使用12岁以下的童工。由于俄罗斯工业化的非均衡性,大改革后,手工工人不但没有消失,反而略有上升,1860—1880年手工工人增加0.9倍,达150万人。[④]

大改革后,社会经济经历20年的调整与徘徊。从19世纪80年代开始出现高涨,一直持续到新世纪来临。铁路是经济高涨的火车头,1893—1900年,俄罗斯平均每年建设2800多公里铁路,1898年,欧俄所有省份、芬兰8省和亚洲部分的7个大区及44%的城市都通铁路。铁路网络的建设牵动工业经济的全面高涨。工业基础行业广泛使用蒸汽动力,活劳动的比例绝对地下降。冶金工厂1900年比1890年增多20个,蒸汽动力功率增长489%,生铁产量增加216%,工人员额仅增加65%。[⑤] 冶金工业的工艺技术水平有了飞跃性提高,矿物燃料代替木质燃料,采用热吹与平炉炼钢法。新技术促进了冶金工业生产能力的大幅攀升,生铁产量

[①] 阿·索洛维约娃:《19世纪俄国工业革命》,第199页。
[②] 同上。
[③] A.拉什:《从萌芽到20世纪初的俄国工人阶级》,第221页。
[④] 同上,第203页。
[⑤] 阿·索洛维约娃:《19世纪俄国工业革命》,第223页。

从1860年的2010万普特激增到1900年的1.79亿普特,增长8倍。[①] 钢产量从1890年的2400万普特,增长到1900年的1.35亿普特,比同时段世界炼钢生产增长率高出3倍。[②]

蒸汽动力的广泛使用,使煤炭、石油等能源基础行业劳动生产率迅猛提高。煤炭开采量从1860年的1820万普特猛增到1900年的9亿普特,增长48倍。[③] 石油工业的工艺技术装备大为更新,广泛采用了一系列新技术,俄罗斯石油采出量大幅攀升,从1890年占世界总产油量的38%上升到1990年的51%,同一时段,美国则从68%降至43%,把头号产油国的金交椅让给了俄罗斯。

能源工业、基础工业的高涨,带动了整个工业产业链条的全面高涨。由于俄罗斯产业结构上体现的历史时间特殊性,重工业在动力资源配置比例上远高于轻工业,由此导致其后一个世纪俄罗斯重工业畸重、轻工业畸轻的沉重的产业结构。1890—1900年,重工业蒸汽动力功率增长345%,轻工业只增长190%,重工业和轻工业动力设备人均指标分别为0.7马力和0.5马力。[④] 轻、重工业部门的劳动生产率,因受此影响,而产生出较大差异。重工业人均产量提高83%,轻工业则只有30%。[⑤]

生产资料生产的重工业部门比生活资料生产的轻工业部门发展得更加迅猛,1896—1900年重工业产值增长53%,轻工业只增

[①] 勃·季豪诺夫:《19世纪下半叶俄国采煤和黑色冶金业》,第46页。
[②] 阿·索洛维约娃:《19世纪俄国工业革命》,第226页。
[③] 勃·季豪诺夫:《19世纪下半叶俄国采煤和黑色冶金业》,第32页。
[④] 阿·索洛维约娃:《19世纪俄国工业革命》,第244页。
[⑤] C.斯图鲁林:《劳动经济学问题》,莫斯科1964年俄文版,第39页。

长 14%。1900年俄罗斯工业产值,重工业占 40%,轻工业占 60%,重工业的支柱冶金业占其中的 23%,轻工业的支柱产业纺织业占其中的 26%。冶金业的迅猛发展,使俄罗斯金属制品自给率由 1890 年的 47%,增加到 1900 年的 80%。建立在冶金基础上的俄罗斯经济,振动着沉重的钢铁之翼,向着未知的前方飞去。在世纪之交,俄罗斯随着资本积聚而出现大规模的产业积聚趋势。1890 年,8 大工业部类中年产值在 10 万卢布以上大企业的产值占全俄工业总产值的 43%。1908 年,23 个工业部类中的大企业产值占全俄工业总产值的 87.1%。[①] 大企业在工业生产中的垄断地位已经确立起来了。

在工业内部,轻、重工业比例失调。在工、农业之间,也是比例失调的。1890—1900 年,俄罗斯工业增长速度比农业高出 8 倍,工业增长 130%,而农业只有 17%。农业从此在一个世纪之内都是困扰俄罗斯的经济坎陷。农业问题成为 20 世纪俄罗斯问题的核心,由其引发的政治斗争、政策争论、革命、叛乱层出不穷,从"静静的顿河"到"未开垦的处女地",恬适旷达的俄罗斯田野风情笼罩着腥风血雨的灰色云幔。

俄罗斯在 19 世纪末、20 世纪初的经济高涨,改变了世界经济地图的格局,俄罗斯铁路总里程居世界第二位,钢铁产量居世界第四位,1885—1900 年工业年均增长率超过西欧北美地区,达 6.7%。[②] 俄罗斯"工业总产量已居世界第五位"。[③] 1861—1913 年,俄罗斯工业产值增加 11.5 倍,同期,德国增加 6 倍,法国增加

---

① B. 巴维津:《俄国财政资本的形成》,莫斯科 1984 年俄文版,第 80 页。
② 西·布莱克:《日本和俄国的现代化》,商务印书馆 1984 年版,第 219 页表。
③ 同上,第 222 页。

2倍。① 俄罗斯经济对外依存度较低,1909—1913年,年均进口额为11.39亿卢布,占世界进口总额的3.5%,年均出口额为15.02亿卢布,占世界出口总额的4.2%。②

工业高涨,带动社会经济的全面发展,有力地推动了社会结构的转型,1860—1900年,工人人数由300万增加到1400万人,增长3.4倍;同期,全俄人口增加90%。③ 20世纪初占全俄企业总数18%的大企业,集中了80%的工人,11个工业中心城市集中了工人总数的40%。④

在工业高涨时期,全俄的产业分布得到进一步优化,更趋于合理。19世纪80年代前,重工业主要集中在乌拉尔地区,进入到90年代,南俄第涅伯河流域成为新的重工业中心,产值超过了乌拉尔地区。1902年,南俄生铁产量占全俄总产量的53.1%,乌拉尔则占28.12%。⑤ 乌克兰顿巴斯在20世纪初,成为全俄最大的煤炭开采中心,其产出量占全俄的60%以上。这里的煤矿工人具有悠久的革命传统,20世纪后斯大林时代的开创者——尼·赫鲁晓夫就曾在这里做过矿工,正是对井下工人艰苦生活的体验,使得赫鲁晓夫在20世纪50年代后期,在世界上率先实行每周5天工作,每天工作7小时的劳动作息制度。亲身经历是塑造政治领袖最好的学校。里海之滨的巴库成为石油开采中心,1900年,其石油开采量占全俄总产量的95%。这里同样是布尔什维克的摇篮,巴库

---

① 琼图洛夫:《苏联经济史》,吉林大学出版社1988年版,第80页。
② B.巴维津:《俄国财政资本的形成》,第128页。
③ 阿·索洛维约娃:《19世纪俄国工业革命》,第248页。
④ 同上,第254页。
⑤ H.鲁津:《俄国史》,莫斯科1956年俄文版,第170页。

"26委员"和奥尔忠尼启泽这些彪炳联共党史的名字,因巴库而熠熠生辉。巴库林立的钻塔,永不熄灭的天然气,象征着俄国无产阶级创造未来新世界的永不止歇的探索。第一代布尔什维克,既出自大学、神学院的书斋,西欧流亡者之家,更出自彼得堡的工厂,莫斯科的车间,顿巴斯的矿井,巴库的油田。经济高涨的社会后果,是造就了一大批新型工人运动领袖,使工人运动成为20世纪沙皇俄国一支不可忽视的政治力量。此前的工人运动从大改革开始,从无到有。19世纪60年代,工人运动没有组织,非常零散,主要以针对具体资本家的工人骚动为主,采取斗争形式同农民反抗农奴主的做法近似。19世纪70年代,以提出经济要求的罢工为主,典型的是彼得堡工人,但仍未有组织化的形式。19世纪80年代后的工人运动,下章将具体评析。

经济高涨使俄罗斯工业化程度有所提高,人均工业化水平由1880年的10,提高到1900年的15,①人均国民生产总值由1860年的178美元,提高到1890年的182美元,②俄国在世界工业产量中的比重由1860年的7.0,提升至1900年的8.8。③经济高涨尽管有诸多的问题与不足,但却把俄罗斯推上了市场经济的不归路,使得残存的历史时间的宗法制社会经济形态难以为继了,同时,也为自己培植了非旧的历史时间人格力量所能比拟的新的强大的否定力量。这一否定力量在发展中分化,在分化中强化,在强化中走向极端化。这一否定力量在20世纪前17年,对沙皇政权屡屡施以重拳击打,最终把僭称"恺撒"的罗曼诺夫小丑送回到尘土归处。

---

① 保·肯尼迪:《大国的兴衰》,世界知识出版社1990年版,第233页。
② 同上,第202页。
③ 同上,第176页。

体制改革内涵的社会转型的限度,就是体制本身。大改革在政治上的逻辑后果是,改掉沙皇专制制度。对于这一点作为"解放者沙皇"的亚历山大二世看得非常清楚,其后继者亚历山大三世和尼古拉二世也很明了。亚历山大二世宣称自己的使命是:"保护俄罗斯人民免受那些处于萌芽状态的有害邪说的影响,这些邪说随着时间的推移有可能酿成社会灾难。"①沙皇重臣乌鲁也夫对此的理解是准确的:"我们的原则和思想一如既往:立足于维护政权。"②

沙皇政府对于巩固专制主义政治体制的坚定信念,并未因大改革而削弱,相反试图通过大改革,扩大统治的阶级基础,用皇家社会主义的专制——村社制,取代封建宗法个人专制——农奴制。沙皇集团坚持对人民实行"可使由之,不可使知之"的"牧民"政策。在大改革初期,1861年9月10日,亚历山大二世在接见普鲁士大使、后来统一德国的"铁血"宰相奥托·俾斯麦时,明确表示,大改革不会、也不可能动摇沙皇政权,因为俄罗斯农民是宗法意识浓厚的人民,他说:"人民把君主看成是上帝的公使、自己的父亲和全能的主人。这种想法几乎就是一种宗教式的感情,他们认为自己的命运与我密不可分。我经常反省自己,我有没有错误或过失。皇冠给了我权力,如果失掉皇冠,那将是我的人民与民族的灾难。自古以来,我们的人民就对自己的沙皇怀有深厚的崇敬之情,这些感情是无法消除的。我始终尽力去减少政府官员的霸道行为,上帝做证,我总是关心农民和地主的事情。"③亚历山大二世的专制主义"君父"意识,使得他自觉地站到他本人开启的向世界时间普世

---

① G. Vernadsky: *A Source Book for Russian History*. p. 631.
②③ *Ibid*, p. 632.

性的社会转型的对立面上,他是一个兼具世界时间观念与历史时间价值的悖论性人物,这一点他与其先皇和后辈并无二致。他个人的悲剧和罗曼诺夫王朝的悲剧,均在于此,没有超越内在悖论的意念,用制造新的更大的矛盾来解决既有的矛盾,结果旧的矛盾以新的形式激化着,而新的矛盾以更大的规模存在着。沙皇政府在大改革后的50多年,风雨兼程,向着最后的归宿,步步逼近。社会转型内涵的体制改革,是质的规定性上的跃迁,是特殊性历史时间或其变异的建制向普世性世界时间的建制转换。它要求从物质、制度、精神社会结构性要素的整体性转换。如果像沙皇大改革,那就只能得到它并不想要的、极力避免的、却必然降临的悲剧性结局。沙皇政权如果不改革,就可能亡国,农奴制的俄罗斯在文明的欧洲消亡;改革,必然丧家。对于沙皇政权来说,亡国与丧家是一回事。沙皇政体是欧洲"大陆上惟一直至进入20世纪仍完好无缺的绝对主义国家。"[1]俄罗斯是一种全面的绝对主义国家,国家以专制沙皇全权的形式,全面控制社会。吉洛姆·布鲁姆在《俄罗斯的地主与农民》一书中指出:俄罗斯"是一个服役的国家,沙皇是其绝对统治者。所有臣民的活动和义务,无论是最显赫的贵族还是最卑贱的农民,都取决于国家实现自己利益和政策时的要求。每一个臣民都有具体的职责来维护和光大国家的权力和权威。领主应该在军队和官僚机构里服役,农民应该听命于领主,给他们提供为国家服务的手段。一个臣民所能享有的任何自由或特权,都是作为他履行服役职责的必要条件由国家分配给他的"。[2] 沙皇政

---

[1] 佩·安德森:《绝对主义国家的谱系》,上海人民出版社2001年版,第305页。
[2] 同上,第227页。

权不可能像西欧那样实现君主立宪,专制皇权是沙皇俄国的国家形态。君主立宪对于沙皇国家,就是亡国,就是丧家。美国政治学家塞·亨廷顿指出:对于绝对专制主义政权,最大的威胁莫过于它自己开始的变革。

沙皇专制权力一类的国家形态,是现代化后发地域,由前资本主义的历史时间向资本主义的世界时间全面转型的一种过渡形态,是一种有着时间区段限制的工具,不是超时间的工具。在欧洲,进入到20世纪,这种国家形态的历时性使命已经终结,它改革也好,不改革也罢,它的终局命运已定,只是需要一个恰当的机缘,将其送入墓室。求生与苟延残喘,是风烛残年的自然人和人格化政体的本能。但沙皇政权这类国家形态,是和平长入君主立宪国体的天然绝缘体。沙皇政权在大改革后,居然还延续了50多年。这不是它的生命力有多么顽强,而是它的国内外的否定性力量还未强大到,能够在尽可能短的时间内结束其生命的程度。这既是反动力量的幸运,也是革命力量的不幸。历史已经给出了不以人的意志为转移的客观规律:对于沙皇政权一类无质的更新的可能性的绝对专制主义政体,改革是通往它的终局的道路,不改革也是通往它的终局的道路。改革与否,都不重要。关键在于只有进行质的刷新,才能有新生的光明前途。

大改革后,三代沙皇固守绝对专制君权不退让,使诸多君主立宪方案都成为泡影。大改革,把对广大下层人民群众——农民的控制,纳入到绝对主义国家政权的社会性控制范围,村社成为专制国家的基层政权单位。俄罗斯由大改革前的封建农奴主社会,转变为大改革后专制君主的皇家社会主义社会,由沙皇作为农民的"解放者",直接为农民提供社会性宗法保护,农民对国家承担社会性宗法义务。普列汉诺夫深刻地指出：村社是"皇帝—国王的'国家社会主义'。"①沙皇一类的东方专制君主对农民有一种特殊的宗法情感，对农民公社更是情有独钟。大改革后，亚历山大二世对农民训示说："你们是我的儿子，而我对于你们来说，就是你们的父亲和上帝使者。"②亚历山大二世坚信，农村公社是俄罗斯农民与国家最坚固的支柱。③

大改革后，亚历山大二世在位的 20 年，政治高压一年甚似一年，开明官僚集团中的坚定的改革派，希望沙皇能够继续改革，以改革为契机，过渡到世界时间普世性的君主政体——君主立宪，最终从社会制度上完成社会转型。改革派认为，惟其如此，才能制止大改革带来的革命运动高涨，把反对派，特别是民粹派革命活动，纳入到秩序与法制的轨道上来。从官方到民间，对俄罗斯发展道路的取向选择争论激烈，各种社会力量把自己的路径选择理念付诸社会实践，到农民和工人中间，开展宣传和组织活动。这引起了沙皇政权的政治高压反弹。

革命运动在亚历山大二世统治的后 20 年，主体为革命知识分子。政府内部的开明官僚被沙皇认为在政治上软弱，对革命运动弹压不力，却总想改造专制制度，因而不被信任与重用。大改革中的坚定的开明官僚米留金从改革开始后，遭到沙皇的疏远与冷遇。米留金在 1873 年底忧心忡忡地写道："目前的形势与 13 年前我刚步入最高统治集团时令人悲哀地形成鲜明的对比，那时社会像波浪般前进，而现在一切都在停滞不前。那时沙皇倾向进步，亲自推

---

① 普列汉诺夫：《我们的意见分歧》，人民出版社 1955 年版，第 258 页。
② G. Vernadsky：*A Source Book for Russian History*，p. 633.
③ Freeze：*Russian：A History*. p. 192.

动社会发展。现在沙皇对他创造的一切,他周围的一切,甚至他自己失去信心。"①亚历山大二世走向了大改革逻辑结果的反面,走向了自己初衷的否定立场。亚历山大二世从19世纪60年代末开始修正和调整大改革,到19世纪70年代后半期开始反革命。1879年,保守主义知识分子上书沙皇,坚决要求实现建立国会与君主立宪的政治改革。这是一个信号,标志着知识分子阶层保皇集团,也要求改变与世界时间普世性不合时宜到了极点的专制君主制。死硬的保皇派、大贵族波别道斯谢也夫在致皇储的书中,咒骂道:"我从彼得堡上流社会有教养的人们那里听到的话,使我感到耻辱,我仿佛是置身于一群民智未启的野蛮人中间。我到处都能听到一个陈腐的、骗人的和令人诅咒的字眼——立宪。"②知识分子整体性要求改变专制主义制度,保守派知识分子通过合法渠道,要求进一步进行政治体制改革。自由派知识分子则与革命民粹派知识分子建立了秘密同盟,试图通过包括暴力恐怖在内的手段,推翻沙皇专制政权。

亚历山大二世的倒行逆施,激起了革命知识分子"民粹派"活动家恐怖形式的暴力反抗。俄罗斯第一个向伟大导师马克思本人讨教的女革命家维拉·查苏里奇,出身于贵族名门,勇敢地背叛自己的家族,于1878年1月,刺死屠杀民粹主义者的刽子手、彼得堡市长费·特列波夫。陪审法庭宣判她无罪,她走出法庭受到人民群众英雄般的欢迎。查苏里奇后来在马克思、恩格斯的教诲下,由一个革命民粹主义者成长为一个坚定的社会民主主义者。苏联时

---

① G. Vernadsky: *A Source Book for Russian History*. p. 625.
② Freeze: *Russian: A History*. p. 195.

期官方对她的评价有失公允,也不符合她的革命斗争及理想信念的实际。查苏里奇是恩格斯创立的第二国际意义上的马克思主义者,恩格斯在致查苏里奇的信中写道:"我再对您说一遍,我感到自豪的是,在俄国青年中有一派真诚地、无保留地接受了马克思的伟大的经济理论和历史理论,并坚决地同他们前辈的一切无政府主义的和带有一点泛斯拉夫主义的传统决裂。"① 查苏里奇就是俄罗斯青年知识分子的这一派的杰出代表。

查苏里奇的民粹派同志,向着俄国专制统治的最高人格化身——沙皇本人发起了持续 2 年的攻击,从 1879 年 4 月开始,至 1881 年 3 月 13 日,共对沙皇进行了 5 次谋杀活动,第 5 次行动,波兰革命者伊·格利涅维茨基在彼得堡与亚历山大二世同归于尽。亚历山大二世的被刺身亡,既是他个人的悲剧,也是俄罗斯的悲剧。他的悲剧是注定的,"他的悲剧的种子深蕴在他的人格之中,是他没有能力调和自由与专制的结果"。② 大改革、解放农奴,是亚历山大二世创造历史的积极行动,是历史的功绩。同时,他是在历史时间给定的空间中创造历史的人物,一旦向他提出转换社会时空整体结构的任务,他就本能地回到了历史时间的堡垒中,来对抗根本性体制变革。历史的魅力正在于此,历史是人的创造行为,不是理念的逻辑行为。亚历山大二世同他的刺杀者一样,都是俄罗斯社会转型的祭坛上,令后世长久无法遗忘的牺牲者。如果亚历山大二世不搞大改革,也许会怡养天年,寿终正寝。君主改革者,要承担以生命为代价的改革风险。西方学者指出:"亚历山大

---

① 《马克思恩格斯选集》,第 4 卷,第 450 页。
② Mosse: *Alenxander II and the Modernization of Russia*, Taunis 1992. p. 118.

二世不想让俄罗斯成为基督教世界惟一存在奴隶制的国家。……解放者是一项危险的工作。"①亚历山大二世早于美国林肯政府取消黑奴制而先期进行大改革。亚历山大二世同历史上专制主义统治者集团中绝大多数政治侏儒比较起来,仍是一个巨人。

亚历山大三世继承父皇的宝座后,大肆镇压社会革命运动,采取一系列"反改革"措施,稳定局势,强化秩序。米留金力主继续改革,他在亚历山大三世即位不久举行的大臣会议上建议,继续进行政治体制改革,他说:"建立新的政治体制是完善先帝开创的、迄今未完成的大改革的绝对必要条件。"②改革派把希望寄托新沙皇,但亚历山大三世坚定了捍卫专制制度的决心。他在会后写道:"今天的会议给我留下极恶劣的印象。……米留金……积极地主张继续那种无论如何也要使我们成为代议制政府的政策。当然,这是不可能的,我决不允许它发生。"③改革的呼声已经是不合时宜的,新沙皇要的是秩序。亚历山大三世在 1881 年 5 月 11 日发布《保卫专制制度宣言》,宣称:"为了全体人民的利益,我们必须全力以赴保卫和巩固专制制度,击退对它的挑战。"④宣言发表后,米留金等开明官僚辞职,离开了沙皇统治集团。亚历山大三世开始了全面的反动时期,这是"一种肆无忌惮、毫无理性和残暴至极的反动"。⑤

亚历山大三世首先以反革命的恐怖,对付革命"恐怖"活动。

---

① M. Paleologue: *The Tragic Romance of Emperor Alexander II*. London 1935. p. 27.
② G. Vernadsky: *A Source Book for Russian History*. p. 679.
③④ G. Vernadsky: *ibid*. p. 680.
⑤ 《列宁全集》,第 1 卷,第 263 页。

1881年8月26日,沙皇政府颁布《保卫国家安全和社会治安条例》,该条例原为3年适用期,后一再被延长,一直延续到1917年革命爆发。该条例规定,全俄各地方当局视情况而定,有权宣布本地区进入紧急状态。任何嫌疑人均可由地方当局下达命令,不经司法程序,予以逮捕,拘押3个月或罚款500—3000卢布。内务部及其下属机构有权将嫌疑人放逐到帝国最边远的地区。地方当局视情况,有权关闭学校、工商企业,停止地方自治局和地方杜马工作,有权查封本地区的新闻出版机构。①

亚历山大三世对革命的主体阶层——知识分子与知识分子集中领域——文化教育进行大力整肃,1882年9月9日,沙皇政府颁布《出版暂行条例》。该条例撤销了大改革关于某些出版物免于检查的规定,实行无例外的普遍的报刊、图书检查制度。所有出版社和报刊编辑部,必须向内务部报告以笔名发表文章的作者真实姓名。② 1883—1884年,所有革命派刊物和许多自由派刊物遭到查禁。1882年6月30日,沙皇政府教育部发布《关于厨工子弟》的通告,禁止中学接受"车夫、仆役、洗衣妇、小店主等类人的子女入学,除非具有天赋的非凡才能,不应使他们脱离其出身环境"。③沙皇政府为杜绝贵族女子中再出查苏里奇一类革命家,于1882年停办了彼得堡尼古拉也夫军医直属队的女子医疗训练班。1886年,彼得堡、莫斯科、基辅和喀山等地高等女子讲习所停止招生。1884年8月23日,沙皇政府颁布新的《大学条例》,取代大改革的《大学条例》。新条例取消了大学自治,赋予督学和教育大臣支配

---

① G. Vernadsky: *A Source Book for Russian History*. pp. 680—681.
② G. Vernadsky: *ibid*. p. 683.
③ G. Vernadsky: *ibid*. p. 684.

大学的全权。教授和大学职员由教育部委任,从国外进口的教材、出版物等印刷品,必须送交书刊检察官审察,否则课以重罚。教授资格的取得,首要的是不能在政治上、学术上反对专制主义国家,然后按学术成就予以评定,报教育部审核、批准。①

亚历山大三世统治末年,在各领域全面地对大改革反动的基础上,为杜绝可能出现的导致代议制君主立宪的改革和自下而上的社会革命,使专制主义沙皇政权江山永固,于1892年颁布《国家根本法》。该法重申:沙皇专制制度是俄罗斯国家制度的核心。《国家根本法》以沙皇专制君权为立法核心,分为两编,共179款。第一编为"最高专制权力的神圣权利和特权",共9章81款。第二编为"皇族条例",共5章98款。《国家根本法》首先规定:"全俄罗斯皇帝是专制的、无限的君主。服从其最高权力,不仅是出于敬畏,而且是出于良知,此乃上帝的旨意。"该法还规定,沙皇专制主义君权是不受限制的绝对权力,是行政、立法机构权威的来源,"俄罗斯帝国管理的基础,是出自专制权力的、切实可行的法律、章程和规章""未经沙皇亲笔签署,任何法律均无效"。沙皇对既有法律享有效力裁决权,"依沙皇口头旨意,以诏令形式阐述,由最高权力予以全权的机关和个人宣布"。沙皇独揽行政权、立法权和司法解释权。亚历山大三世的反动是历史时间对世界时间取向大改革的反拨,昭示了历史时间观念悠久的现代化后发地域,社会转型的复杂性与曲折性。从经济实绩来看,亚历山大三世比其父皇出色得多,在其统治期间,俄罗斯经济进入到大改革后的第一轮高涨。这轮经济高涨起始于趋向反动的亚历山大二世后期,全面展开在全

---

① G. Vernadsky: *A Source Book for Russian History*. pp. 682—684.

面反动的亚历山大三世时期。由此可见,政治宽松,经济低迷,亚历山大二世大改革时期即如此;政治高压,经济高涨,是亚历山大父子走向反动时期的写照。这既是史实性观察,也昭示出某种普遍性规律。

第六章 1905年：社会转型结构变异的分水岭

俄罗斯在社会转型的世界时间与历史时间交互异化的怪圈中，蹒跚前行到1905年。在这一年，俄罗斯踏在社会转型的结构变异的分水岭上。

从这一年起，沙皇俄国走上了社会转型的另一种性质的道路，世界时间取向居主导，历史时间从对立的方面对世界时间取向进行扭曲。由大改革开始的社会结构变异，在这一年以社会革命的形式，宣告基本到位。作为社会结构变异的政治结果，沙皇政权主导的改革，由体制内改革转变为体制性改革。作为社会结构变异的社会结果，革命主体由知识分子转变为工人阶级。作为社会结构变异的经济结果，工业由自由竞争转变为垄断分割。作为社会结构变异的精神结果，社会思潮由传统性特殊化取向转变为现代化普世性取向。上述国内因素是"1905年"现象的内在要素，这些内在因素已不是单纯的俄罗斯传统因素，而是世界时间与历史时间共同作用的化合物，既有西欧的共性理念，又具有俄国的个性意识。1905年的革命，是在俄罗斯遭受民族失败的背景下发生的。社会革命与民族失败在空间上分别发生于欧俄与东方，前者发生于国内工业中心区域，后者发生于遥远的东方海陆之上。

民族失败宣告了大改革以来的沙皇体制内改革的破产，这次民族失败不是败在现代化原生地域列强的手下,而是败于改革晚于俄罗斯7年的太平洋西部海域中的蕞尔岛国——日本。这次民族失败,对于俄罗斯社会转型进程的影响是深远的。什么时候,俄国人不以白种人的自尊受到重创的感情色彩来谈论这场民族失败,俄罗斯的社会转型在精神领域接近完成了。1945年8月,伟大的苏联红军进击盘踞中国东北的日本关东军,最高统帅斯大林大元帅给红军、红海军将士下达的出征令中,就有为1905年民族失败复仇的内容。战后,苏联及其后继者俄罗斯联邦一直占据日本北方四岛,尽管它已经丧失了比北方四岛大不知多少万倍的东欧势力范围和14个加盟共和国。俄罗斯民众和政要对日本要求归还北方四岛的呼吁,几十年如一日地不予理睬。这恐怕是"第三罗马"面对黄色亚洲的一种孤傲心态。这种心态在历史上阻碍俄罗斯改革与发展,在当代不利于其与亚洲邻居平等共处。对于这次民族失败的意义,西方学者指出:"在俄国,这次失败的影响同俄国在克里米亚战争中失败的影响差不多,战争中政府经不住外国的考验,于是主张维持现行秩序的势力削弱了。这次(战争)的主要教训又是以下两点:俄国赶不上它的对手;如果俄国不做极大的努力来实现工业化,不改革教育,不改善公共福利,那么它还将遭到更惨重的失败。在大多数日本人看来,战胜俄国,就像在此之前战胜中国一样,证明了建立现代制度,尤其是实行宪政的效果是好的。在俄国,受过教育的公众认识到有此必要,但是沙皇及其许多主要官员却没有认识到这一点。1905年的失败比在19世纪50年代遭到的失败更直接更猛烈地导致革命,而要使这场革命了结,只有在政治上作出让步。然而让步是有限的,没有几年,这些让步在很大程度上就被取消了。俄国许诺实行宪政从来没有像日本领导人那样自愿或全面,无疑,一部分原因是俄国落后于西方从来没有这样明显过。"①民族失败从来都是沙皇政权实行体制内改革的直接动因,但这次民族失败迫使沙皇政权进行体制性改革,即必须在政治体制上由绝对君主专制,通过有限君主专制,过渡到君主立宪,这是沙皇政权的国体所不允许的。有限制的君主专制,是这种国体所能接受的改革的底线,越过这条线,则无异于反叛。君主立宪也是国内社会结构变异产生的诸多结果的共识。

末代沙皇尼古拉二世(1894—1917年在位)是一个坚定的绝对君主专制的奉行者,但他不是一个意志坚定者,可奇怪的是,"他一想起自己是真命天子,于是又产生了过分的自信,连他周围尚能找到的少数几个正直的人的忠谏和劝阻也听不进去"。② 1894年11月2日,尼古拉二世即位不到两周,对地方自治局代表宣布,对于宪法的任何措施,都是毫无意义的幻想。1895年4月,他再次正告地方自治局代表:"地方自治局代表中竟有些人在胡思乱想,认为地方自治局代表要参加国家行政管理。我要坚定不移地保持专制制度的原则,就如同我那令人难以忘怀的父皇一样。"③

分散的、个体的、自然经济的小生产及其宗法性社会经济组合形态是绝对专制主义君主制的经济基础,进入到20世纪,俄罗斯经济的主导要素形态发展到了垄断阶段,垄断组织对全俄各主要行业进行独占性分割。生产积聚与资本积聚同向运动,形成垄断组织。1901年,工人超过500名的大企业,占有工人总数的

---

① 布莱克:《日本和俄国的现代化》,第177页。
② M.卡斯维诺夫:《拾级而下的二十三级台阶》,商务印书馆1987年版,第139页。
③ G. Vernadsky: *A Source Book for Russian History*. p. 692.

46.7%，占全部企业人数 1.3% 的特大企业（工人数超过 1000 名）占有工人总数的 30.9%。[①] 垄断性积聚现象发生于各个行业，既有重工业，也有轻工业。1900 年，南俄 3 家冶金工厂（每家拥有工人数量超过 3500 名），占有南俄工业动力的 33%—50% 的工人，产出 40% 的冶金制品。生产的积聚也出现在空间分布上，20 世纪初，全俄形成了 8 个工业经济区：彼得堡、莫斯科、南俄、乌拉尔、波兰、巴库、乌克兰、外高加索。俄国工业垄断组织在 19 世纪 80 年代才第一次出现，主要是一些围绕铁路建设配套的重工业领域的垄断同盟，1882 年成立的铁轨制造工厂主同盟，1884 年订立的铁轨配件制造厂同盟，1886 年的轧铁、道钉工厂同盟，1887 年的桥梁工厂同盟，1889 年的铁路用品制造厂同盟。

这些垄断组织是围绕铁路建设热而兴起的、为避免同业竞争而组建的暂时性联盟。1882 年成立的铁轨制造工厂主同盟，是由彼得堡普梯洛夫工厂、布良斯克、波兰古塔邦科瓦和亚历山大等 5 家全俄最大的铁轨制造企业的联盟，其目的是为了在 5 年内共同接受制造铁轨的全部订货。垄断联盟规定：普梯洛夫、布良斯克等 3 家企业各接受全部订货的 25%，其余两家各接受全部订货的 12.5%。同盟设立统一管理处，接受订货和分配订单，按照订单进行结算。任何一家同盟企业如果不通过统一管理处而接受订单，处 5000 卢布罚款，其生产的成品每普特罚 30 戈比。同盟设立特别基金，每家企业按规定的比例缴纳基金份额。垄断资本主义的排他性与强制性，在第一批垄断组织中得到充分体现。

这一阶段的垄断组织，有时间性限制，参与和退出都有一定自

---

① 波梁斯基等：《苏联国民经济史讲义》，第 371 页。

由度。彼得堡普梯洛夫工厂是全俄最大的重工业企业,为了最大限度地获取高额、稳定的利润,它同时参与多个垄断同盟。它于1884年联合俄罗斯、法国、波兰等8家企业成立了铁轨配件制造厂同盟,为期3年。1887年到期后,再行组建,成员企业增加到11家。1887年成立的桥梁工厂同盟,到1901年已由最初的3家企业发展到全俄最大的8家金属加工企业全部参加。

垄断组织逐步由初级形态,走向成熟,由最初的卡特尔,发展到20世纪初的辛迪加。沙皇政府对于垄断组织的态度是很暧昧的,一方面向其提供大量的国家订货,另一方面又对其无限膨胀的生产能力和资源占有能力有所疑虑。19世纪末,尼古拉二世的亲信维特告诫,必须对工业垄断组织有所防范。他在致沙皇的秘密备忘录中,指出:"本世纪下半叶,我国整个经济结构发生巨大变化,导致目前市场和价格机制只反映那些构成我们国民经济主体的私人企业的利益。……要求那些大企业为国家做出牺牲,肯定会使他们烦恼。"①

沙皇政府看到了垄断企业集团的弊端,它们利用国家的保护主义关税政策,避免同国际市场优质产品竞争,坐享国家订货,延长工人劳动时间,不改善工人劳动条件,把生产成本转化为社会成本,让沙皇政府替其承担,自己独享最大限度的利润。垄断组织的这种做法,解构了沙皇政权的宗法性质,沙皇一向以全民性人格化身自居。沙皇政府于1897年6月2日颁布《工厂法令》,就工人劳动时间做出专门规定。该法令规定,工人每天劳动不得超过11个半小时,星期六和法定节日不超过10个小时;延长劳动时间由经

---

① G. Vernadsky: *A Source Book for Russian History*. p.760.

理人员同工人协商决定,不得强迫,雇佣合同中应明确规定因生产技术原因延长劳动时间的处理办法。[①]

垄断企业一旦形成规模,就按照惯性和经济规律发展下去,是一种客观的态势,并不顾及沙皇政权的好恶。垄断企业组织是世界时间普世性的阶段形态,在君主立宪制和代议民主制国家,它无限度地扩张垄断利益的行为会受到法律与社会的积极抑制与建设性疏导,使其产生的社会成本由其收益的第二次分配机制加以补偿和调节。在沙皇俄国,垄断企业与沙皇政权都是排他性独占建制,所不同的是垄断组织局限于经济领域,而沙皇政权则囊括社会生活的一切领域:垄断物质、制度和精神资源的占有权与处置权。俄罗斯垄断组织与其西方同道,最大的区别在于,它需要沙皇政权的扶掖,但不希望国家过多地对其发展设置限制。在轻工业领域,垄断组织由于依赖农业提供原料,大改革后,农民由地主统辖转为沙皇基层政权性建制——村社管理,因此,沙皇政权在组织农业资源供给轻工业企业就显得作用至关重要。1897年,全俄糖厂厂主协会成立。该协会为企业垄断组织,目的一是制定能够获取高额利润的糖品价格机制,二是开拓糖类产品出口市场。1895年,沙皇政府颁布法令,规定政府有关部门同糖业生产商组织每年制定一次国内食糖消费预测,并据确定全年糖业生产量,超产部分全部出口,换取外汇。糖厂厂主协会是落实这项法令的同业组织,该垄断组织具有代替政府行使行业战略管理职能的行政权威。该协会为了获取外汇硬通货,同优质廉价的美洲糖争夺西欧市场,采取出口补贴的办法,压低食糖的出口价格。为了弥补食糖出口造成的

[①] G. Vernadsky: *A Source Book for Russian History*. p. 757.

亏损,人为地在国内市场抬高食糖的售价,形成高额的国内市场垄断价格。广大人民群众购买力低下,无力支付日常生活必需的食糖价格,只得改掉了千百年来形成的饮食习惯,喝茶不加糖。在国际市场上,俄罗斯糖价低廉到饲料粮的水平上。许多西欧农场主,购买俄国糖喂猪。糖业生产企业是轻工业中垄断利润最为丰厚的部门。

能源生产领域,在19世纪末出现了兼有外资与官方背景的垄断组织,其中最为著名的是以诺贝尔兄弟联营公司为核心的石油工业巨头的出口辛迪加。这一垄断组织以沙皇政府财政部为依恃,迫使维特任局长的国家铁路总局,降低里海以东至西伯利亚这一广大区域的铁路运费。为俄国石油出口降低了成本,从而在国际石油市场上压倒美国石油供应商,成为世界最大的石油出口国。

生产的积聚与资本的积聚是并行的,俄罗斯金融领域第一个卡特尔协定是1881年彼得堡的国际商业银行同俄国对外贸易银行签订的。这两家银行均有德国资本参股。19世纪与20世纪交替时期,全俄性经济垄断组织达25个,仅轮船航运的垄断组织就有6个。垄断组织加速了生产积聚与资本积聚的进程与规模。

至1903年,全俄64个省的15821家工厂中,雇佣工人在100人以上的工厂占17.3%,拥有的工人占工人总数的76.9%。其中,工人在1000人以上的工厂数占1.5%,拥有的工人数占31.8%;工人在100—1000人之间的工厂占15.8%,拥有工人数占45.1%。工人在20—100人之间的中型工厂数占46.4%,工人数占19.3%;工人在20以下的小型工厂占36.3%,拥有的工人仅占3.9%。[①] 19世纪80年代至90年代中期,俄罗斯垄断组织主要形态,是几个或一些势均力敌的大型企业在产品销售价格上竞争,为避免恶性价格竞争,损害各自的利益,在销售价格上达成一致性妥协,形成垄断价格,共同分享市场。这种以一定期限的价格协定为主要内容的垄断组织形式,就是卡特尔。在19世纪末、20世纪初的世纪之交阶段,俄罗斯的垄断组织由卡特尔演进到辛迪加。辛迪加是卡特尔的高级形态,这是生产同类产品的少数大企业为了彻底垄断市场而在商品销售和原材料采购方面实现的联合,参加联合的企业在生产方面仍保有自主权。卡特尔和辛迪加都是在流通领域实行垄断,但辛迪加更为彻底一些。辛迪加成为俄罗斯在20世纪初的主要垄断组织形式,主要是由于产业积聚度高。1902年成立的辛迪加"金属销售公司",囊括了全俄30家大型冶金企业,控制该行业总资本的70%以上,拥有该行业工人的33%和全俄生铁产量的80%以上。1904年成立的煤矿辛迪加,控制顿巴斯煤田产量的75%。橡胶业辛迪加控制全俄橡胶销量,制铜辛迪加控制全俄产量的90%,制糖辛迪加控制全俄的食糖生产与销售,美国资本背景的烟草辛迪加垄断全俄75%的烟草生产。俄罗斯在20世纪初的资本积聚趋势也是惊人的,1900—1914年,俄罗斯商业性股份银行由39家增至47家,拥有资本金由2.8亿卢布增至8.36亿卢布,每家银行的平均资本金扩张了1.48倍。其中,资本金在1000万卢布的小型银行所有的资本金额度占银行业总资本金额度,由44%降至11%,而中型以上的银行拥有资本金所占的比重由54%增至89%。1914年,全俄12家最大银行占银行

[①] 宋则行等:《世界经济史》,第270页。

资本金总额的80%。俄罗斯金融垄断资本与西欧垄断资本有着千丝万缕的联系。1913年,19家俄罗斯大型银行中,有11家是有着法国、德国、英国金融垄断资本背景的。它们所拥有的资本金占19家银行资本金总额的77.3%,而其余8家名义上独资银行资本金仅占22.7%。这些西方垄断资本参与的大银行,发放长期企业信贷和受托发行企业股票,对俄罗斯企业进行控制。1914年,全俄工业和运输业股票50%以上被这些金融垄断资本掌控。俄罗斯工业垄断资本,通过股份置换等方式,向金融界渗透,在彼得堡的大银行,其流动资金的40%为煤炭、冶金、石油等辛迪加所拥有。

工业垄断资本与金融垄断资本日益融合,使俄罗斯的社会转型被经济基础的惯性制导力量,推上了世界时间普世性道路,但历史时间的特殊性的变异制导力量仍能够发挥牵制作用。垄断组织的人格化结构,就体现出历史时间特殊性的变异功能。工业垄断资本与金融垄断资本结合而形成的金融寡头具有双重性。一方面金融寡头的核心银行,都有来自西方的外资参与,使其具有世界时间普世性以经济殖民方式改造俄罗斯的被动性积极作用。另一方面,金融寡头大都具有贵族和大官僚的官方身份,又发挥着历史时间取向变异世界时间普世性进程的主动性消极作用。身兼25家银行和工业企业的经理、董事职务的石油巨头诺贝尔和煤炭大王阿伏达科夫等金融寡头就是如此。他们以巨大的经济实力影响政府决策,又利用政策增进自己的超额垄断利润。

沙皇政府为了增进自身的经济调控能力,反制垄断组织对国家的操控,大力发展另类的垄断经济——国有经济。沙皇政府把全俄60%的森林资源和90%的铁路投资作为国有经济控股部分,沙皇政权从国有经济中获利颇丰，1897—1913年国有经济利润回报率增长3倍，占国家预算的比重由34%增至60%。国家垄断资本支撑沙皇政权一直在社会转型结构性失调的恶性状态下，捱到1917年。

与生产积聚和资本积聚相伴生的是，工业无产阶级的积聚与生产生活条件的不同步改善而造成的阶级对立。阶级鸿沟在现代化后发地区，总是以直观的绝对化形态困扰着社会转型进程，发展到极端，甚至使社会转型发生逆转。此类事例，在东方世界屡见不鲜。世界时间普世性的产权制度建制，在其初级阶段总是以令人憎恶的丑陋面目出现，这是人类无法逾越的必经之路。由宗法农民转变为自由工人，是下层群众新的不幸的开始，"新被解放的人只有在他们被剥夺了一切生产资料和旧封建制度给予他们的一切生存保障之后，才能成为他们自身的出卖者。而对他们的这种剥夺的历史是用血和火的文字载入人类编年史的。"[1] 工人阶级是被暴力压迫创造出来的，"被暴力剥夺了土地、被驱逐出来而变成了流浪者的农村居民，由于这些古怪的恐怖的法律，通过鞭打、烙印、酷刑，被迫习惯于雇佣劳动制度所必需的法律。"[2] 工人阶级所面对的资产阶级，它"的力量全部取决于金钱"。[3] 俄罗斯资产阶级占有绝大部分社会财富，彼得堡银行家叶里歇也夫拥有2500万卢布的财产，莫斯科资本家索洛道夫尼科夫拥有4000万卢布的资产，索尔达乔夫拥有3000万卢布。

工人阶级承受生产与资本积聚的社会成本，进入20世纪，

---

[1] 《马克思恩格斯选集》，第2卷，第221页。
[2] 同上，第242页。
[3] 同上，第647页。

1900—1903年资本主义世界性经济危机,使俄罗斯工人阶级遭到重创。1901年,加工工业解雇了35000工人。在莫斯科、彼得堡、哈尔科夫、巴库等工业中心城市,大工厂的工人有33%—60%被解雇。失业工人达20多万。列宁创办的《火星报》在1901年底的社论中写道:"失业现象越来越严重,所有企业的工资几乎都减少了20%—30%。"①纺织业工人的月工资只有6—8卢布,女工只有3—4卢布,零工每天工资为20戈比。

工人阶级的后备力量——农民在20世纪也是举步维艰,度日如年。大改革后,资本主义因素的渗入,使得世纪之交的俄罗斯农村再也不是封建宗法制的"世外桃源",村社在瓦解,农民分化了,落魄的农民被从土地上强制剥离出来。列宁指出:"当村社得势的时候,农民中间几乎没有雇农和流亡全国找活干的工人,那时候几乎没有富人,所有的人都同样受农奴制老爷的压迫。而现在,钱成了主要的力量。为了钱,就是同村社的人,也像野兽一样打架。有钱的农夫压迫和掠夺同村社的人比一些地主还厉害。"②富农阶层的出现,是大改革的必然结果,也是村社彻底解体的社会前提。列宁对于富农在全俄农村的分布做了详细的考察。列宁指出:"应该知道,在全俄国一共有多少富农,他们的力量有多大。"③列宁接着给出了全俄农户数,大约有1000万户。农村贫民有650万户,占60%。中农有200万户,富农有150万户。富农最主要特点是雇用雇农和短工,至少雇了100万雇农和短工。④ 列宁接着指出:

---

① 波梁斯基等:《苏联国民经济史讲义》,第379页。
② 《列宁选集》,第1卷,第405页。
③ 同上,第406页。
④ 同上,第406—409页。

"全俄国(高加索和西伯利亚除外)每年发出800万张有时900万张身份证。这些都是季节工人。他们名义上是农民,实际上是雇佣工人。"①

20世纪初,农民每年还要向国库缴纳1亿卢布的大改革赎金贷款的本金及利息。没有马匹的贫农户占农村总户数的30%,50%的农户只拥有全部耕地的20%。3万个地主拥有的土地与全俄1500万小农户的土地同样多。沙皇政府为了稳定农村社会秩序,推进资本主义化农业进程,加速村社功能的消解,于1903年3月12日,废除农民连环保制度,1904年6月6日,取消农民移民的限制。俄罗斯是一个土地占有型农业国。土地的阶级分布,反映出俄罗斯社会转型的实际性状。据1905年沙皇政权官方的欧俄土地普查资料,贵族仍是最大的土地占有阶层,贵族占有欧俄全部土地的13.5%,占私有土地的61.9%;商人和市民占全部土地的3.3%,占私有土地的15%;农民占全部土地的3.3%,占私有土地的15.4%。② 作为体制内改革的中坚力量,贵族仍以绝对优势的土地保有量作为一次分配的来源和参与二次分配的基础,使其在利益来源上,天然地维系于宗法型的土地财富取向的历史时间特殊性之中,而本能拒斥市场型的土地增殖取向的世界时间普世性方式。资产阶级化的市民与商人土地财富的比例,说明其利益导向上的双重性特点十分明显,一方面以土地为本,另一方面以工商业经营活动为末;以本守末,以末促本,左右逢源,两面获利。这是俄罗斯资产阶级的内在矛盾性人格。农民土地保有量居第三

---

① 《列宁全集》,第1卷,第411页。
② G. Vernadsky: *A Source Book for Russian History*. p. 764.

位,在全俄私有土地占有量居第二位。农民与土地的直接结合,可以导致两个完全相反的后果,一个是通过宗法制土地经营方式,复归到自然经济的小农户经济状况;另一个是通过商品化土地经营方式跃迁到市场经济的大农场经济阶段。而绝大多数数据表明,俄罗斯是在向第一种情形复归。这份统计显示,85%以上的欧俄农民占有土地平均不足 4 俄亩。① 欧俄 395192 千俄亩土地中,私人占有为 85956666 俄亩,个人占有的份地为 22981193 俄亩,村社占有的重分型份地 115786390 俄亩,劳动组合占有的土地为 15778677 俄亩。② 尽管土地占有形式多种多样,但宗法制土地占有制仍居主导地位。农业的发展趋势与工业的发展趋向,呈反向行态势。农业中,历史时间特殊性的宗法制形式占据主导;工业中,世界时间普世性的资本化形式占据主导。

这样一个在历史时间与世界时间两种相反指向的社会转型动态过程中挣扎的老大帝国,如何能够应对东方新崛起的小巨人——日本的挑战。1904—1905 年日俄两个帝国主义强盗在中国东北进行的陆战厮杀,以俄罗斯战败而告终。开战前,沙皇统治集团踌躇满志,自以为稳操胜券。对西方,从克里米亚战争后,俄罗斯汲取教训,不与西欧列强开战,而对东方的日本则不屑一顾。沙皇集团认为,在国内"要制止革命,我们需要打一场小规模的胜仗"。③ 结果却遭到 20 世纪第一场民族失败,俄罗斯在 20 世纪前,一直以几何级数扩张领土,而这次民族失败却以割地作为代价。日俄战争,俄军遭到"大规模的惨败",死伤与被俘近 40 万人,

---

① G. Vernadsky: *A Source Book for Russian History*. pp. 764—765.
② G. Vernadsky: *ibid.* p. 765.
③ 谢·维特:《俄国末代沙皇尼古拉二世》,新华出版社 1983 年版,第 233 页。

消耗战争经费达30亿卢布。1905年9月5日,日俄签订《朴斯茅茨和约》,俄国承认日本在朝鲜的殖民统治地位,把其在辽东半岛的一切权益转让给日本,把长春至旅顺铁路及一切特权、财产权移交给日本,将库页岛南部割让给日本等。

日俄战争的失败,使俄国的社会转型得到革命性加速的机遇,列宁指出:"不是俄国人民,而是专制制度遭到了可耻的失败。俄国人民从专制制度的失败当中得到了好处。……专制制度是被削弱了。最不相信革命的人也开始相信革命了。普遍相信革命就已经是革命的开始。"①作为列宁的学生和继承人斯大林大元帅则另有一番见解,他在1945年9月2日向苏联人民发表的演说中指出:"大家知道,当时俄国在对日战争中是失败了。于是日本就利用沙皇俄国战败的机会,从俄国夺去了萨哈林南部,盘踞千岛群岛,并从而封锁了我国在东方的一切出海口——因而也封锁了通向苏联勘察加和苏联楚科奇的各港口的一切出路。显然,日本是想把俄国的整个远东地区夺去。"他进一步指出,日俄战争的失败"是我国的一个污点。我国人民相信并等待着总有一天日本会被打败,污点会被洗清"。② 伟大导师列宁完全超越了狭隘的民族主义视野,正确地指出了日俄战争失败对于俄国革命的重大现实意义,"在落后于历史整整一百年的俄国专制制度身上,……现在正面临着应得灭亡。战争揭开了它的一切痈疽,暴露了它的全部腐败,表明它与人民是完全分离的,并且摧毁了恺撒统治仅有的支柱。战争成为一个森严的法庭。人民已经对这个强盗的政府做出

---

① 《列宁全集》,第8卷,第36—37页。
② 转引自潘克拉托娃:《苏联通史》,三联书店1980年版,第3卷,第77—78页。

了自己的判决。革命将把这一判决付诸执行"。①

1905年是俄罗斯人民革命的元年,从元月9日(俄历,公历1月22日)的彼得堡"流血星期日"到12月莫斯科武装起义,工人阶级以革命的方式,执行着对沙皇政权的历史性判决。这些全俄范围内的革命行动虽然无一例外地遭到镇压而失败,但是彰显出工人阶级作为革命形式的社会转型主力军的巨大的历史首倡精神与实践创造能力,表明自大改革开始的俄罗斯社会转型;从革命力量配置方面,完成由自在阶层向自为阶级的转变,越过了体制内改革与体制性变革的分水岭,是大改革的质的振刷与超越,"1861年诞生了1905年"。②

从此以后,沙皇当局也不得不从绝对专制主义立场的体制内改革向有限君主制立宪的体制性变革转变。维特认为,个人主义是1905年革命的主要成因。他说:"目前人们的日常生活全部建立在个人主义的基础上。人们的基本需求和精神追求都建立在个人主义基础上,一切围绕自己的'我'打转转儿……革命在个人主义发展与由其导出的财产权、市民自由权之间造成滞差。"③维特认识到,绝对专制主义君权必须转变,否则就将被历史抛弃。他总结1905年革命,说:"毫不夸张地说,所有的叛乱,都表达了一个共同的心声:'再也不能这样继续下去了。'换句话说,现行体制必须结束了,每个人在对现行体制的仇恨下团结起来,……10月17日宣言消除了人们对现行体制的痛恨,把斗争的焦点由现行体制转

---

① 《列宁全集》,第8卷,第453页。
② 《列宁全集》,第17卷,第107页。
③ G. Vernadsky: *A Source Book for Russian History*. p.749.

到党派之争与互相仇恨。"①维特把资本主义因素在俄国增长,归结为个人主义泛滥。

在革命的1905年,沙皇当局制定了一系列应对局势的措施,其中大多数举措带有实行立宪君主制的政策倾向。8月19日,颁布由内务大臣布里根起草的《国家杜马章程》和以沙皇名义发布的《建立国家杜马宣言》。章程第一款明确指出:"国家杜马为预先制定和讨论立法建议而设立",沙皇宣言也说:国家杜马是"国家最高机构中的一个特殊的立法咨议机关"。②布里根杜马不是真正意义上的君主立宪的代议制权力机构,遭到全社会的一致唾弃,除极少数顽固的保皇派,社会舆论一边倒地提出:"打倒卑劣庸碌的政府,打倒官僚,打倒给俄国带来奇耻大辱的现制度。"③沙皇政权被逼近死角,如果不采取实质性的立宪举措,将难逃灭顶之灾。

尼古拉二世签署、发布了维特起草的《10月17日宣言》。宣言共分三款:"第一,根据人身不可侵犯和信仰、言论、集会及结社自由的原则,赐予居民以不可动摇的公民自由权。第二,继续进行预定的国家杜马选举,在杜马组成前,尽快吸收迄今仍完全丧失选举权的阶级参加杜马选举,并授权随后重建的立法机构进一步发展普选制的基础。第三,规定一条不可移易的准则,即未经国家杜马批准,任何法律不得生效,保障人民选举的代表有权实际监督朕所设行政当局之行为是否合法。"④宣言最后向全体俄罗斯国民发出呼吁:"我们吁请俄罗斯忠贞的子孙,牢记对祖国的责任,制止这

---

① G. Vernadsky: *A Source Book for Russian History*. p. 750.
② G. Vernadsky: *ibid*. p. 702.
③ 谢·维特:《俄国末代沙皇尼古拉二世》,第435页。
④ G. Vernadsky: *ibid*. p. 705.

场史无前例的动乱,同我们一起为俄罗斯祖国的稳定与和平努力工作。"①《10月17日宣言》是沙皇俄国历史上带有分水岭意义的文本,它以沙皇诏令的形式,第一次肯定了君主立宪的代议制原则和公民自由权利准则,通篇贯穿着世界时间普世性原则,是俄罗斯社会转型的里程碑式的文件。从此以后,无论沙皇还是极少数顽固的绝对君主专制奉行者如何试图重走老路,但君主立宪已经不可逆转了。当然,君主立宪的新路也充满着曲折、坎坷,否则就不是俄罗斯了。维特说:"10月17日诏书以最庄严的形式,最终而不可逆转地使俄罗斯走上了立宪道路,极大地限制了君主的权力,确定了君主和居民代表之间的关系。"②

欲行君主立宪,必须有宪法性质的立法。宪法是世界时间普世性的根本性国家基本法,历史时间特殊性的封闭社会不需要,也没有宪法概念。《10月17日宣言》颁布后,尼古拉二世带领阁臣投入到起草新的《国家基本法》的立法工作中,尼古拉二世就沙皇权力是否为无限的,与大臣们展开了争论。在1906年4月12日的文本定稿会议上,大臣索尔斯基问尼古拉二世:"陛下,您是否就第四款推迟做出决断,皇权前'无限'一词是保留还是删除?"尼古拉二世回答:"我决定采纳大臣会议的表述。"索尔斯基逼沙皇明确表态:"陛下,那是保留,还是删除?"尼古拉二世说:"是删除!"③绝对专制主义的基石就是无限制的君权,尼古拉这个末代沙皇终于脱掉了从伊凡四世开始套在沙皇身上的绝对专制主义紧身衣。

1906年4月23日,新版《国家基本法》发布,同1892年的

---

① G. Vernadsky: *A Source Book for Russian History*. p. 705.
② 谢·维特:《回忆录》,柏林1923年俄文版,第2卷,第45页。
③ G. Vernadsky: *ibid.* p. 772.

《国家基本法》一样,分为两编。第一编为"国家基本法",由序言和11章,共223款组成;第二编为"皇族条例",由序言和6章,共99款组成。新版《国家基本法》具有宪法性质,对全俄的领土、语言、国家标志、沙皇权力、皇位继承程序、立法程序、行政机构、地方政府、东正教会等国家构成要素做出了明确的规定。第一编第一章第四款规定"最高专制权力属于全俄罗斯皇帝",这一款删除了1892年版的"无限的"形容词,第7款规定:"沙皇与国务会议、国家杜马共同行使最高权力。"行政权不再由沙皇独揽;立法权,第8款规定:"沙皇享有立法创议权,但须经国务会议和国家杜马审议。"第9款规定:"沙皇享有法律批准权,没有沙皇的批准,任何法律均无效。"外交权,第13款规定:"沙皇有权对外宣战,与外国缔约。"①沙皇权力由无限转变为有限,皇权的行使的法理基础不再是"君权神授",而是程序法的实体性规范。《国家基本法》第84款规定:"俄罗斯国家管理的坚实基础是按照规定程序颁布的法律。"②

在国家权力结构上,立法机构与行政机构的职能范畴、组织形式、活动程序及工作方式等,分别由《基本法》第84—124款明确加以规定。新版《国家基本法》第8章新增为"国民权力与义务",第69—83款详细地规定了,具有资产阶级公民权内涵的各项权力与自由,国民享有择业、迁居、出国、获得财产、言论、出版、结社、集会、信仰等方面的自由,国民个人住宅和私有财产不受侵犯,非经法律批准,任何国民不受监禁与刑事追究等基本人权。新版《国家

---

① G. Vernadsky: *A Source Book for Russian History*. p. 772.
② G. Vernadsky: *ibid*. p. 773.

基本法》把无限专制君主制变为有限君主专制,是一个历史进步,是俄罗斯社会转型体制性变革的基础,但它还不是西欧意义上,即世界时间普世性内涵的君主立宪制。维特评价道,"这是一部宪法,然而是保守性的宪法,不实行议会制的宪法。10月17日产生的制度最终可望扎下根来,总之,不再有可能回到旧制度上去了。这是好现象吗?我想这是好事。因为俄国现在从各种条件和心理状态看都无法实行独裁的和权力无限的治理了。不过,只要一切依法行事,那也不坏"。[①] 维特对新版《国家基本法》的评价是中肯的。

俄罗斯政治舞台从1905年10月17日宣言发表至1914年大战爆发,以四届国家杜马和各党派、各阶层争取立宪活动为主要演出剧目。这方面史实情况,姚海先生的《近代俄国立宪运动源流》[②]一书有精彩而翔实的论述,本章不在这方面另嚎笔墨了。需要说明的是,国家层面的立宪运动,是由《10月17日宣言》和新版《国家基本法》催生的。这两个文本是这一运动的精神与体制的发生学源泉。

在精神文化领域,社会转型的结构变异接近完成,以现代性为标识的世界时间普世性内涵取得主导地位。这种现代性精神主导了1890—1917年俄罗斯社会思潮,其基本性状是现代化普世性取向,表现在政治上、文化上对历史时间特殊性的积极否定。政治上的现代思潮——社会民主主义,另有专章析述。这里仅就文化现代性思潮——白银时代做一分析。西方学者说:"俄国学研究者一

[①] 谢·维特:《俄国末代沙皇尼古拉二世》,新华出版社1985年版,续集,第273页。

[②] 四川大学出版社1996年版。

直在积极地寻找思考和描述本(20)世纪初形成的种种文化模式的新方法。……19世纪90年代到20世纪20年代这一时期被看作是一个独一无二的时代,其间曾发生了一场文化上的革命。在最通常意义上,这一时期——西方文化总体发展上的一个独特时期——是作为现代主义时期而被提及的,而白银时代这个习语常常用来标志俄罗斯的20世纪初。"[1]这一时期的俄罗斯知识分子"重新发现俄国的历史并迅速与西方融合。"[2]知识分子勇敢地走出书斋和思辨的象牙塔,把现代性理念付诸于社会实践,"对于创造了我们所谓的白银时代的精英来说,精致的唯美主义与社会关怀和革命精神共存"。[3]

白银时代是世界时间普世化现代性取向内化为俄罗斯社会精神的重要时期,也是历史时间特殊化传统性取向对俄罗斯精神统摄前所未有的消解时期,是1905年开始的社会转型全面结构变异的历史语境。这一时期俄罗斯时代精神的变异、演化是白银时代的文本,而社会转型则是它的本文。俄罗斯传统化的特殊性丧失了原质态的合法性,它存续的话语策略,从此以后,发生重大转折性变化,即应用世界时间普世性的话语与言说方式,精心构造特殊性普世化的实体语境。因为现代性是传统性无法击垮的强大实然对手,它的普世性规定是无法抵抗的,"现代性是一个特殊的文明形态,它不同于传统,即不同于先前的或传统的文化:传统文化在地理上和符号上是异质的;而现代性发轫于西方,然后传遍全世界,世界由此成为同质的世界"。[4]

---

[1] 林精华主编:《西方视野中的白银时代》,东方出版社2001年版,第1页。
[2][3] 同上,第9页。
[4] J. Baudrillard. *Forget Foucault*. New York, 1987. p. 63.

白银时代知识分子的工作,是从国民精神结构上,以文学、文论等形式,消解历史时间特殊化传统性取向,代之以世界时间普世化现代性取向。这些令后世尊敬的知识分子所从事的工作,具有巨大的艰巨性。俄罗斯传统精神文化是复杂的矛盾综合体。从空间形态来看,俄罗斯文化既非西方文化,亦非东方文化,而是处于两者之间、兼容两种文化的一种特殊性文化。俄罗斯地域广阔,横跨欧亚,地缘兼通东西方。在中世纪,从9世纪基辅罗斯建立到16世纪伊凡四世称"沙皇",俄罗斯受到东方化的拜占廷文化的洗礼和野蛮的东方游牧民族——鞑靼蒙古的征服,东方化是从基辅罗斯到莫斯科公国的文化基调,如果没有彼得大帝起始的、历经300年至今反反复复的欧化进程,俄罗斯完全就是一个东方专制主义帝国,与东方其他大帝国的相似性,远大于它与西方民族国家形态的专制王权的相异性。俄罗斯的欧化也是其向西领土扩张导致的必然结果,欧化反过来强化了俄罗斯把自己特殊性普世化的顽强信念。这种信念是俄罗斯地缘政治地位的逻辑延伸,19世纪与20世纪之交,英国地缘政治学家麦金德提出了著名的"麦金德"定律。这一定律把全球分为两大岛:由亚、非、欧大陆构成的世界岛,美洲大陆构成的美洲岛,西伯利亚至东欧平原是世界岛的核心地带。谁控制核心地带,谁就控制了世界岛;谁控制了世界岛,谁就控制了全世界。俄罗斯恰好坐落于世界岛的核心地带,地缘政治的天然区位优势,使其油然而起联结世界,以自己为轴心充当东西方桥梁的崇高使命感,在19世纪与20世纪之交,表现为历史时间特殊性普世化与世界时间现代性普世化的两种普世化的精神冲突。"俄罗斯就其历史地位和民族特征而言,它既不是纯亚洲式的,也不是纯欧洲式的。东西方两种世界之流在这里碰撞,使俄罗斯成为世界的一个完整部分"。① 俄罗斯站在自己历史时间特殊性立场上,对西欧正在进行的世界时间普世性进程,充满了悲悯之情:"谁一旦进入内部,在欧洲认识发展过程的最深层,而不是从虔诚的角度来观察,他就可以理解欧洲理性和欧洲科学的内在悲剧性,它的深刻危机,令人痛苦的贪婪,对新道路的探索"。②

针对俄罗斯特殊性普世化的图谋,大文豪高尔基坚持,必须从历史时间特殊性道路转换到世界时间普世性道路。他指出:"我们认为,历史庄严地要求正直而理智的人们去对这种独特的存在进行全面研究和大胆地批判的时间已经来临。我们需要和我们心理结构中的亚细亚积层进行斗争。"③俄罗斯民族精神的内在要素结构,决定了历史时间特殊性与世界时间普世性的斗争具有绵亘的文化张力与灵活的形式置换能力,"俄罗斯是矛盾的,是二律背反的。俄罗斯精神是任何学说所无法解释的。丘特切夫如是评述自己的俄罗斯:俄罗斯并非理智可以悟解,普通的尺度无法对之衡量:它具有的是特殊的性格——惟一适用于俄罗斯的是信仰。……而每个人都在按自己的方式信仰着俄罗斯,每个人都能在俄罗斯充满悖论的存在中找到事例来支持自己的信仰"。④ 俄罗斯历史时间特殊性普世化的目标是:"俄罗斯的创造精神终究会在世界精神舞台上赢得伟大强国的地位。在俄罗斯精神内部所发生的东西,将不再是地方性、个别的和闭塞的,而要成为世界的和全人类的,既是东方的,也是西方的。对此,俄罗斯潜在的精神力量早

---

① G. Vernadsky: *A Source Book for Russian History*. p.719.
② 别尔嘉耶夫:《俄罗斯灵魂》,云南人民出版社1999年版,第52页。
③ 同上,第50页。
④ 同上,第3页。

已有了准备"。①

俄罗斯历史时间特殊性的精神发生学与世界时间普世性理念格格不入,广袤的空间造成特殊的文化性格。别尔嘉耶夫指出:"俄罗斯民族轻易地接受了一个巨大的空间,……俄罗斯人民已为此付出了大部分精力。俄罗斯国家的规模赋予了俄罗斯人民几乎难以承受的重任,使他们处于过度的紧张状态中。……俄罗斯无边的空间依然像一个沉重的负担,压迫着俄罗斯民族的灵魂。俄罗斯国家的无界性与俄罗斯土地的无界性进入了它的心理结构。俄罗斯灵魂被辽阔所重创,它看不到边界,这种无界性不是解放,而是奴役着它。由此,俄罗斯人的精神能量就向内转,走向直觉,走向内省;它不能转向总是与构形有联系,与标示出界限的道路有联系的历史。……俄罗斯的惰性、满不在乎、缺乏首创精神、责任感薄弱,都与此有关。……恰恰是俄罗斯大地统治着俄罗斯人,而不是他统治着它。"②别尔嘉耶夫作为白银时代重要思想家,深刻地揭示出俄罗斯历史时间传统化特殊性的成因与基因。

与历史时间传统化特殊性相对应的是,世界时间普世化现代性。现代性理念肇始于文艺复兴,勃兴于启蒙运动,从19世纪开始随着资本主义全球化力量的推进,成为直至今日的话语霸权。现代性的机理是以理性统摄一切,在自然界,人类借助理性工具,认识自然,改造自然,征服自然,崇尚"知识就是力量"的进取主义,用理性手段控制自然界,为人类服务。在社会领域,坚持线性进步观念,历史发展是以进步为目的的进化过程,主张把资产阶级平等

---

① 别尔嘉耶夫:《俄罗斯灵魂》,第2页。
② 别尔嘉耶夫:同上,第31页。

主体的契约意识从经济范畴推广至政治制度等社会生活的诸领域。以社会契约形式,建立君主立宪制和代议共和制两种形态的民族国家。现代性是现代化的观念形态和目标指向。现代性是内在超越与外在泛化的精神运动,它秉持"进步"的线性理念,认为现在比过去要进步,将来比现在更进步。它的内在超越性,是超越自己既存的状态。它的外在泛化性,是用现代化的方式改造与之相对的、作为消极否定力量的特殊化传统性。现代性是积极否定性的进步思维机制与价值取向。20世纪70年代,现代性的内在自我超越,达到一个质的规定性上的跃迁,形成了后现代性。后现代性作为现代性自我超越的精神结晶,突破了现代性自身机制无法超越的公设性现代性范畴,使人类精神文明发生一次革命性的跃迁。

白银时代思想家从现代性要素的精神重构的历史深层意义上的社会转型出发,用世界时间普世性观念消解俄罗斯历史时间特殊性观念障碍机制,从事国民性现代化的基础工作。强调人的主体性,是这一时期思想家的共同特点。人的主体性,是世界时间普世化现代性的核心观念。"别尔嘉耶夫认为,社会、民族、国家并不是个性,人的个性是比社会、民族和国家更高的整体性。因此人有权利也有义务捍卫自己的精神自由,对抗国家和社会。在国家、民族和社会的生活中,我们经常可以遇到黑暗的恶魔般的自发力量,想要使人的个性服从自己,并把它贬低到仅仅充当自己的工具的水平"。[1]别尔嘉耶夫深刻地揭示了历史时间特殊性观念及其社会机制对于人的摧残,针对俄罗斯特殊性善于制造出人格化的崇

---

[1] H. 洛斯基:《俄国哲学史》,浙江人民出版社1999年版,第307页。

拜偶像,将其作为对人实行精神控制的有效手段。别尔嘉耶夫指出:"人陷入其中的偶像崇拜……激起了对待生命的魔鬼般力量,这种力量控制着人,但它不可能被朴素地现实地加以思索。兽性的人从深渊中站起来,这是强力的启示形式,它将是统治者——国家、霸权、凌驾于人之上的权力(这些一直表现着兽性的人的权力)——的最后形式。"[1]历史时间特殊化传统性的社会践行,按世界时间普世性准则来衡量,是残酷的。那么为什么包括许多知识分子在内的广大俄罗斯人没有自觉地抛弃之的觉悟呢?因为,传统宗法制为农民提供保护,使其免受资本主义化原始积累的剥夺和市场经济竞争的威胁,以民粹派为代表的俄罗斯知识分子对于资本主义的恐惧远大于对于传统性残酷体制的憎恶。别尔嘉耶夫道出这些知识分子的心理成因:"在俄国知识阶层的意识和情感中,对分配和平等的需求总是凌驾于对生产和创造的需求之上的。这一表述无论是对于物质层面,还是对于精神层面都是同样正确的:……知识阶层总是乐于接受一种意识形态,在这一意识形态中分配和平等问题处于主导地位,与此同时所有的创造活动都被摒弃。在此,他们充满无限的信任。对于将创造和价值置于主导地位的意识形态,他们总是持怀疑的态度。并且,在意志上早已决定对之加以驳斥和揭露。"[2]俄罗斯知识分子天然地倾向于分配与平等的取向,是现代化后发地域知识分子的共性倾向。这是这些地域农业文明宗法制集体主义的基因积淀的精神特质。其根源在于对世界时间普世性真理的漠视,别尔嘉耶夫说:"由于自身的历史

---

[1] 别尔嘉耶夫:《自我认识》,广西师大出版社 2001 年版,第 278 页。
[2] 基斯嘉柯夫斯基等:《路标集》,云南人民出版社 1999 年版,第 2—3 页。

地位,俄国知识阶层存在着某种不幸:对平均主义的公正、社会之善和民众利益的崇尚消解了对真理的崇尚,甚至近乎扼杀了对于真理的兴趣。"[1]

俄罗斯知识分子是俄国社会精神状况的人格标志,作为文本分析对象的知识分子,是社会转型历史语境中的本文,对其判读不能与俄罗斯社会转型性状相脱离。俄罗斯知识分子在与专制主义做斗争的过程中,同时受到世界时间取向与历史时间价值的冲突性煎熬,他们不得不把世界时间普世性与所处的历史时间特殊性环境相协调起来。别尔嘉耶夫指出:"俄国历史造就了具有如此精神结构的知识阶层。这种精神结构与客观主义和普遍主义相背离,具有这种精神结构则不可能去崇尚客观的宇宙真理和价值。俄国知识阶层不太相信普遍法则……俄国知识阶层这种与生俱来的品质造就了他们悲剧的历史。……俄国知识阶层的品质导致他们对欧洲哲学学说的误读,同时也使得这些哲学学说成为迎合知识分子特别需要的手段。与此同时,最为杰出的哲学思想却完全被置于一边。在我们这里,科学实证主义、经济唯物主义、经验批判主义、新康德主义和尼采主义均受到歪曲,并与当下的具体情境取得了一致。"[2]别尔嘉耶夫揭示出了俄罗斯社会转型背景话语下的"中体西用"语境。

俄罗斯历史时间特殊化传统性观念阻碍知识分子形成世界时间普世化现代性取向,俄国"知识分子传统的意识是整个地关注内在的政治,除了在社会兴趣方面,其他知识都非常渊博。……许多

---

[1] 基斯嘉柯夫斯基等:《路标集》,第7页。
[2] 同上,第9—10页。

受传统影响的俄罗斯知识分子,以前习惯于用自己抽象的社会学和伦理学的范畴去评价一切,一旦要求他们在如此规模的世界性事件中作出反应,便惊慌失措。……俄罗斯激进主义的地方性视野、俄罗斯的民粹派和俄罗斯社会民主党的地方性视野,并不能介入那些世界性事件。传统意识习惯于鄙视一切'国际性'事物,整个儿将它划入'资产阶级'界域"。①

别尔嘉耶夫是俄罗斯知识分子从历史时间特殊化传统性观念转变为世界时间普世化现代性取向的典范,他的精神历路也是充满艰辛与痛楚,社会民主主义革命活动是促使他完成了这一质的转变的触媒。他说:"当我作为社会民主主义者从事革命时,实质上我一直也没有成为彻底超出宗法制度、贵族世界的人。以后我就自觉地与这个世界断绝了关系。"②别尔嘉耶夫比较彻底地克服了历史时间特殊性的精神异化,他以明晰的世界时间取向,判断了白银时代俄罗斯思潮的特质,即精神结构由特殊性位移到了普世性,在这一取向性变迁过程中,历史时间的异化与对世界时间的误读交织纠缠在一起。他以最具世界时间内涵的俄国马克思主义者为剖析对象,揭示出了马克思主义与前资本主义社会或不发达资本主义社会相遇而出现的某些共性现象。他说:"我们的马克思主义知识阶层,正是在生物唯物主义这一特殊层面上对阿芬那留斯的经验批判主义进行接受和解释。因为,这有利于对历史上的唯物主义范畴进行确证。经验批判主义不仅成为社会民主主义者的哲学,而且甚至成为'布尔什维克'的社会民主主义者的哲学。

---

① 别尔嘉耶夫:《俄罗斯灵魂》,第44—45页。
② 别尔嘉耶夫:《自我认识》,广西师范大学出版社2001年版,第12页。

……阿芬那留斯完全没有料到他……被卷入分属'布尔什维克'和'孟什维克'的俄国知识分子的论争之中。转瞬之间,'纯粹经验批判'仿佛原来是一本社会民主主义信仰的'具有象征意义的书'。在马克思主义知识阶层为数众多的群体之中,人们未必阅读阿芬那留斯,……许多人可能真诚地将阿芬那留斯视为最具禀赋的'布尔什维克'。事实上,阿芬那留斯与其他任何德国哲学家一样,与社会民主政治关系甚少。……假如阿芬那留斯果真像波格丹诺夫、卢那察尔斯基等先生想象得那般简单,假如他的哲学真是以智力为中心的生物唯物主义的话,那么他也毋须创立独立于所有前提的各种体系;他本人也不会被公认为极睿智的、逻辑严谨的哲学家——关于这一点,甚至连他的论敌现在也不得不承认。事实上,具有经验批判精神的马克思主义者,如普列汉诺夫等,他们在将唯物主义拱手让与如此落伍的'孟什维克'时,并没有自封为唯物主义者。与此同时,经验批判主义在他们那里具有一种唯物主义和形而上学的色彩。波格丹诺夫先生热诚地传布自己关于形而上学的粗陋的杜撰,……而卢那察尔斯基先生则基于阿芬那留斯哲学,甚至创立了无产者的新型宗教。"[1]别尔嘉耶夫的这段阐述,充分展现了俄罗斯具有世界时间观念的马克思主义知识分子,对于现代性精神产品的误读,以及结合俄罗斯国情加以简单化的应用,所带有的一系列问题。这些问题是社会转型深入到精神领域的必然反映,也是社会转型步入普世化现代性道路的前提。没有这样一个过程,社会转型仍将在普世性与特殊性互逆的怪圈中打转。

俄罗斯知识分子对现代性精神的内在对立——唯物主义与唯

---

[1] 基斯嘉柯夫斯基等:《路标集》,第13—14页。

心主义,不甚明了,包括卢那察尔斯基等早期布尔什维克理论家,像别尔嘉耶夫上引文中所谈到的那样,对现代性精神产品作出依据特殊性语境的话语移入与重构,闹出了变唯心主义为唯物主义的笑话。列宁指出:"马赫和阿芬那留斯都是 19 世纪 70 年代出现于哲学舞台的,当时德国教授中间的时髦口号是:'回到康德那里去!'这两位经验批判主义创始人在哲学上的发展正是从康德那里出发的。"① 康德是德国唯心主义哲学大家,阿芬那留斯的经验批判主义是康德唯心主义思想体系的发展。他以实证话语,论证唯心主义的实质结论。他强调经验的哲学作用,让俄罗斯相当一部分马克思主义知识分子误以为他是唯物论者。列宁指出:"马赫和阿芬那留斯的整个学派愈来愈明确地走向唯心主义。"② 别尔嘉耶夫从另一个角度,得出与列宁一致的结论。现代化后发地域知识分子的世界时间普世化现代性取向的明晰与坚定,是社会转型健康行进的精神保障。俄罗斯在 20 世纪初显然不是这样的。

---

① 《列宁选集》,第 2 卷,第 196 页。
② 同上,第 364 页。

第七章　斯托雷平改革:普世性取向与特殊性路径的困局

1905年是俄罗斯社会转型的临界点,穿越过这一年,世界时间普世性取向替代了历史时间特殊性取向,在俄罗斯社会空间性结构变迁中成为主导,但在践履的路径模式与操作范式上,历史时间特殊性仍是主要政策工具。普世性取向与特殊性路径的纠葛,缠绕着俄罗斯,一直到1917年,最终在革命之中,对立的双方同归于尽。但其余绪的变态延续,困扰着苏维埃国家及其后继者俄罗斯联邦直到21世纪。

1905年的沙皇《10月17日宣言》和1906年4月颁布的新版《国家基本法》,标志着大改革开启的俄罗斯社会转型,由体制内改革进入到体制性改革的新时段。1906—1916年是体制创新意义上的10年,如果没有第一次世界大战,它依存的国际性时空结构,为它的自我变革提供足够宽容的时间性资源。可以设想,俄罗斯将是世界上最大的巨型、非民族国家的、跨族际开放式君主立宪制政治实体。这样的制度性建构,将是20世纪人类政治实践的非激进主义取向的进步创新。当然,俄罗斯在20世纪作出的是另一种带有世界性意义的制度创新。

从1905年开始,俄罗斯的社会转型在体制性改革的牵动,进行着带有"惊险一跃"的冒险性质的跨社会系统的变迁。因此,可以将1905年作成学理研究的切片,将这一历史性年份抽象化。所有社会历史性进程都是可以切片化和抽象化,只有这样才能超越考据之学的史料堆砌,不畏浮云障望眼,去无限逼近历史的本质,而不是在内在矛盾的史料丛中,去接近或拟造自己的预设。当然,有的论者肯定会对此持有异议,但笔者认为,分歧不在于如何运用史料,而在于依据史料作出的结论的发生学界定。目前,文献和论著对1905年的评价,更多的是史料鉴定性的论述,而非历史哲学的透视。西方的论点汇集,可参阅《斯拉夫评论》2001年发表的《20世纪回顾》中"1905年革命"部分。俄苏对此的述论,可参阅莫斯科大学学报历史学卷1994—2000年俄国历史世纪回顾相关论文。国内学者到目前为止的论述,从学术创新度和史料占有量上,尚无法同俄苏与西方学者相提并论。

1905年切片化,是对于社会转型由量到质作出学理判断的前提。1905年是俄罗斯社会变迁发生质变的标志性年份,以革命的形式表明了社会变迁的深度和广度,以突爆的方式显示了此前的社会变迁进程销蚀了既有的合法性资源,亟须以新形式的合法性资源来代替,这不仅是社会下层的要求、知识分子的追求,也是社会上层的共识。沙皇在《10月17日宣言》中允诺给予俄罗斯人民世界时间内涵的基本人权和自由,在《国家基本法》中明确规定皇权的限制性原则。政治制度的质变是社会转型质的跃迁的前提与结果,是社会转型跨社会体制形态超越性进程的关键性临界点,是契机与轨迹的复合产物。

社会转型的质的跃迁,离不开契机。契机的出现,离不开转型轨迹的积累性推进。只有这样,契机才能在社会转型变迁轨迹与切片化时间点相遇,引发质的变迁的显像化。社会转型是现代化后发国家的共性现象,而现代化研究的基本方法论是对照比较,即在现代化原生与次生形态国家之间进行同一参照系中的异差比较,来论证一个直观的结论,即次生之所以为次生、原生之所以原生。笔者试图通过切片化方法,在次生与原生的既定格局基础上,以特定时段的特定国家的特定事件,发现超越原生与次生界定的可能存在的第三种可能性。这仅是学理构造中的可能性,而非史实砌构中的可能性。但这正是学理研究,特别是人文学科研究的吸引力所在,超越实证科学和经验性学科的所谓科学精确,把人的历史还给人文思维领域。

在逻辑的时空四维学理构造中,按照尺度的尺度设定的主体性坐标看待社会转型,可以发现在史实性现象,而不是史料性表象,其中有通往学术研究的耶路撒冷圣殿山的潜在道路。这就是主位理解与客位方法的哲学思维和客位理解与主位方法的史学方法,提供的开放互动的文本空间。这一以文本为载体的、针对特定的本文、超越绝对化取向的相对性主导的思维运行程序性过程,其基础是进行学理公设的转换,即用世界时间取代原生形态,用历史时间取代次生形态,用动态的时间取代静态的界定。用世界时间普世化取代次生形态现代化,用沟通性泛化取代强制性泛化。

1905年的切片化,是世界时间的学理性诊断构造。世界时间不是世界历史大事年表,是世界发展空间取向的时间界定。俄罗斯1905年的切片化,必须放在世界时间框架内考察,才具有质的规定性刷新的意义。切片化是指在世界时间背景话语中,特定时间的特定空间,各种影响社会转型的相互作用力对变迁进程某个质的转折点的引发的图谱化分析。在各种变化因素关联在一起的局势中,产生出一个同向的合力发展过程。这个合力发展过程中,会产生出整合性的单一主作用力,取代那些诉求可能完全相反的、迫于形势、自觉或不自觉的诸多作用力所形成的合力。因为这种"合力"内部矛盾的尖锐性远大于合作的可能性,只能削弱社会转型新的质的成分代替旧的要素的能力。

新的社会转型的主推动力,不是在真善美的乌托邦条件下形成,而是在利益矛盾的残酷斗争中产生的。这正是经典作家所说的"恶是历史进步的推动力"的人性底蕴所在。

被历史选择为充当历史进步的"恶的工具"的是斯托雷平。俄罗斯历史时间特殊性从彼得大帝开始,以世界时间普世性为敌对目标,在不同时段采用不同的话语策略和体制对策,诉诸于合法性资源的主导性组合,使世界时间普世性的进程扭曲、异化,在取向上向历史时间特殊性复归。世界时间普世性改造俄罗斯的担当者斯托雷平,是欧化贵族家庭出身,是在世界时间的精神培养基础上成长起来的大臣。在推行世界时间普世性取向的改革中,其态度之坚决到了残酷无情的程度。历史时间特殊性取向的集团自不待言,就是世界时间普世性取向的集团内部,对他也是啧有烦言。同为世界时间取向的大臣维特讥评他道:"斯托雷平的力量在于他有一个无可置疑的优点,那就是他的气质,就气质来说,斯托雷平是一个治国之才,……斯托雷平尽管具有高度的气质,但他的思考极为肤浅,几乎完全没有从事国政的修养和教育。斯托雷平的这些品质很不平衡,就所受教育和思考能力来说,他只有一个士官的水平。然而,皇上和宫廷人士显然赏识他那种毫不畏惧的勇敢精神,至于别的品质,没有人能作出足够的评判。"[1]世界时间取向面临

---

[1] 谢·维特:《末代沙皇尼古拉二世》,续集,第394页。

最大的困扰是,自大改革以来沙皇政府实行的以宗法村社为基础的皇家社会主义社会经济体制建制。斯托雷平改革的目的,就是要通过强制解散村社,从社会经济基础上,消除宗法制的皇家社会主义建制,建立市场化的国家资本主义体制。这是1905年的逻辑与现实的必然要求,尼古拉二世对此很清楚,他全权授予斯托雷平推行世界时间普世性取向的深层次改革。

面对强大的反对力量,斯托雷平像挑战风车的堂·吉诃德,但他凭着维特"推崇"的勇敢气质,居然取得了胜利。斯托雷平把他的改革方案提交给第二届国家杜马审议时,"俄罗斯所有政党无例外地反对他的改革。保守政党和革命政党都要求保存村社。前者从斯拉夫派的理念出发,把日趋衰落的村社作为俄罗斯古老传统的一部分加以保留。社会主义党派认为村社土地占有制比千百万小农土地占有制更容易过渡到社会主义。社会民主党的两派都反对斯托雷平改革,因为这一改革将造就出强大的约曼(yeomanry)阶层,危及革命进程。他们认为,改革不能局限于解决土地问题,还应解决更深层次的贫富差距问题,因为只有少数人有能力按市场价格购买土地。社会革命党坚持土地交给村社,由村社租给农民耕种。立宪民主党批评改革不够激进,斯托雷平方案为广大的自耕农提供了反对给地主提供适当赔偿的法律文件。立宪民主党参加到左翼批评阵营,因为他们需要左翼支持其政治改革计划,即把不健全的君主立宪改造为真正意义上的国会君主制"。[1]

斯托雷平面对的社会形势与杜马的情形,形成鲜明的反差。

---

[1] M. Dziewanoski: *A History of Soviet Union*. Prentice-Hall, 1985. pp. 71—72.

1905年后，俄罗斯社会的当务之急是用世界时间内涵的新方式，解决农民的土地问题，农民以暴动方式，表达渴求土地的绝望心情，仅1905年秋，全俄33％以上的县份发生农民起义。1905年10—12月，农民起义达1590次，相当于1905年全俄农民起义总数的一半，农民捣毁地主庄园达2000个。① 农村的局面已经是爆炸性的了。斯托雷平的农村改革方案，是世界时间取向在当时历史条件下，解决农村、农民、农业问题，具有可操作性的方案。第二届杜马却充当了历史时间扭曲社会转型的工具，拒绝审议斯托雷平的改革方案。历史的悖论在显示着自己客观性的力量，第二届杜马是左派占优势的一届，在全部528个席位中，由社会民主党、社会革命党、人民社会党、劳动派组成的左派，共获222个席位，占总数的43％。左派阵营在社会发展取向上并不尽一致，社会革命党是19世纪后期民粹派的继承者，主张以村社为载体，经过革命，直接进入到社会主义阶段。社会革命党组建于1901年，以土地社会化和建立联邦政府为政治纲领。社会革命党在20世纪初，应用世界时间内涵的西方社会主义思潮来使自己的政纲，更加具有吸引广大贫苦农民的亲和力，坚决主张实行以村社为主要载体的土地社会化或国有化，以农民利益代表自居。社会革命党在反对沙皇政府的斗争中是坚决的，继承了民粹派的革命恐怖主义斗争路线，对沙皇政府要员进行过几百次成功与未遂的谋杀活动。十月革命后，社会革命党对苏维埃政权继续其暗杀活动，1918年夏，女社会革命党人卡普兰枪击列宁，造成这位伟人身罹重创，于1924年1月过早地离开了他所开启的创造人类文明新纪元的伟大历史

---

① 孙成木等：《俄罗斯通史简编》，下册，第318页。

性事业。

　　社会革命党同社会民主党都是信奉马克思主义学说的政党，社会革命党吸收了共产主义理论，但认为马克思的社会发展阶段论的历史唯物主义不适合俄罗斯实际情况。此时的社会民主党则在列宁领导下，全面地实践着马克思主义关于社会主义革命的基本理论，认为俄罗斯与其说是受资本主义之苦，不如说是受资本主义不发达之苦（列宁语）。社会民主党对于一切可能导致增强沙皇政权力量的图谋都予以反对，因此，可以说，虽然社会民主党和社会革命党同样对斯托雷平改革方案持反对态度，但出发点完全不同。社会革命党坚持村社立场，反对斯托雷平改革。社会民主党反对斯托雷平改革，是认为这种改革举措将在农业领域极大地拓展资本主义生产方式，从而增强沙皇政权力量和合法性。因为斯托雷平改革前的俄罗斯土地制度，"不仅地主土地占有制是中世纪式的，而且农民份地占有制也是中世纪式的"。[①] "要在俄国建立起真正自由的农场主经济，必须'废除'全部土地——无论是地主的土地或是份地——的'地界'。必须打破一切中世纪的土地占有制，必须为自由的业主经营自由的土地铲除一切土地方面的特权"。[②] 斯托雷平改革正是为了达成这样的目的，这是俄罗斯社会转型的必由之路。尽管历程是痛苦的，但是必须得走，也是不得不走的。这个实现社会转型的质的跨越的"恶"的工具，由斯托雷平来承担了。

　　斯托雷平改革，体现出社会转型中体制性改革的基本共性特

[①] 《列宁选集》，第1卷，第770页。
[②] 同上，第771页。

点,用历史时间特殊性路径去贯彻世界时间普世性取向。斯托雷平用暴力的强制手段,这一极富俄罗斯历史时间特殊性内涵的举措,来推行世界时间普世性取向的改革方案。他的施政方式是得到尼古拉二世首肯的。1907年6月3日(俄历),斯托雷平迫令55名社会民主党代表离开杜马,逮捕其中16位著名的代表。他的借口是20世纪新权威主导型社会转型中屡见不鲜的,即社会民主党企图发动起义,推翻沙皇政权。斯托雷平的指控是缺乏法理依据和事实根据的,维特指出:这一指控是"为解散杜马找个借口。……在很大程度上是故意炮制出来的,是有夸大的,不存在这样的图谋,这一切在很大程度上是内务部搞的。……这样做是为了造成一个国家面临危险的假象,为了使舆论更容易接受1907年6月3日的国家政变"。① 维特认为这次国家政变是不合法的,"这次政变从形式来看,完全违反了1905年10月17日以后我在任时颁布的国家根本法"。②

同日,沙皇颁布了解散第二届国家杜马诏书。尼古拉二世煞有介事地在《诏书》表示:"我痛惜地获知,第二届国家杜马中某些代表彻底地辜负了人民和我的期望。许多人民选出的代表,没有热情为增进人民的福利,增强俄罗斯国力,改善俄罗斯社会而努力工作,相反却执著于分裂国家,制造动乱。……沙皇有权撤销本届杜马,进行另一次杜马选举取代它。"③沙皇背弃了《国家基本法》和《10月17日宣言》中,不经杜马同意不得颁布法律性政令的规定和承诺。沙皇认为,第二届国家杜马给斯托雷平内阁进行改革

---

① 谢·维特:《末代沙皇尼古拉二世》,续集,第398页。
② 同上,第399页。
③ G. Vernadsky: *A Source Book for Russian History*. p.788.

的工作,造成了"难以逾越的障碍"。①

斯托雷平改革是社会转型悖论性质的标本,推行世界时间取向性改革,要靠历史时间特殊性手段,也就是说,实现目的的手段,是目的的否定性力量。在改革的动态资源配置中,异质性的异化,使本来就已经十分复杂的演化进程,更增添了雾里看花的扑朔迷离,人们的感性与理性,被利益取向支配,不能够清晰地去把握世界时间普世性在特定的空间中的运程。利益成为社会动员的最后手段。

斯托雷平是清醒的现实主义政治家,他知道在代议制民主条件下,俄罗斯的国情、民情将使他一事无成。一方面他担起"恶人"的恶谥,挥舞"斯托雷平领带",以恶的残酷形式,向着以善的绝对形式出现的俄罗斯历史时间特殊性人格化群体打杀过去。另一方面,他清醒地知道,俄罗斯国家没有剩余资源,使农民从腰包里到餐桌上都能享用到改革的成果,他惟一可以用来进行社会动员的手段,就是利益预期。斯托雷平进行改革的利益动员,不是利益均沾的宗法制平均主义的结果平等,而是利益增殖预期开放式市场化的起点平等。利益动员的精神感应吸纳力很强,可以在较短的时间把农民积聚到政府的政策周围。利益动员也是一把双刃剑,它既能够造就亲政府力量,又能够导发敌视政府力量。体制性改革到了单一性地使用利益动员手段的时候,距离体制崩溃的总危机已经为时不远了。斯托雷平推行改革的社会动员资源,除了利益导向外,其余的都枯竭了。斯托雷平改革在利益动员导向下,短时期内取得突爆性增长成果,其代价转化为体制成本,使改革成果

---

① G. Vernadsky: *A Source Book for Russian History*. p. 788.

与体制稳定成反比例关系。改革成果越大,体制越不稳定。随着时间推移,体制成本大于体制的吸纳极限,改革与体制处于临界状态,一个看似偶然的不经意的契机,就可以使看似万年永固的体制"双塔"在不经意之间垮塌下来,倒下的不只是体制,还有随之殉葬的改革。1917年的二月革命就是如此。1979年1月的伊朗伊斯兰革命也是如此。类似的例子,实在多到使人不经意的程度。问题的症结在于,世界时间普世性取向的改革,能否使用历史时间特殊性的工具来推行。如果能够,两种完全相反性质的工具与目的,应该如何精细地配置,使内在异化的内耗趋于最小,使其产生的综合效益达至最大化,推动体制整体性、稳健地变迁,在预定的成本率范围内,达到预定的社会转型目标。这是一个现实性很强的学理课题,也是极富操作性的实践问题。在1861年后世界现代化第二波形态国家中,从俄国到日本,似乎都没有解决好这个问题。俄国,改革与体制在社会革命中结束。日本,改革与体制在民族失败中更生。历史时间特殊性内涵的体制,通过世界时间普世性取向的自我改革,从体制内改革起步,过渡到体制性改革阶段,从日本与俄国的实例来看,都没有逃脱改革与体制玉石俱焚的结局。如果不能够破解这个难题,那么为什么在世界现代历史上,直到当代还有许许多多的改革此伏彼起的进行呢?我们怀着无限真诚的期许,寄希望于21世纪在世界东方的古老土地上,能够超越历史上改革与体制的悖论性怪圈,创造出无愧于文明古国伟大文化的新的具有普世性价值的现代文明。

体制内改革导向是抑制性的,而体制性改革导向是激励性的。大改革强化的村社是抑制性建制,斯托雷平改革则是打破村社的激励性举措。大改革以村社为主体的皇家社会主义建制,是东方专制主义的社会基础,也是经典作家在《共产党宣言》第三章批判的反动社会主义中封建社会主义的变种。恩格斯指出:"东方专制制度是基于公有制。"①当然,这种专制主义是以封闭的宗法制自然经济为物质前提的,"各个公社相互间这种完全隔绝的状态,在全国造成虽然相同但绝非共同的利益,这就是东方专制制度的自然基础"。②农村公社是农业生产与手工业活动直接结合,劳动者与生产资料以村社为载体而结合的宗法性质社会建制。它既是专制主义国家形态的细胞,又是巩固专制君主政权的因子。马克思指出:"我们不应该忘记:这些田园风味的农村公社,不管初看起来是怎样无害于人,却始终是东方专制制度的牢固基础。"③"农村公社的孤立性、公社与公社之间的生活缺乏联系、保持与世隔绝的小天地,并不到处都是这种最后的原始类型的内在特征,但是在有这一特征的任何地方,它总是把集权的专制制度矗立在公社上面。"④村社是历史时间特殊性在世界时间普世性进程中,保存自己特质的社会性工具,其余续直到20世纪中期,仍花样翻新地层出不穷。20世纪50年代,柬埔寨的西哈努克亲王从法国游学归来,被激进主义内涵的法兰西精神洗刷过的东方专制主义头脑,冒出了灵感的火花,在全国推行组建农业劳动组合形式——村社的皇家社会主义。结果搞得民怨鼎沸,被其族亲朗诺元帅发动政变推翻,流亡国外。西哈努克的皇家社会主义是后来波尔布特主义的序曲。20世纪70年代后期,在1976—1978年,红色高棉政权

---

① 《马克思恩格斯全集》,第20卷,第681页。
② 《马克思恩格斯全集》,第18卷,第618页。
③ 《马克思恩格斯全集》,第9卷,第148页。
④ 《马克思恩格斯全集》,第19卷,第445页。

在波尔布特领导下,实行取消货币与交换关系、完全配给制的"共产主义化"措施,把全国公社化,组建城市公社和农村公社。对一切不满的人残酷镇压,1978年时,柬埔寨全国人口尚不到800万。据大赦国际资料,仅1976—1978年的三年时间有150—200万柬埔寨人民被迫害。这一切都发生在国家公社化运动之中。公社在现代世界的作用,恩格斯早在19世纪就揭示出来:"公社,在它继续存在的地方,在数千年中曾经是从印度到俄国的最野蛮的国家形式即东方专制制度的基础。"[①]

从大改革至斯托雷平改革不到50年的时间里,俄罗斯农村中资本主义因素得到了充分的生长,农民处在宗法制村社社员向小自耕农(yeomanry)转型之中,农业生产方式由集体劳动向个体劳动转换。农民开始分化,农民中的贫富差距逐渐拉大。世界时间普世性趋势在俄罗斯农村潜滋暗长,但受到村社体制的强有力的遏止。两种针锋相对的力量在俄罗斯大地,以农民为主体进行着较量。随着人口的增长,农民从农业生产中剥离出来的比例增加,农业生产趋于集约化和规模化。规模化和机械化是世界时间现代农业的普世性内涵。1863年,全俄人口为69959500人,到1897年增至12564万人,翻一番。同期,城市人口由1863年610万人,增至1680万人,增加近两倍。城市人口占总人口的比例由1863年的8%,增至1897年近14%。农业人口仍是全俄的主体,占76%,达9700万人。

人口压力迫使农业生产加快发展,1861—1890年,欧俄农业区粮食播种面积由8250万俄亩增至10380万俄亩,净增25%。

[①] 《马克思恩格斯全集》,第20卷,第197页。

这一时期,俄罗斯粮食增产,主要是靠外延式再生产方式取得,扩大播种面积,加大人力、畜力的投入,是粗放式的规模化。同期,每俄亩粮食产量由29普特增至39普特。年均粮食总产量由19亿普特增至33亿普特。农民人均粮食产量,19世纪60年代为20普特,90年代增至25普特。同期,畜牧业也有了一定程度的发展,马由1550万匹增加到1970万匹,牛由2100万头增到3090万头,羊由4420万只增加到4630万只,猪由940万头增到1300万头。

农业生产商品化率提高,参与国际市场分工。19世纪50年代后期至20世纪初,俄罗斯农业在大改革的资本主义市场导向推动下,生产结构的商品化与外向度逐年提高。1855年,俄罗斯出口谷物为6900万普特,到1875年增至25700万普特。1876—1880年,谷物出口量为28700万普特,1896—1900年,出口量增至44400万普特。在不到半个世纪的时间里,俄罗斯谷物出口增加近7倍。这是整个20世纪俄罗斯农业无法企及的空前高涨时期。

农业高涨带动了相关产业的发展,畜产品的商品化与外向度同样大幅提高,1866—1894年,黄油出口由189700普特增至367800普特。1901年,欧俄地区铁路运送的奶及其制成品达700万普特。

农业高涨刺激了机械化应用水平的提高,1876—1894年,全俄农机消费量增长2倍多,俄制农机产量增长3倍多。俄罗斯农田辽阔,收获季节,人工不够,因而收割机应用得最多,1870年全俄有780台收割机,1895年增至27000台。农业发动机由1878年的1351台,增至1901年的12091台。人工打谷,每天脱粒不超过200普特,马拉脱粒机,日脱粒量不超过800普特,10匹马力的蒸汽脱粒机,日脱粒量最高达 2500 普特。机械化是俄罗斯农业生产在 19 世纪后半叶至 20 世纪初期高涨的重要支柱。

农业生产方式在大改革后抑制性的村社体制下,发生了"悄悄的革命性"变化。雇佣劳动成为日益普遍的农业生产方式,资本主义因素渗透进历史时间的农业经济基础性结构中,19 世纪 60 至 90 年代,农业生产中雇工由 70 万人增至 360 万人,占农业男性劳动力的 20%。大批农民转进到商品化农业产区,当雇工,每天劳动最多达 15 个小时,工资比在农村的报酬高 20%,而"业主从工人身上'榨取'的劳动量要高 50%"。[①]

农业中的资本主义因素增长与农民分化成正比,大改革头 20 年,村社势力强大,农民分化并不十分明显。进入到 19 世纪 80 年代,随着农业商品化程度加大,生产全面高涨,农民的分化加快、加深了。农民分化为富农、贫农及游移其间的中农。据 1890 年抽样统计,全俄富农户占全体农户的 20%,贫农户占 50%。20% 的富农户占份地总量的 32%,50% 的贫农户只占 3.7%。购买土地的富农户占 74%,贫农户仅占 9%。租地户中,富农占 60%,贫农占 11%。富农是资本主义农业生产方式的承载者,富农生产转变为资本主义农场生产经营,需要有两个前提条件,第一,自由购买土地,积聚土地;第二,自由雇佣劳力,集约生产。

村社制度是富农进行土地积聚与劳动积聚的资本主义生产经营活动的瓶颈。1877 年,欧俄土地总量为 39100 万俄亩。其中 13100 万俄亩为村社中的农民份地。9340 俄亩为私有土地,其余为国有土地。9340 万俄亩私有土地中,贵族地主在 1865 年,占有

---

① 《列宁全集》,第 3 卷,第 211 页。

7910万俄亩,1905年减持到5320万俄亩,40年内贵族地主出卖了近2600万俄亩土地。这些土地落到了商人和富农手中。贫农人口增加,人均占有土地却在减少。1861年,欧俄农民男性人口为2360万,人均占有土地为5.1俄亩;1900年增至4420万人,人均占有土地缩减为2.7俄亩。农民与土地的矛盾十分突出,富农经济的发展已不可逆转。村社体制既保护不了贫农的利益,又阻碍富农经济的集约化、规模化发展。

村社顽固地在土地方面,坚持宗法制集体主义生产方式。1892年,在欧俄粮食产区5个县土地租种情况调查数据显示,村社是土地租种的大户。在切尔尼戈夫省科泽列茨县,公社租种土地为2304俄亩,农民个人(以富农为主)租种土地为481俄亩;塔夫利达省第聂伯县,公社租地38391俄亩,个人租地7476俄亩;塔夫利达省别尔坚斯克县,公社种地9452俄亩,个人租地3459俄亩;塔夫利达省梅利托波尔县,公社租地32163俄亩,个人租地16422俄亩;喀山省亚历山大里县,公社租地10040俄亩,个人租地1457俄亩。[1] 村社通过租种土地,扩大村社的耕作面积,应付农业人口的增长和农业生产商品化率的提高,以此为手段拴住农民。

村社对农民进行宗法制集体主义控制的政治前提是土地,经济基础也是土地。1905年,欧俄12297950户农民,拥有土地138767587俄亩,其中村社农民9479912户,拥有份地115390383俄亩,占农户总数的77.2%和土地总量的83.4%。[2] 1900——

---

[1] 苏联科学院历史所:《苏联农民史》,莫斯科1990年俄文版,第2卷,第197页。
[2] C.杜勃罗夫斯基:《斯托雷平土地改革》,莫斯科1963年俄文版,第189页。

1905年,20世纪头5年,欧俄地区村社大举购置土地,共购买536890俄亩,农民个人购买95159俄亩土地,村社购地量是农民的6倍。[①]

村社占有的土地越多,它对农民实行宗法制集体主义控制的能力就越强,阻碍富农经济向资本主义农业经济转变的副作用就越大。沙皇政府对村社在20世纪初期的发展走势,不无忧虑,认为不但在经济上效率低下,而且在政治上成为农民命运的主宰,是对统一的以沙皇为最高代表的俄罗斯国家权威的"分割"。"公社严重妨害农民经济更进一步发展,同时它又保护农民经济,使其无破产之虞。由于一户农民的条田分布在不同地块,农民每年都可以获得中等的收成,旱年在低洼地带得到收获,涝年则从高地取得收成。"[②]沙皇官方农业经济学家李梯恩指出:"农业公社不仅在经济是无效的,而且它是一个强制性组织把国家与农民的直接联系给分割开来。正是这种'分割',使得村社农民不能高效地进行农业生产,也不能进入急需劳动力的工业领域。"[③]1904年,时任萨拉托夫省省长的斯托雷平,向尼古拉二世呈递奏章,要求取消村社制。他指出:"村社丧失应用先进农业生产技术的能力,也丧失了对于农民生活的基本保障作用。……农民一旦可以自由地退出村社,他就会成为独立的、拥有财产的、为国家尽义务的公民。村社已经丧失了存在的理由"。[④]

[①] C. 杜勃罗夫斯基:《斯托雷平土地改革》,第157页。

[②] A. 恩费莫夫等:《1861—1914年俄国村社特点》,载《苏联历史》1980年第4期,第30页。

[③] G. Vernadsky: *A Source Book for Russian History*. p.763.

[④] *Ibid*, p.802.

斯托雷平认识到,村社对农民的宗法束缚,是把大改革赋予农民的公民权,由村社集体行使,农民个人仍要受到村社的人身束缚。启动新一轮改革,必须对农民进行有吸引力的利益动员,用激励性的资本主义取向的改革举措,扫除掉大改革建立的抑制性体制建制——村社,从法理上再次明确大改革已赋予农民的公民权利,由农民个人全权行使,毋需村社集体代为行使,更不允许村社对农民人身自由与权利进行任何强制性分割与限制。1906年10月5日,帝国政府在斯托雷平主持下,发布《农民权利法案》,揭开了斯托雷平改革的帷幕。斯托雷平改革之所以是国家资本主义取向,就在于他通过国家政权的暴力力量,强制实现资本主义农业的两个前提条件,土地自由积聚,农民与生产资料自由地直接结合。该法案规定,农民在权利上与社会其他等级一律平等,免除村社对农民人身自由和基本权利加以的任何形式的限制,农民有脱离和继续留在村社的自主决定权,农民有选择村社的权力,农民有自由迁徙的权力,废除村社法庭对农民的司法管辖权等。

在法理上确立了农民平等的公民主体资格后,斯托雷平内阁把改革的利益动员由精神领域,转入到物质领域,即土地问题上。1906年11月6日,斯托雷平内阁发布《农民份地法案》。该法案第一条就明确规定:农民有权在任何时候、任何情况下将其所占有的村社份地,作为自己的私有土地。法案还规定,农民可以自由地、不受任何限制地退出村社,其所占有的份地,应确认为私有地,村社无权收回。[①] 该法案是一项国家强制推行的土地私有化方案。斯托雷平土地改革方案,只是解决村社土地占有制问题。在

[①] G. Vernadsky: *A Source Book for Russian History*. p. 804.

该法案发布前几个月,斯托雷平为了避免出现夺取贵族、地主私有土地的革命性态势的出现,通过政府公报,昭示天下:"在农村居民中散布这种观念,要求将一切私有土地强制国有化,政府认为这是完全错误的。政府保护所有的人和每一个人的合法权利,同时认为,私有土地强制国有化,将使农民受到损害。"[1]该法案经修改后,在第三届国家杜马会议上获得通过,1910年6月7日,尼古拉二世正式签署颁布,成为帝国法律。

斯托雷平改革从1904年上奏尼古拉二世,倡议废除村社,到1911年6月11日,沙皇颁布土地规划条例,宣布凡在实行土地规划地区,农民份地自动成为其私有土地。改革历时7年,斯托雷平为其倡导的改革,付出了生命的代价。1911年9月1日,斯托雷平陪同尼古拉二世在基辅大剧院观看演出,遭到枪手的射伤,不治而亡。维特就其遇刺,不无幸灾乐祸地写道:"过去也有国务活动家死于革命者之手,但从来没有哪一个人像斯托雷平那样树敌之多。尽管如此,他还是受到丧失正义感的人的尊重。"[2]维特的话,不像是出自于他这样一位欧化的改革派大臣之口,倒像是国粹至上的斯拉夫派的怨望之言。当然,不能苛求维特完全不带有个人成见,按照历史唯物主义来评价其同一阵线中的政敌。

伟大的列宁作为斯托雷平及其政权的革命性否定力量的杰出代表,对于斯托雷平改革作出了客观、科学的评价,针对孟什维克抨击其改革不彻底的论调,列宁指出:斯托雷平改革"是很彻底的,因为它是在彻底摧毁俄国的旧村社和旧土地制度"。[3] 列宁把斯

---

[1] G. Vernadsky: *A Source Book for Russian History*. p. 804.
[2] 谢·维特:《末代沙皇尼古拉二世》,续集,第487页。
[3] 《列宁全集》,第17卷,第23页。

托雷平改革与半封建主义半资本主义的大改革作比较,得出结论:斯托雷平改革"贯穿着纯粹资产阶级的精神"。① 列宁认为:斯托雷平改革"丝毫没有提到要维护前资本主义的经济形式,……丝毫没有赞扬宗法式的农业等等"。② 列宁说:斯托雷平改革的土地法"从科学的经济学来讲这项法律无疑是进步的"。③ 列宁认为,斯托雷平改革是"用暴力来摧毁陈腐不堪的中世纪的土地占有形式,……为俄国的发展扫清道路"。④ 列宁肯定道:"斯托雷平和地主勇敢地走上革命的道路,最无情地摧毁了旧制度"。⑤

斯托雷平改革的实施过程,是以国家权力的铁腕,打碎宗法制村社这一俄罗斯历史时间特殊性的锈锁,把宗法农民解脱出来,使其转变为世界时间普世性意义上的"约曼"(yeomanry)。村社对农民的强大宗法操控能力,使斯托雷平认识到仅靠沙皇颁布法令是无济于事的,必须使用国家强力工具去推行。他派出军队,到农村强迫农民退社。军队是俄罗斯历史时间特殊性产物,从基辅罗斯的大公亲兵队,到莫斯科大公的近卫军,直至彼得大帝创立近代陆、海军,俄罗斯军队从来都是宫廷的工具,是沙皇的禁脔。1905年后,军队这一历史时间特殊性界定,逐渐转变为世界时间普世性内涵,由皇家军队变为国家军队,由执行沙皇意志转变为贯彻政府决策。尽管斯托雷平的强力推行,农民退社比例仍然不高,反映出俄罗斯农民宗法性质难以在短时间内得到振刷。M. 杜冈—巴拉

---

① 《列宁全集》,第 16 卷,第 209 页。
② 同上,第 335 页。
③ 同上,第 209 页。
④ 同上,第 338 页。
⑤ 同上,第 428 页。

诺夫斯基在《政治经济学原理》一书中披露：截至1913年5月1日，全俄份地已私有化的农户为178.7万多户，已申请份地私有化的农户为250.6万户，加上350万户因所在村社长期未实行土地重分而被1910年法令确定为"自行私有化"农民。"总的说来，村社社员的人数由于推行1906年和1910年法令大约减少了一半。1906年前，农民约有75%占有归村社所有的土地，而现在占有归私人所有的土地的农民人数却大大地超过了占有村社土地的人数"。① 巴拉诺夫斯基的这部著作撰写于第一次世界大战期间，由于战时研究条件的限制，把退社农民的数量估计过高。

其后陆续发表的数字更接近于实际，1929年C.斯达诺维奇在《布尔什维克》杂志上发表题为《村苏维埃与土地公社》的论文，指出，在1917年初，欧俄47个省800万户农民实现了土地私有化，另外740万户农民仍留在村社。② 20世纪60年代，苏联学者整理出较为客观、准确的数字，到1916年初，总共退社的农民为2478224户，占有土地15919208俄亩，占村社农户的26.1%，占村社土地的13.8%。③ 数量的规模决定了质量的性质，斯托雷平改革是世界时间普世性取向的打破村社制度的资本主义性质变革，但是在俄罗斯历史时间特殊性空间中，用特殊性的手段，走特殊性的路径，迫使改革没有、也不可能达成其初衷。斯托雷平改革，同一切专制主义政权下的体制性改革一样，随着时间的推移，改革成效呈边际递减，社会成本呈绝对增大的趋势。改革初衷是保障国

---

① M.杜冈—巴拉诺夫斯基：《政治经济学原理》，商务印书馆，1989年版，上册，第245页。

② M. Lewin: *Russian Peasants and Soviet Power*. London. 1968. p.30.

③ C.杜勃罗夫斯基：《斯托雷平土地改革》，第361页。

体的制度性创新,在实际运作过程中,却从制度基础上,解构了国体的合法性,把改革的成效,转化为社会成本,迫使制度吸纳,改革成效越高,社会成本就越大。改革无法解决社会成本居高不下的问题,因为改革恰恰是造成这种困境的根本原因所在。

斯托雷平改革,是以普世性为根本取向的,但其依托的合法性授权、推行的方式、政策设计及调整范式,完全是特殊性路径模式。特殊性手段打碎特殊性建制,在短时间内能够产生突爆式效应,但难以持续,更遑论推进到实质性转型。1907年"6·3"政变后,斯托雷平完全甩开了第二届国家杜马的制约,强力推动农民退社。农民退社,1907年,全俄仅有4.83万户,1908年,激增至50.83万户;1909年,再攀新高,达57.94万户;其后至1915年,逐年回落。截至1915年末,全俄农民共有200.93万户退社,1908、1909两个年度退社农户占其中54%。[①] 在斯托雷平遇刺后,1911—1915年,农民退社户数仅占1907—1915年总退社户的25%。

斯托雷平改革基点十分简单,即把村社集体主义土地宗法制占有,转变为个体农业私有土地。改革是土地资本主义农民私有化,同时维护业已存在的贵族、地主、商人私有土地占有权的合法性。这次改革之所以称为土地改革,是土地私有化改革,而绝不是相反,更不是没收业已存在的私有土地的改革。宗法制农民天然地缺乏资本主义私有财产观念,农民自发地抵制斯托雷平摧毁村社的改革,围攻退社的农民,维护村社的集体主义宗法建制。斯托雷平改革,解放的对象,是最广大的反对力量,这是所有体制性改革倡导者面临的悖论性历史命运和现实窘境。斯托雷平改革头4

---

① A. 阿弗列赫:《斯托雷平和俄罗斯改革》,莫斯科1991年俄文版,第88页。

年,农民反抗活动比 1890—1906 年的平均每年 80 次,陡增至平均每年 3000 次,增加 38 倍。[①] 农民反抗直接是针对斯托雷平改革,特别是在主要粮食产区中央黑土地带和非黑土地带,这一地区粮食商品化程度高,对国内外市场依存度大,个体农民以家庭为单位进行生产,由于规模小,成本高,难以为继,因而村社组织生产,具有生产规模和基本生活保障,绝大多数农民,富农除外,都依赖于村社。斯托雷平打碎村社的改革,等于打碎贫下中农的栖身的最后一块舢板,把他们完全抛向资本主义市场经济的汪洋大海。农民运动的反改革性质,是农民经济宗法性质决定的,也是资本主义农业改革残酷的资本原始积累性质所迫使的。既不能搞改革崇拜,认为改革就是好,完全漠视农民的疾苦;又不能认为农民运动天然合理,凡是农民运动都应该无条件肯定。应该坚持历史唯物主义的基本学术立场,坚持具体问题具体分析。一方面,看到农民反改革的反抗不利于俄罗斯的社会转型;另一方面,也要看到斯托雷平改革内在的反人民性。正是这种体现资本主义原始积累"羊吃人"本质的反人民性改革,迫使农民起来反抗。在以沃罗涅日为代表的黑土产粮区,反改革的农民运动在农民骚动总数中逐年上升,由 1907 年的 1.6% 升至 1910 年的 64.3%,其他方面农民反抗斗争的诱因大多由改革引发,因此,可以说绝大多数农民反抗都具有对抗改革的性质。在非黑土地带,1907 年农民反改革的斗争占农民运动总数的 50%,1909 年,增至 67%,1910 年及其后诸年份,达 100%,所有农民反抗斗争都是针对改革。在伏尔加河流域,农

[①] Η. 玛尔采娃:《论斯托雷平改革期间农民的反抗行动》,载《苏联历史》1965 年第 1 期,第 126 页。

民反改革斗争由1907年的7.7%,升至1911年的50%。[①] 斯托雷平改革,破坏了农民宗法平均主义的农村生活世界,引发了农民内部的尖锐冲突,贫下中农与富农矛盾突凸出来,1907—1914年,反对富农的起义占农民起义总数的34%。[②]

斯托雷平改革,引发了保卫村社运动。农民对退社的要求予以制止。截止1914年9月1日,向村社递交占有份地转为私有(即退社)申请的269万农户,只有71.8万户得到村社的允许,占总数的26.6%。183万户不经村社允许,自行退社,占67.8%。另有10%的申请者害怕村社的迫害,撤回申请。[③] 农民脱离村社是痛苦的过程,虽然斯托雷平改革法令明确赋予农民自由退社的权利。强大的村社宗法力量对于农民的束缚,使得农民对于送到手上的自由,感到有如烫手的山芋,拿不住、放不下。斯托雷平可以给农民与西欧农民同样的自由与权利,却给不了实现这些自由与权利的物质条件、制度空间、精神资源。斯托雷平只得动用与这些自由、权力取向相悖的特殊性工具,去推行之,导致了被解放群体,起来反抗这种解放,维护前解放的状态。1979年的波斯大地以另外的方式,重复着这一悖论性局面,并取得了成功。

斯托雷平改革尽管遭到历史时间特殊性的顽强抵制,但仍取得历史性成就。它造就了俄罗斯历史上前所未有的私有小农群体,2478224个退社农户,取得了法律认可的16919203俄亩的私有土地,成为个体小生产的自耕农(yeomanry)。这样庞大的小农

---

① 帕·扎里雅诺夫:《1907—1914年欧俄农民公社》,莫斯科1992年俄文版,第154页。
② 孙成木等:《俄国通史简编》,第349页。
③ 帕·扎里雅诺夫:《1907—1914年欧俄农民公社》,第320页。

群体是世界时间普世性取向的不自觉的实践者,"是经常地、每日每时地、自发地和大批地产生着资本主义和资产阶级的。"[①] 小自有农是改革创造出来的,是国家政权意志的产物。革命也可以消灭它,体现革命政权的意志。俄罗斯小自有农在 20 世纪存在的历史很短暂,充其量从斯托雷平改革至 20 世纪 20 年代末的农村集体化运动,短短 20 年,创造的物质成就是整个 20 世纪俄苏无论国旗、国徽如何变换所无法企及的高峰。

斯托雷平改革,使俄罗斯农业生产达到一个新境界,总产量、人均产量、亩产量都有大幅提高,农业生产资本有机构成也大为提高,农产品出口量居世界市场优势地位。农业生产增长得益于私有自耕农的大幅增长。1912 年,普斯科夫省同一个县三个乡统计,黑麦,私有自耕农(yeomanry)65 普特/俄亩,村社 44.6 普特/俄亩;燕麦,约曼 88.6 普特/俄亩,村社 72.8 普特/俄亩;黍,约曼 84.7 普特/俄亩,村社 39.4 普特俄亩;荞麦,约曼 64.1 普特/俄亩,村社 48.2 普特/俄亩;豌豆,约曼 46.5 普特/俄亩,村社 30.2 普特/俄亩;土豆,约曼 730.9 普特/俄亩,村社 632.1 普特/俄亩。[②] 由此可见,约曼的农业劳动生产率远高于村社,单位产出量居优势。

在农业生产有机构成方面,约曼虽是个体,但也比村社集体有优势。1913 年对欧俄 12 个县统计调查显示,每百户农民在村社只有播种机 1.7 台,退社后有 3.4 台,筛分机由 19.8 台增至 26.2 台,脱粒机由 3.1 台增值 5.1 台,铁耙由 6.1 张增至 12 张,收割与

---

① 《列宁全集》,第 31 卷,第 6 页。
② C. 杜勃罗夫斯基:《斯托雷平土地改革》,第 296 页。

割草机由 8.3 台升至 11.9 台。在普斯科夫省的农田施肥面积,约曼为 68.3%,村社仅为 7%。约曼的粮食生产商品率远高于村社。① 19 世纪,地主生产 90% 的商品粮。1913 年,50% 的商品粮由富农生产。

斯托雷平改革促进了农业生产的高涨,带动了土地利用率的提高与播种面积的扩大。俄罗斯由于地域广袤,农业生产方式比较粗放,生产技术比较低下,改革前,没有改善农业生产技术的政策性推动,粗放式生产,效率不高。改革后,引入市场导向,刺激农业生产的迅猛攀升。1901—1905 年,全俄播种面积 8830 万俄亩,1911—1913 年,增至 9760 万俄亩。同期,俄罗斯中亚地区,播种面积增加最为引人注目,由 510 万俄亩增至 950 万俄亩。播种面积扩大与单位产量提高同时出现,黍由 1895 年的 27.6 普特/俄亩增至 1915 年的 47.1 普特/俄亩,荞麦由 1895 年 25 普特/俄亩增至 1915 年的 30 普特/俄亩。② 商品化农作物增产迅猛,用于出口的小麦增产 11.8%,大麦增加 33.7%;经济作物增长更快,甜菜增幅达 46%,油料作物增幅高达 165.4%。③

农业高涨带动农业机械工业的增长,农业机械购买力由 1906 年的 2790 万卢布激增至 1912 年的 13116 万卢布,增幅达 342.4%。化肥使用量,由 1905 年的 1470 万普特增至 1912 年的 3890 万普特,其中磷肥增加 35 倍。④ 农民的资本积累有了大幅增加,主体为富农,村社的经济实力也有大幅增长,在银行存款总额

---

① C. 杜勃罗夫斯基:《斯托雷平土地改革》,第 288 页。
② 同上,第 446 页。
③ 同上,第 442 页。
④ 梁士琴科:《苏联国民经济史》,人民出版社 1959 年版,第 2 卷,第 387 页。

由 1912 年的 16.13 亿卢布增至 1916 年 27.94 亿卢布,增长 71.3%,同期贷款储备金由 1.55 亿卢布增至 2.27 亿卢布,增长 50%,农业信贷合作社储备金总额由 0.38 亿卢布激增至 30.31 亿卢布,增幅高达 8 倍。① 农业中的商品化、市场化、资本化倾向大大高于改革前,似乎农业资本主义化为时不久就将大功告成了。特别是,农业生产的外向型与出口牵动的格局已经形成。

斯托雷平改革,使俄国成为世界上最大的粮食输出国。1901—1905 年,俄罗斯粮食出口额为 7.01 亿卢布,1911—1913 年增至 11.26 亿卢布,增幅达 61%,其中谷物出口居世界第一位,达 5 亿卢布。② 1904—1908 年,谷物年均出口额为 4.7 亿卢布,1909—1913 年增至 6.73 亿卢布,增加 46%。③ 同期,俄罗斯小麦出口量由 2.05 亿普特,增至 2.59 亿普特,大麦出口由 1.47 亿普特激增至 2.6 亿普特。经济作物出口增长更为迅猛,亚麻出口量提高 75%。出口谷物的货运量占铁路总运能的 50%。④ 1913 年,俄罗斯小麦产量占世界总产量的 25%,黑麦占 50%,大麦占 34%,俄罗斯农业生产总量居世界第二位,仅次于美国。⑤ 农业成为俄罗斯财富的主要创造源泉,为工业化提供了原始积累的资本。后来,苏维埃时期执行工农业"剪刀差",把农业剩余价值全部或绝大部分转移到工业化中去。

农业高涨拉动了工业生产的增长,这一时期俄罗斯国民经

---

① C. 杜勃罗夫斯基:《斯托雷平土地改革》,第 397 页。
② 梁士琴科:《苏联国民经济史》,第 378 页。
③ C. 杜勃罗夫斯基:《斯托雷平地改革》,第 419 页。
④ 梁士琴科:《苏联国民经济史》,第 377 页。
⑤ C. 杜勃罗夫斯基:《斯托雷平土地改革》,第 444 页。

济增长循着农业牵动的良性轨道前行,工业发展稳健,势头良好,工农业比例协调。工业生产体现出了较明显的农业拉动倾向,农民由于退社独立生产,改善居住条件的能力得到提高,工业生产的屋顶用铁的总量,在农民购买力的刺激下,由1905年的22万吨增至1913年的42万吨,几乎增加1倍。由于农产品商品化程度提高和出口量增加,铁路运输总额由1905—1909年的1740万吨增至1910—1914年的2000万吨,增幅达23%。俄罗斯基础工业、重工业也有所增长,同期炼铁量由2630万吨增至3630万吨。[①]

俄罗斯工业增长由于起点低,增长率远远高于西方资本主义国家,在1860—1910年期间,世界工业生产平均增长5倍,英国增长1.5倍,法国增长2倍,德国增长5倍,俄国增长9.5倍。俄罗斯工业虽然增长率高,在国民收入结构中,工业份额比农业少,工业生产总值的66%是轻工业提供的。[②]

俄罗斯经济增长的产业链条,是农业拉动型。农业启动、高涨,传导到轻工业,轻工业递进到重工业。作为国民经济基础的装备工业——重工业受到传感,启动时至少落后于农业启动两个产业周期。这种时差,逆序地制约直接为农业服务的轻工业,使农业高涨受到工业方面的局限。在现代世界,如果没有重工业基础,无法在综合国力的国际竞技场上立足。斯大林从俄罗斯的历史中,痛切地认识到这个问题,坚决采取重工业先行的经济建设战略。斯大林模式来自于对俄国历史的反思与认知,不无可行的历史时

---

① 波克罗夫斯基:《俄国历史概要》,三联书店1978年版,下册,第830页。
② 波梁斯基等:《苏联国民经济史讲义》,第395页。

效性,其错误在于把特殊性不加区分地普世化。

十月革命前的俄罗斯,从人口分布、产业结构等硬件指标和精神文化等软件指标来看,都是一个农业国,是西方意义上的农业国。但按照当时东方标准,俄罗斯俨然是西方列强之一。日本由于1905年击败了俄罗斯,得出了一个错误且自负的结论,日本可以打败任何一个西方列强。第二次世界大战中,对马海战歼灭俄罗斯波罗的海舰队的日本联合舰队中传令士官山本五十六,统帅联合舰队向美国太平洋舰队基地,发动了毁灭性攻击,摧毁了珍珠港。同时也打开了日照大神的子孙步入民族失败深渊的通道。西方视界的俄罗斯与东方视界的俄罗斯的巨大内在反差,导致了一个与俄罗斯几乎同时性起步、相似性地自我变革的东方同道,由误解而形成错误的自信、自负,在自我膨胀中走向民族失败的炼狱,成为世界上惟一遭受原子弹轰击的国家。原子弹轰开了一个民族的错误的自信思维定式,在核废墟上"凤凰涅槃",成为举世惊羡的"经济奇迹",世界第二大经济体。而和这个原子弹炸不沉的列岛"一衣带水"的东方巨人,也受到这种内在悖论的误导。她与日本相同的是,她认为俄罗斯也是西方。不同的是,她坚持二分法,认为有两个西方,一个是资本主义的西方,一个是非资本主义的西方。俄罗斯就是非资本主义的西方,她直到20世纪80年代中期,对于斯托雷平改革仍予否定。因为,这样的改革使俄罗斯资本主义化。实际上,即使在斯托雷平改革实行5年以后,俄罗斯资本主义化程度仍不高。从硬件形态来看,农业产业主导的社会不是资本主义社会,这是国际学术界一致的看法。1913年俄罗斯国民收入比1900年增长78.8%,工业中国民收入增长为83%,农业中国民收入增长为89%。资本主义经济基本规律是工业中国民收入增长高于平均增长率,农业中国民收入增长低于平均增长率。[1] 国民经济总量增长也远落后于西方国家,1900—1913年,俄罗斯人口增长22.3%,钢铁产量增长48%,煤炭增长121%,棉花增长62%,出口总额增长112%。[2] 1907—1915年,全俄资本性投资总额由26亿卢布增至51亿卢布,其中外贸额度由9亿增至19亿卢布。[3] 俄罗斯的增长率具有后发型特点,起点低,增幅大,总量小,持续时间长,人均率低。1913年,俄罗斯工业总量居世界第5位,工业总产出只相当于法国的40%,英国的22%,德国的17%,美国的10%。[4] 1913年,全俄产出生铁28300万普特,煤22亿普特,生铁产量相当于美国的13%,煤产量只及英国的20%。俄罗斯工业单位产出量也远低于西方国家,人均产煤量只为美国和英国的3%,生铁为美国的8%,织布为英国的7%。横向共时性比较,俄罗斯工业劳动生产率极为低下,1900—1913年,全俄劳动生产率虽然提高50%,但也只相当于美国同期水平的10%。人均工业产量分享率,远远低于西方国家。电气化是20世纪初期,衡量一个国家工业化水平的核心指标。1913年,全俄发电量19亿千瓦时,人均11千瓦时,美国人均千瓦时同期高于俄罗斯20倍以上。[5]

从产业链条比较来看,斯托雷平改革对工业的拉动作用不明显,是典型的"富农导向",使以农业为原材料的轻工业得到长足发展。加加夫索夫伯爵在《回忆录》中说:"纤维纺织业产量由1905

---

[1] T. Shanin: *Russia as Developing Soviety*. London 1985. p. 113.
[2] Shanin: *ibid.* p. 114.
[3] Shanin: *ibid.* p. 115.
[4] 波梁斯基等:《苏联国民经济讲义》,第396页。
[5] 同上,第395、396、397页。

年 1500 万普特增至 1913 年 2300 万普特,棉花同期由 1300 万普特增至 2000 万普特。1905 年—1913 年,糖产量由 5000 万普特增至 18000 万普特。香烟由 1905 年的 120 亿只增至 1913 年的 260 亿只。"[1]

俄罗斯工业由于劳动生产率低下,资本有机构成不高,加之斯托雷平改革导致大批农民被从土地上剥离出来,需要工业来吸纳。因而,工业的劳动力积聚与俄罗斯工业发展水平不相称的现象出现,超过了西方国家的平均水平许多。这反过来,更加降低了劳动生产率的提高速度,使工业扩大再生产,只得使用投入活劳动的外延式方法,极大地损害了俄罗斯企业应用新技术,提高国际竞争力的努力。1910 年,全俄拥有 500 人以上的企业,拥有工人占全体工人的 53.4%,同年美国仅为 33%。全俄拥有 1000 名工人以上的大型企业,1900—1910 年增加 50%,1910 年大企业的工人有 70 万人。在棉纺织行业,1000 人以上大企业,占 1913 年工人总数的 75%。1900 年,南俄 3500 名工人以上的大企业只有 3 家,1912 年,增至 9 家。这 9 家企业占南俄冶金工业动力设备总量的 80%,生铁产量的 75%,工人总数的 80%,占全俄生铁总产量的 50%以上。[2] 第一次世界大战前,俄国工业虽有一定程度的发展,但基本上还是一个农业国,在工农业总产值中,农业占 57.9%,工业占 42.1%。[3]

斯托雷平改革只侧重解决农业中宗法制度桎梏问题,没有同时推进国家工业化。工业落后,使得俄罗斯经济的总体水平与西

---

[1] G. Vernadsky: *A Source Book for Russian History*. p. 825.
[2] 波梁斯基等:《苏联国民经济讲义》,第 397、398 页。
[3] 宋则行等:《世界经济史》,第 437 页。

方国家差距巨大。这是斯托雷平改革普世性取向与特殊性路径带来的消极的社会性后果,改革创造出的社会效益没有物化为工业化,反而积淀为体制的社会成本。在普世性价值评价体系中,这种消极后果直接表现为国家工业经济水平的低下。第一次世界大战前,俄国工业设备的总马力,只有美国的十五分之一,德国的八分之一。1913年,俄国工业劳动生产率水平只有美国的10%。人均国民收入,1914年,俄国为94卢布,美国为680卢布,英国为473卢布,法国为360卢布,德国为284卢布。俄国人均国民收入,只及美国的13.9%,英国的20%,法国的25%,德国的33%。[1] 俄国工业经济在1917年前,具有明显的半殖民地特征,严重依赖西方资本。外国资本对俄罗斯主要工业部门控制的比率,从能源部门到装备工业部门,对工业的产业链条实行全程控制,黄金开采100%,化学工业几乎100%,顿巴顿煤田的95.4%,电力和电机制造业的90%,五金工业的75%,石油总产量的60%。西方资本不但控制工业,而且操控俄罗斯的金融业,从财政源头上控制了俄罗斯的经济命脉。20世纪初期,俄罗斯商业银行职能资本约有40亿卢布,其中外资占有30亿卢布。1913年截止,外资在俄罗斯工业投资额达13.22亿卢布,占全俄工业基金总额的34%。外资中,英国、法国资本比重较大,在俄罗斯全部外资总额中,法国占33%,英国占23%,比利时占14%,美国占5%,四国合计共占75%。另外,德国占20%。外资对国民经济的控制,直接影响到政府在全球重大战略抉择上的决策,由于英法两国资本在俄罗斯工业、金融中居主导地位,当然还有其他的地缘政治方面的因素,

---

[1] 宋则行等:《世界经济史》,第438页。

俄罗斯在第一次世界大战中,与英、法协约国集团并肩作战,对抗德奥集团。

斯托雷平改革,除了不重视工业化的失误外,没有采取措施引导富农经济,由个体家庭小农经济向工业厂化农场经济转变,使改革后的约曼生产方式还停留在自然经济主要依靠人力、畜力生产水平上。斯托雷平改革的局限性,在于只解决土地的集体主义宗法占有制问题。改革的普世性取向,只局限在把村社体制下的宗法农民转变为小私有基础上的约曼。改革的普世性路径,则表现为只造就约曼,对于约曼的规模化积聚资源完全放任自流。斯托雷平在第三届国家杜马1908年12月5日会议上宣称,改革只是解决土地问题,对于右派积聚土地发展资本主义大农场的主张和左派土地国有化社会经营的要求,予以否定。他说:"否定农民家庭所有制的左派和右派的主张,我认为,都是极端错误的。立法机构和行政机关所做的一切努力,都是为提高我们神圣的土地资源的生产能力。只有农民家庭劳动和土地占有,才能达到这个目的,才能改善我们贫瘠、地力近乎枯竭的土地。土地是俄罗斯未来强大的坚固保障,土地就是俄罗斯。"[①]小农土地所有制下,贫农的土地很难长久地自我保有,是富农的土地收买对象。1916年,欧俄退社200万户农,其中近100万户把自己的土地卖给了富农和商人。贫农土地产出量低于富农,贫农在经济上依靠土地只能解决温饱。1913年富农单位粮食产量平均为80普特/俄亩,高的可达到100普特/俄亩。中农为43普特/俄亩,贫农为25普特/俄亩。占农业人口20%的富农提供50%的商品粮。贫下中农粮食的商

---

① G. Vernadsky: *A Source Book for Russian History*. p.807.

品率为 14.7%，富农为 34%，地主为 47%。大多数贫农的粮食生产是生活资料。波克罗夫斯基认为，斯托雷平改革的结局是部分农民脱离了土地，也就是农民部分地无产阶级化。[1] 农民无产阶级化是资本原始积累的前提条件和社会后果，农民被从土地剥离出来，导致两方面的积聚，土地向大土地经营的农场积聚，无地的、自由的农民向工业积聚。斯托雷平改革的特殊性路径客观上导致普世性结果。东方地域的社会转型中普世性与特殊性之间没有一条泾渭分明的界线，而是我中有你、你中有我的杂糅混融的复杂局面。试图找出纯粹的普世性与纯粹的特殊性的努力在历史学的视野中是徒劳的。

社会转型的冷酷性体现在，它只能以只掌握自在性被支配性资源的下层群体为成本，将其转化为体制性收益，通过一次性分配机制，在等价交换的形式平等掩盖下，转移支付给掌握自为性支配性资源的少数群体。斯托雷平改革在这方面做得一点也不逊色，在中央农业区，出卖自己土地的农户占退社农户的 20%，在新俄罗斯占退社农户的 34%，出卖土地的都是贫农。里亚赞省的农民说，改革"使富裕农民有可能购买份地从而更加富裕，也使贫苦农民有可能出卖份地，因而从贫农变成穷光蛋，而这并不是因为挥霍或愚蠢，只是因为倒霉"。康波夫省农民说："出卖份地往往使全家一点土地也不剩，出卖了份地的农民使得他们的两三个儿子连同家属既没有大田，也没有了园地。"[2] 俄罗斯农民不能够领会斯托雷平大人的改革实质，更不可能理解社会转型的成本——收益结

---

[1] 波克罗夫斯基：《俄国历史概要》，第 822 页。
[2] 同上，第 822—823 页。

构。从传统社会向现代社会转型的普世性程序,从农村起步,以农业作为工业起飞的产业成本,以农民作为工业社会的阶级成本,待工业成长到具有独立发挥核心功能时,回过头来,创造出农村市场,形成全国统一的大市场,刺激工业持续增长;创造工厂化农业,农业机械化、电气化、化工化等;把农民作为一个阶级消灭,转化为农业工人。在高度发达的工业基础上,消灭工农业界限、城乡分离的社会异质性,实现社会同质化。斯托雷平的改革是做不到这一点的,它对于贫农来说,只意味着从经济基础上强制地消灭阶级意识——破产,流入城市,到工厂做工,成为具有浓厚小生产意识的大工业生产中的一员。这就注定了俄罗斯工人对于财富和改革同等的仇视,因为他们是自由地被财富从宗法占有中剥离出来的。

出卖土地的农民,自有土地不超过5公顷的占58.2%,占有10公顷以上的农户为18%。图拉省三个乡的农村调查显示,自有土地12公顷以上的农户,出卖土地的不到1%,自有土地不到3公顷的农户,出卖土地的高达64.4%。萨马拉省的一个县,全部卖出的农民土地的86%被自有土地10公顷以上的富农买去。农民土地售价比地主土地售价低得多,地主土地每公顷121卢布,农民土地则为79卢布;地主土地124卢布,农民土地96卢布。[1]农民占有生活资料的平均额度,改革后比改革前降低了。农民每百人1905—1914年拥有马匹由22匹降至20匹,牛由35头降至29头,羊由45只降至32只,猪由11头减为10头。对于贫农来说,虽然摆脱了村社的宗法集体主义束缚,但生活水平却自由地下降了。社会转型使统一的人的存在状态,分为生活世界与理念世界

---

[1] 波克罗夫斯基:《俄国历史概要》,第823—824页。

两个世界。对于俄罗斯农民来说,理念世界的自由是毫无用处的,生活世界的贫困是最大的烦恼。如果让农民选择,他宁愿不要理念世界的自由,也要生活世界的丰衣足食。由此可见,斯托雷平以精神形态的理念自由作为利益动员手段、推动改革的整个政策设计,是不会得到贫苦农民积极响应的。贫农成为反改革最为庞大的群体,背井离乡的贫农,进入城市成为工人,参军成为士兵。1917年革命的主力军——工人与士兵,斯托雷平改革都创造了出来。斯托雷平改革客观上的作用,创造出专制皇权的革命性否定力量。革命在否定沙皇政权及其改革的同时,把改革创造出的成就一并抛弃了。1917年后,俄苏至20世纪末,未再向国际市场出口一粒粮食,相反是国际市场第一大买主。1906—1910年,曾任斯托雷平内阁外长的伊萨沃尔斯基说:"斯托雷平农业改革取得了非同凡响的成就,……这些成就使俄罗斯在极短的时间建立起农业经济体系的坚实基础。但是,革命无情地摧毁了这些成就。"①

斯托雷平改革是俄罗斯社会转型跨过结构变异临界点的必然结果,也是世界时间普世性与历史时间特殊性在新的质的规定性阶段,以体制性改革为界面的交锋。改革的复杂性后果,来源于普世性取向与特殊性路径的相互异化,异质同构结构位移、要素互换的纠缠性状。斯托雷平改革造成了沙皇政体主导下的社会转型的死结,只有用革命的利剑,才能将其斩开。

斯托雷平改革是社会转型研究的典型性学理切片,从文本到语境的演进与异化这一社会转型的学理切片,透过多维整合研究的多棱镜折射出许多令后人常思常新的精神光环,是与俄罗斯类

---

① G. Vernadsky: *A Source Book for Russian History*. p.792.

似的社会转型以不同方式,在不同历史语境中,遇到的相似性情境,但后来者大多无视斯托雷平改革的经验与教训,继续乐此不疲地重蹈类似的覆辙。斯托雷平改革的本身意义已经随着时间,流逝进克利奥的府库之中。它的学理意义或曰现实作用,在于提供社会转型的殷鉴。钱乘旦教授指出:"对于后发展国家来说,现代化更是国运攸关的事,容不得一次一次反复试验,因此,失误应越少越好。别人走错的路我们应该避免,别人掉下去的陷阱我们应该回避。尽量减少挫折是现代化成功的关键,而认识陷阱可能在何处,则是减少挫折的关键。这样,别人的经历就非常宝贵了,别人的失误更为宝贵。现代化研究发展到今天,应该对挫折问题特别加以注意,远不仅是学术问题,也是实际问题。"[①]

斯托雷平改革,预示了后来的体制性改革所面临的共同性难解的困局。第一,这种改革具有极强的具体针对性与操作性。社会转型的基本取向是由农业社会向工业社会转型,最大的直观障碍就是宗法制农业社会的各种基础性建制,如村社等。宗法农业经济控制社会大部分物质资源、人力资源、制度资源、精神资源。在树大根深的农业社会中,新兴工业弱不禁风。发展工业的动力,是外在的列强工业化实力压力,被统治集团内化为"富国强兵"的驱动力。工业化不是这些现代化后发国家改造宗法农业的惟一合法性理由,而是诸多理由之一,宗法农业改革未直接与工业化挂钩。这种改革,如斯托雷平改革,在打破宗法集体主义——村社这一点上,是世界时间普世性取向的表现。仅停留在用个体小农经济取代宗法集体经济,是农业社会历史时间特殊性路径的体现。

---

① 钱乘旦等:《现代化的迷途》,浙江人民出版社1999年版,第2—3页。

农业社会的最高理想是"耕者有其田"的田园主义取向,斯托雷平改革造就的富农经济具有双重性,一方面它是宗法集体主义村社的物质否定力量,另一方面它又是个体小农经济的社会肯定力量。富农经济的本质不是工业化内涵的大农场经济,只是放大了的小农个体经济形态而已。那种认为,没有工业化,富农经济可以自然成长为"美国式"资本主义大农场经济是缺乏史实根据和理论支撑的。因此,农业改革启动的社会转型的体制性变换,不能够局限于农业本身的范畴。在现代化语境中,农业的根本出路在于工业化,一方面是应用工业化物质技术装备改造传统农业,另一方面应用工业化生产经营组织方式重构农业的生产经营组织结构,使农业从硬件与软件两个方面,都进入到工业社会。但是,在20世纪,我们遗憾地看到,许多社会转型过程,大多沿袭斯托雷平改革的思路,执行变宗法集体主义农业为个体小农经济的富农路线,对于脱离土地与宗法束缚的自由农民施加诸多限制,对农业劳动力转移实行"离土不离乡",只允许在农村脱离农业土地生产,不允许进入城市。人为地强化城市与农村的二元格局,导致农业改革产生的效益,拉动不了工业。工业高涨的循环,脱离农业的支撑,工农业在各自相对独立的循环中进行。工农业的效益,被占有支配性资源的少数群体通过一次分配方式垄断,直接转化为体制的成本。工农业越是高涨,体制负荷的成本越高。这样的经济高涨持续数个周期以上,体制承载的成本累积就已经达到临界点,一个偶然的契机就会导致体制内爆性崩塌。1979年的伊朗即是最有说服力的例证之一。(具体情况参阅钱乘旦教授所著《现代化的迷途》第五章)

第二,斯托雷平改革是体制变革性自救,还是自杀性"惊险的一跃"?这是一个见仁见智的问题。对于绝对专制主义沙皇政权来说,实现相对专制主义是通向君主立宪的和平过渡道路。斯托雷平改革的政治前提是《10月17日宣言》和新版《国家基本法》,这两个法理性文献明确了相对专制主义君主制的法理内涵。实现君主立宪最大的障碍,不是沙皇本人,也不是达官显贵,而是亿万俄罗斯宗法农民。沙皇是农民的君父,农民的沙皇情结之深超出了外国及后世学者的想象。俄罗斯农民的宗法意识是正教、村社、沙皇三位一体的。历次俄罗斯农民起义,从斯捷潘·拉辛到普加乔夫都以僭称"沙皇"为号召,只反政府,不反沙皇。俄罗斯农村的婚礼歌唱道:"遵照上帝的旨意,遵照沙皇的法典,遵照老爷的命令,遵照米尔的决定。"[1]1861年大改革,亚历山大二世解放农奴,是以君父的身份,把千万农奴子民,从农奴主个人的残酷宗法压迫下解放出来,放到宗法集体主义的村社之中,这实际上是沙皇以村社为载体,对农民继续实行宗法制的"牧民"治理。维特道出了村社的治理本质:"从行政警察的角度来看,村社也更加方便,放一群牲口,总比一头一头地放来得轻巧。"[2]在沙皇当局看来,"村社就是畜群"。[3] 斯托雷平改革,打破宗法集体主义村社,使农民摆脱了宗法人身束缚,也丧失这种束缚带来的基本生存保障。在农民的宗法观念看来,他们是被沙皇抛弃的弃儿。几百年来形成的对沙皇的宗法式依赖被改革无情地打断了,大多数贫苦农民除了自由之外,一无所有。宗法农民一旦被卸去了宗法枷锁,会把自己遭受的苦难,转为社会性破坏行为,让社会替他分享一部分。所以,

---

[1] 《俄国民粹派文选》,第34页。
[2] 谢·维特:《末代沙皇尼古拉二世》,第392页。
[3] 同上,第429页。

改革后至1917年，俄罗斯农村发生反改革的骚动每年都达2000多次以上。1917年3月初(公历)，以农民出身的工人、士兵为主体的革命运动，一夜之间就摧垮了具有304年历史的罗曼诺夫王朝。斯托雷平改革的教训是，打破宗法制社会建制的改革，必须同时保障绝大多数下层群众的生存无虞，把改革的成本以适当的限度在新构建的社会二次分配机制中予以化解。

第八章　社会民主主义：俄罗斯特殊性的否定与否定之否定

1861—1917年,世界时间普世性在社会精神领域逐渐占据主流,斯拉夫派学说也不得不披上世界时间普世性的话语外衣。世界时间理念的先进理论体系——马克思主义传入俄国,被俄国的先进知识分子吸纳,建构为俄罗斯历史语境中的社会民主主义。社会民主主义在俄罗斯一经诞生,就面临着俄罗斯特殊性在普世性话语背景下的理论挑战。理论是社会现实的反映,又对现实性实践起着指导作用。理论对于民族发展的巨大作用,是毋庸置疑的,恩格斯指出:"一个民族想要站在科学的最高峰,就一刻也不能没有理论思维。"[①]对于俄罗斯这样一个在欧洲实行赶超战略的现代化后发国家就更是如此。从1861年大改革,特别是社会民主主义形成后,俄罗斯社会精神领域的普世性与特殊性的斗争,大都使用普世性话语,进行着两种取向的交锋。

19世纪后期至1917年社会民主主义作为先进的世界时间普世性理念在俄罗斯特殊性语境中,经常性共时性地进行着与外部论敌的理论斗争和内部派别的不同向度的思想交锋。社会民主主义的知识谱系,具有哲学知识的主观复杂性与权力知识的客观规

---

① 《马克思恩格斯选集》,第3卷,第467页。

定性。在意识形态类型学中,俄罗斯社会民主主义,随着不同历史时间权力话语的转换而或抑或扬、或贬或褒。本章以世界时间普世性与历史时间特殊性的交互作用为学理探究的学术界面,从发生学的谱系溯究与类型学的知识考古,在历史语境中还原本文文本,在本文文本中放大历史语境。社会民主主义是现代化后发地区具有独立的特殊性语境的第一个世界时间普世性文本。探索它的意义,在于它是另一种从精神资源到制度形态的现代化模式的精神发生学源泉。

俄罗斯社会民主主义的诞生与一位伟大的革命家、理论家联系在一起,他就是普列汉诺夫。1883年9月,前民粹主义者普列汉诺夫同前民粹主义者阿克雪里罗德、查苏里奇、捷依奇、伊格纳托夫等在瑞士日内瓦组建了俄国第一个马克思主义政治团体——劳动解放社。列宁认为,劳动解放社是俄国社会民主主义的奠基人,"俄国社会民主党的建立是'劳动解放社'即普列汉诺夫、阿克雪里罗德和他们的朋友们的主要功绩"。[①]

社会民主主义是19世纪世界时间普世性的先进理念,以社会绝大多数底层工人群众的利益为关注焦点,天然地具有人民性。社会民主主义的历史语意与当代语境有着较明显义理时差,自19世纪马克思主义诞生以来,至20世纪20年代俄国1917年革命与第三国际产生前,社会民主主义是马克思主义的社会主义内涵,以区别于空想社会主义和其他流派的社会主义。第三国际组建后,马克思主义的社会主义被宣布为共产主义。社会民主主义被界定为第二国际的修正主义的社会主义,与马克思列宁主义的社会主

---

① 《列宁全集》,第4卷,第226页。

义无关。社会民主主义的原初语意是马克思主义的社会主义理念,在俄罗斯这一原初语意持续到1919年3月共产国际成立。此后,社会民主主义的历史语境发生根本性变化,这一术语被用来指称第二国际的修正主义的社会主义理念,同共产主义所坚持的马克思主义的社会主义无关了。

在现实语境中,社会民主主义居于世界时间普世性思潮位势结构的中间立场,区别于右翼的自由主义,也区别于左翼的共产主义。无论左、中、右,都是现代性社会思潮,差别在于理论的前提与关注点的不同。右翼自由主义认为,现代性社会是建立在言论自由、结社自由、宗教和意识形态自由、追求个人幸福自由的大社会、小政府的基础上的;社会民主主义认为,这些自由权利只从法理上保证了资源与机会分配程序上的公开、公平与公正,这些权利的行使必然要产生一个超越任何利益集团之上的国家权力,来维护一个公正的社会的日常运作,并在社会生活发挥其他形态的第三部门、法人、自然人无法起到的积极的建设性作用。在强调国家政权作用方面,社会民主主义接近于共产党人,但国家政权合法性来源、程序性授权方式与程序化运作方式方面,与共产主义又有着本质的区别。在维护个人自由方面,社会民主主义接近于自由主义,但与自由主义倡导的消极自由——不损害他者同样的自由,有着取向上的区别,社会民主主义倡导积极自由,运用国家权力去增进与完善个人的自由存在状态。西方政治学家文森特指出:"从1920年以后到如今,社会民主主义这一术语一直与相关的改良主义的社会主义和社会自由主义传统有着最为牢固的联系。"[①]

[①] Vincent: *Modern Political Ideologies*. London 1995. p. 222.

社会民主主义在第三国际成立后,具有政治界定性特指语意。在20世纪20年代以后,社会民主主义代表了按照既有的现行政治的合法程序,实现资本主义向社会主义的和平渐进的转型的政治理念。它与共产国际倡导的在资本主义落后地区武装夺取政权,用无产阶级专政方式,跨越资本主义阶段,推进社会主义式现代化方式的理念针锋相对。社会民主主义认为,社会主义是后资本主义的社会形态,它不可能在前资本主义地区发生。社会民主主义在第二国际的19世纪末、20世纪初恩格斯逝世后的大动荡时期,就已经发生了一些修正主义的变化。马克思、恩格斯祖国的社会主义政党——德国社会民主党从本国的政治实践出发,修改了马克思主义的基本学说,主张放弃以革命的方式建立社会主义,转而采用议会斗争的合法渠道取得政权。德国社会民主党领袖倍倍尔认为,社会主义应该能够通过合法、而非暴力的手段来建立。1912年,该党在德国国会中成为第一大党,在全部397席中占有110席。通过社会民主党的努力和德国资产阶级的妥协让步,德国工人阶级享受着当时全欧洲最好的社会福利待遇。德国社会民主党的成就,促进了社会民主主义在全欧洲的传播。与第三国际共产主义理念相对立的社会民主主义的修正主义形态,是由德国社会民主党政治理论家伯恩施坦等人建构的。伯恩施坦在1899年出版的《社会主义的前提与社会民主党的任务》一书中,对马克思、恩格斯关于资本主义注定灭亡的基本理论观点提出异议。他指出,资本主义正在克服自身的许多缺点,如失业、生产过剩、财富积聚、贫富两极分化等。第二次世界大战后,英国、瑞典、联邦德国等西欧国家社会民主党相继执政,逐渐抛弃了党章中有关马克思主义作为指导学说的规定,反对苏联东欧社会主义阵营,主张在强化冷战的同时,积极地进行和平演变。在国内政策上,社会民主党放弃暴力和革命学说,放弃无产阶级专政理论,反对一切形式的专制集权主义,抛弃马克思关于民主是资产阶级统治人民的伪装的观点,宣布民主是社会主义的本质的规定性。社会民主党主张国家积极支持经济增长,而非实现经济国有化。社会民主党实行"从摇篮到墓地"的福利国家制度,从另一条途径接近了经典作家预言的"每个人的全面自由发展是其他一切人全面自由发展的前提与结果"的理想社会。在当代语境中,社会民主主义是"一直遵循着线性的现代化模式——也就是所谓的'社会主义道路'。……福利国家是一个长期的公民权演进过程所达到的最高峰"。①

在本章的历史语境中,社会民主主义是指普列汉诺夫、列宁等第一代俄罗斯马克思主义者奉行与创造性发展的科学社会主义内涵的马克思主义的社会主义。这一社会主义的质的规定性,恰如恩格斯在《社会主义从空想到科学》指出的那样:"人终于成为自己的社会结合的主人,从而也就成为自然界的主人,成为自己本身的主人——自由的人。完成这一解放世界的事业,是现代无产阶级的历史使命。考察这一事业的历史条件以及这一事业的性质本身,从而使负有使命完成这一事业的今天受压迫的阶级认识到自己行动的条件和性质,这就是无产阶级运动的理论表现即科学社会主义的任务。"②在这一质的规定性语境中,社会民主主义是世界时间普世性精神的结晶,在俄罗斯共时性时空条件下,她所面临的挑战,就是同样以普世性话语的形式大行其道的特殊性取向。

---

① 安·吉登斯:《第三条道路》,北京大学出版社等2000年版,第11页。
② 《马克思恩格斯选集》,第3卷,第491页。

普列汉诺夫是特殊性的否定性批判者及线性时序的维护者,列宁是特殊性的批判性否定之否定的超越者与非线性时序的实践者。

普列汉诺夫是俄罗斯历史时间特殊性的不妥协的彻底批判者,无论特殊性的主张来自论敌,还是来自自己阵营内部。普列汉诺夫从19世纪80年代初,由民粹主义立场转变为马克思主义者。他写道:马克思和恩格斯的著作"开辟了社会主义文献和经济文献史上的新时代——无情地批判现时劳资关系以及与任何乌托邦不同的、科学地论证社会主义的时代"。他明确宣布:"我之成为马克思主义者……是在1882年。"① 普列汉诺夫信仰马克思主义后,从组织建设与理论宣传两个方面,来推进俄罗斯社会民主主义发展。在组织建设方面,他与其同志们组建劳动解放社。在理论方面,他于1884年出版了《我们的意见分歧》一书,从世界时间普世性的理论高度,批判他的前民粹主义战友存在的俄罗斯特殊性观念。

在这部著作中,普列汉诺夫勇敢地与俄罗斯特殊性揖别了,此后他一直与这种特殊性做着不调和斗争。他认为,民粹主义不是俄罗斯未来发展的方向,民粹主义与专制主义一样应该予以消除。这在当时是振聋发聩的,人们只注意到专制主义的落后性,而忽略了民粹主义内在的落后性。他指出,民粹主义如果成为真正革命的运动,就必须接受马克思主义的指导。普列汉诺夫写道:"民意党只要愿意忠于自己的革命传统,愿意把俄国的运动从它现在所处的消沉状态中拯救出来,就必须成为马克思主义的党。我所说的民意党的革命传统,不单是指恐怖主义的斗争,不单是指一些谋

---

① 转引自何梓:《普列汉诺夫哲学思想述评》,中山大学出版社1987年版,第20页。

害的暴行和政治性的暗杀。我说的是俄国运动的河床的加宽,这是这一斗争的必然结果,而且向我们表明了我们当时所宣传的一些理论是狭隘、抽象和片面到了何种程度。炸弹已经使亚历山大第二同这些理论同归于尽了。但是,不管俄国的专制制度也好,或者各种各样的巴枯宁主义也好,都只是被炸死而未被埋葬。它们已经不复活跃,不复发展,但还继续在腐臭,他们的腐臭使整个俄国从它的最保守的到最革命的阶层都受到了熏染。只有马克思主义的健康气氛才能帮助民意党完成它已经光辉地开始了的事业。"[①]民意党是民粹派恐怖主义者的政治团体,于1879年成立,1884年终止活动。民意党是农业社会主义者,坚持村社制度与理想的社会组织方式。该党组织谋杀了亚历山大二世及诸多沙皇重要官员。普列汉诺夫明确指出,民意党的特殊性理念侵蚀着俄罗斯社会,只有马克思主义,才能净化被历史时间特殊性观念污染的俄罗斯精神世界。

针对民粹主义坚持俄罗斯可以不经过资本主义阶段,以村社为载体,直接过渡到社会主义的观点,普列汉诺夫在《我们的意见分歧》中运用大量事实和数据,说明资本主义在俄国呈迅速发展之势,村社解体,农民分化,工业无产阶级已经形成,工农业中资本主义因素居主导地位。这是历史发展的必然,是不以人的意志为转移客观规律,也是无法人为逾越的。俄国发展的前途系于资本主义发展。只有资本主义发展,才能为无产阶级解放创造物质条件与社会条件,俄国革命的主力军只能由工人阶级而非农民来担当。普列汉诺夫特别强调工人阶级政党的作用以及这个党必须具有世

---

① 普列汉诺夫:《我们的意见分歧》,人民出版社1955年版,第16—17页。

界时间的普世性理念,他说:"工人政党在我国将是西方影响的传导者。工人对于欧洲无产阶级的运动不会充耳不闻,而农民就很容易是这样。国内和国际运动联合的力量,将能绰绰有余裕地战胜小所有者的反动意图。……尽可能迅速地组成工人政党,是解决现代俄国所有经济和政治矛盾的惟一手段。"①

19世纪90年代,民粹主义者中的自由派知识分子米海洛夫斯基等坚持主观社会学,把俄罗斯特殊性建立在人类天性的理论基础上,否定社会发展客观规律,把小农生产方式理想化,主张俄罗斯可以不经过资本主义,以村社为载体,直接进入社会主义。针对民粹派坚持俄罗斯特殊性的这种理论,普列汉诺夫于1895年出版了《论一元论历史观之发展》。在这部著作中,普列汉诺夫运用马克思主义唯物主义历史辩证法,论证了俄罗斯资本主义发展和社会主义胜利的历史必然性,批判了民粹主义人为地超越客观历史阶段的妄念。普列汉诺夫指出:"俄国将继续按资本主义发展道路前进,不是因为有某种外部的力量,某种神秘规律推动它走上这一道路,而是因为没有能够使它离开这个道路的实在的内部力量。"②

普列汉诺夫针对俄罗斯地理特点决定其特殊性的理念,指出:"现代的辩证唯物主义不忽视地理环境对社会发展的影响。它只是更好地阐明,地理因素怎样影响'社会的人'。……现代地理科学在这一场合是和辩证唯物主义完全一致的。……辩证唯物主义是唯物史观的最高发展。"③普列汉诺夫坚定地坚持普世性立场,

---

① 普列汉诺夫:《我们的意见分歧》,第290页。
② 普列汉诺夫:《论一元论历史观之发展》,三联书店1973年版,第218—219页。
③ 同上,第238—239页。

对特殊性观念予以摧毁性抨击,他说:"别林斯基在临近自己生命的结尾时,当他与'*Allgemeinheit*'(普遍性)已告别很久的时候,在他的一封信中发表了如下的思想,就是只有资产阶级将保证俄国文化的未来。"① 普列汉诺夫认为,俄国工人阶级只有走出特殊性的迷雾,才能成为自在自为的革命阶级。首先,要用世界时间普世性的先进思想——马克思主义启发工人,使其"懂得了除开资产阶级政治以外,作为它的对立面还存在着置资本主义社会于死地的无产阶级的政治,如果这样,情况又会是怎样呢? 他就会变成社会民主主义者"。②

在与民粹派特殊性理论的思想交锋中,列宁与普列汉诺夫站在同一条战线,向着共同的论敌发起了理论攻势。列宁指出:大改革后"民主主义者虽然善于指摘富豪的自由主义,可是不善于了解它并科学地说明它,不善于了解它在我国社会经济的资本主义组织下的必然性,不善于了解这个新的生活制度比旧的农奴制度进步,不善于了解这个制度所产生的无产阶级的革命作用,他们只是'唾弃'这种'自由'和'人道的'秩序,认为资产阶级性是一种偶然现象,期望'人民制度'中间还会出现另一种社会关系"。③ 列宁剥下了民粹派披着的农民社会主义的"人民之友"的外套,指出:"现在已经可以正视现实并公开承认:俄国除开资产阶级的和过时的农奴制的社会经济关系外,过去和现在都没有任何其他的社会经济关系,因此,除了经过工人运动是不能有别的道路通向社会主义

---

① 普列汉诺夫:《论一元论历史观之发展》,第245页。
② 普列汉诺夫:《无政府主义和社会主义》,三联书店1980年版,第104页。
③ 《列宁选集》,第1卷,第65—66页。

的。"①列宁坚持马克思主义的基本原理,明确俄罗斯的前途在于发展资本主义,而不是退回到宗法农民经济。列宁认为,在资本主义发展中,壮大无产阶级力量,造就千百万社会民主主义者。列宁指出:"资本主义按其本性来说是一种纯粹民主主义的制度。"②在资本主义条件下,列宁认为,"俄国共产主义者,马克思主义信徒,比其他任何人都更应把自己称为社会民主主义者。并在自己的活动中始终不忘民主主义的巨大重要性"。③列宁在俄国资本主义发展的前景中,看到了无产阶级革命胜利的晨曦。列宁在这一时段,坚决反对民粹派俄罗斯特殊性主张,尤其反对村社基础上的农民社会主义。

列宁高度准确地抓住民粹主义的理论核心,他在《我们拒绝什么遗产》一文中说:"我们是把民粹主义理解为包含有三个特点的观点体系,这三个特点是:(1)认为资本主义在俄国是衰落、退步。因此便有了'遏止'、'阻止'、'制止'资本主义'破坏'历代基础的意图和愿望以及诸如此类的反动的狂叫。(2)一般是认为俄国经济制度有独特性,特别是认为农民及其村社、劳动组合等等有独特性。人们不认为对于俄国经济关系必须应用现代科学所制定的关于各个社会阶级及其冲突的概念。农民村社制度被看做比资本主义制度更高、更好的东西;因此便产生了对'基础'的理想化。在农民中间否认和抹杀任何商品经济和资本主义经济所特有的矛盾,否认这些矛盾是与它们在资本主义工业和资本主义农业中更发展的形式相联系的。(3)忽视'知识分子'和全国法律政治机构是与

---

① 《列宁选集》,第1卷,第66页。
② 同上,第71页。
③ 同上,第70页。

一定社会阶级的物质利益相联系的。否认这些联系,对这些社会因素不做唯物主义的解释,于是认为它们是能够'把历史拖到另一条路线上去'(瓦·沃先生)、'越出轨道'(尼·—逊、尤沙柯夫诸位先生)的力量。"①

列宁站在世界时间普世性高度逐条批驳了民粹主义的观点,列宁批判道:"民粹派分子醉心于把资本主义对历代基础的破坏加以遏止和制止的愿望,干出了对于历史非常没有道理的事情,他们忘记了:在这个资本主义后面,除了同样的剥削,再加上使劳动人民更受压迫的各种各样的奴役和人身依附而外,除了社会生产方面、因而一切社会生活方面的陈腐和停顿的现象而外,是没有别的什么东西的。从自己的浪漫主义的、小资产阶级的观点来与资本主义作战,民粹派分子把任何历史的现实主义都抛弃了,总是把资本主义的现实同对资本主义以前的制度的虚构加以比较。"②列宁敏锐地把握了民粹主义超越资本主义阶段的特殊性社会——经济发生学根源,在于"关于俄国的独特性的学说,迫使民粹派分子……以惊人的轻率态度对待西欧文化的许多成就;……民粹派分子不仅不把西欧先进思想对资本主义及其一切现象的分析用之于神圣的俄罗斯,而且竭力想出一些借口不对俄国资本主义作出曾对欧洲资本主义作出过的结论。……民粹派对农村的理想化和粉饰,……不顾一切要把我们的农村看做某种特别的东西,与资本主义以前的关系的时期中任何其他国家的任何农村的制度根本不同的东西,——这种理想化是与清醒的、现实主义的遗产的传统处在

---

① 《列宁选集》,第1卷,第136页。
② 同上,第139—140页。

最高度的矛盾中。资本主义愈往前愈深入地发展,任何商品——资本主义社会所共有的矛盾在农村中就表现得愈厉害,……民粹派分子对于农民在当前经济发展下的真正需要采取了极其轻率的态度。……宁肯停滞,而不要资本主义发展,——实质上这就是每个民粹派分子对农村的看法,……事实上,大概没有哪个民粹派分子敢于否认农民村社的等级制的闭关自守、连环保、禁止出卖土地和抛弃份地的制度是与现代经济的现实状况、与现代商品——资本主义关系及其发展处于最尖锐的矛盾中。否认这个矛盾是不可能的,但全部实质在于民粹派分子像害怕火一样地害怕这样提出问题,这样把农民的法律状况与现实经济状况、与当前的经济发展加以对比。民粹派分子顽固地相信不存在的,由他们浪漫主义地空想出来的没有资本主义的发展,……因此他们打算阻止现在这个循着资本主义道路进行的发展。……每个民粹派分子都在讲我国农业中的资本主义的害处和危险,因为,……资本主义用雇农来代替独立的农民。资本主义的现实('雇农')与关于'独立'农民的虚构是对立的,因为这个虚构是建立在资本主义以前时代的农民占有生产资料这一点上,可是谦虚地闭口不谈下列事实:使用这些生产资料要付出比这些生产资料的成本多一倍的代价;这些生产资料是为履行工役而使用的;这种'独立'农民的生活水平十分低,在任何一个资本主义国家中都会把他们算作贫民;这种'独立'农民除了绝望的贫穷和智力的迟钝以外,还有资本主义以前的经济形式所必然带有的人身依附"。[①]

列宁对上层建筑与经济基础间的辩证唯物主义关系进行剖

---

① 《列宁选集》,第 1 卷,第 140—144 页。

析,指出民粹主义特殊性理念的精神发生学根源。列宁指出:"民粹主义的第三个特点是忽视'知识分子'和全国法律政治机构与一定社会阶级的物质利益的联系。这个特点与上述两个特点有着不可分割的联系,因为只有在社会学问题上缺乏现实主义才能产生关于俄国资本主义的'错误性'和'越出轨道'的可能性学说。……民粹派……在社会学方面缺乏现实主义,也使得他们在思考和议论社会的事情和问题的时候,采取了一种可说是知识分子狭隘的自以为是的或者甚至可说是官僚主义的特别思维方式。民粹派总是议论着:'我们'应当给祖国选择什么道路;如果'我们'让祖国走这样的道路,那么会遇到什么灾祸;如果我们避开欧洲老婆婆所经过的危险道路,如果既从欧洲又从我们古老的村社制度'吸收好东西',那么'我们'能保证什么样的出路,以及其他等等。因此,民粹派分子对于根据自己的利益来创造历史的各个社会阶级的独立的趋向采取了完全不信任和轻视的态度。……(大)改革后俄国经济发展在俄国社会思想面前所提出的新问题,民粹派并没有解决,而仅仅在这些问题上发出了感伤的和反动的悲叹,……民粹派却用自己的浪漫主义阻挡了获得解决的道路,因此拖延了它们完全的解决。"[1]

从1894年至1903年,列宁和普列汉诺夫代表了世界时间普世性时代精神,运用马克思主义辩证唯物论和唯物历史观,集中回答了民粹派以村社为载体的俄罗斯特殊性超越普世性的重大理论问题,指明了俄罗斯社会历史发展的规律及无产阶级革命斗争的前景,澄清了民粹派造成的思想混乱。1898年3月,在普列汉诺

---

[1] 《列宁选集》,第1卷,第144—146页。

夫和列宁思想的影响下,俄国马克思主义工人政党——俄国社会民主工党在明斯克成立。在建党前一年,列宁在《俄国社会民主主义者的任务》一文中明确提出:"社会民主主义者在实际活动方面的任务,是领导无产阶级的阶级斗争,并把这一斗争所表现的两种活动组织起来:一种是社会主义的斗争(反对资产阶级,目标是破坏阶级制度,组织社会主义社会),另一种是民主主义的斗争(反对专制制度,目标是在俄国争得政治自由,并使俄国政治制度和社会制度民主化)。"[①]列宁在建党伊始,就强调俄国工人阶级政党肩负着民主主义革命和社会主义革命的双重任务。因为,俄国资产阶级由于先天的缺点,使其无法完成应由其进行的资产阶级民主革命的使命,这是俄罗斯特殊性对世界时间普世性的阶级担当群体异化的结果。针对俄国资本主义的特殊性,列宁指出:"资本主义按其本性来说是一种纯粹民主主义的制度,但它在我们俄国却特别地倾向于牺牲自己的民主主义,而同反动派勾结起来压迫工人,更加厉害地阻止工人运动的出现。"[②]列宁规定工人阶级政党政治斗争的目的是推翻专制主义统治,在这方面应和一切反对专制主义的社会阶级及政治力量建立广泛的联盟。列宁指出:"在民主主义的政治斗争中,俄国工人阶级却不是孤立的;所有一切持反政府态度的分子、阶层和阶级,都是与它站在一起的,因为他们也仇视专制制度,并用这种或那种形式进行反对专制制度的斗争。在这里与无产阶级站在一起的,有属于资产阶级、有教养的阶级、小资产阶级以及受专制制度压制的民族或宗教和教派等等的持反政府

---

① 《列宁选集》,第1卷,第96页。
② 同上,第71页。

态度的分子。……社会民主主义者支持社会中进步阶级去反对反动阶级,支持资产阶级去反对那些特权等级土地占有制的代表人物,反对官吏,支持大资产阶级去反对小资产阶级的反动妄想。……社会民主主义者支持一切反对现存社会制度的革命运动,支持一切被压迫的民族,被迫害的宗教,被贱视的等级等等去争取平等权利。"①

在俄罗斯社会转型中,1905年革命前,列宁与普列汉诺夫共同坚持世界时间普世性马克思主义内涵的社会民主主义,对坚持俄罗斯特殊性的各种思潮及其表现进行不调和的理论斗争。列宁认为,无产阶级是实现现代化,建设新社会的主力军。俄国社会民主主义运动由理念转变为实践,是俄国社会转型新的力量出现的标志。列宁指出:"俄国社会民主派还很年轻,刚刚在走出那以理论问题占主要地位的萌芽状态。它才刚刚开始展开实际活动。"②列宁要求社会民主主义者发挥社会转型的先锋队作用:"唤醒并发展那些完全不需要社会主义,但日益感到专制制度的压迫和政治自由的必要性的社会集团和阶级的阶级自觉。"③

社会民主主义在对民粹主义的论战中取得胜利后,在组织建设上取得里程碑式的成果——俄国社会民主工党建立了。随着俄罗斯社会转型在普世性与特殊性矛盾的交织中曲折演进,特别是斯托雷平改革后,俄国出现的新形势,使得社会民主主义内部发生了变化。列宁对于俄国问题的理论思考,从对特殊性的否定开始转向否定之否定。列宁认为,俄国革命胜利的前提是土地革命,反

---

① 《列宁选集》,第1卷,第100—101页。
②③ 同上,第111页。

对斯托雷平改革中的土地私有化政策。列宁指出:"在经济学形式上是错误的东西,在历史上可以是正确的。"①土地国有化在西欧并未有过类似的先例,这是因为俄罗斯的特殊性国情使然。列宁指出:在斯托雷平改革过程中,"经济上的必然性使俄国农民群众成了土地国有化的拥护者。……他们之所以赞成土地国有,是因为实际生活要求他们摆脱中世纪式的村社和中世纪式的份地占有制。他们之所以赞成土地国有,并不是因为他们想要建立或者可以建立社会主义的农业,而是因为他们过去和现在都想建立而且可以建立真正资产阶级的小农业,也就是尽可能摆脱一切农奴制传统的小农业"。②列宁对于这种农民土地国有化主张设定了一个政治前提,"不但需要有地方的民主制,而且一定要有'中央的'民主制,即国家中央政权的民主制,——不只是一般的民主制,而且一定要是最完全最高级的民主制,因为没有这种民主制,俄国的农民土地革命,就科学意义上来说,就会成为空想"。③

斯托雷平改革后,民粹主义以捍卫村社的神圣名义,同时向分居左、右两翼的世界时间普世性的社会民主主义、斯托雷平改革举措发起冲击。民粹主义政党——成立于1901年的社会革命党主张实行国家政权主导下的土地社会化,就是土地国有化。普列汉诺夫坚决反对土地国有化的主张,他指出:"如果我们必须在国有化和(私有化)分配之间作选择,则我们应当选择分配。从我们的观点来看,分配无疑会有许多不方便的因素。但是同国有化比较起来,它会有一个巨大的优点,就是它会彻底地打击我国的旧制

---

① 《列宁全集》,第18卷,第352页。
② 《列宁选集》,第1卷,第771页。
③ 同上,第775页。

度,在这种制度下,无论土地或农耕者都是国家的财产,这种制度不过是作为所有强大的东方专制制度基础的经济制度的莫斯科版本而已。土地国有化会是使这个早在 18 世纪即已受到几次严重的打击而为 19 世纪下半叶的经济发展进程所大大动摇的制度在我国复辟的一种企图。"① 普列汉诺夫对俄罗斯特殊性的任何变异形态洞若观火,不妥协地与之进行斗争。土地问题引发了俄国社会民主工党内部自 1903 年就存在的以列宁为首的布尔什维克与孟什维克在党的基本政策上的分歧,普列汉诺夫在 1906 年 6 月份写道:"现在的布尔什维克——同现在的孟什维克在土地纲领问题上发生了分歧,其次在整整一系列最重要的策略问题上发生了分歧。"②

普列汉诺夫的特殊性否定立场,标志着社会民主主义在取向上与民粹主义的根本区别。对于列宁为土地国有化辩护的新立场,普列汉诺夫说:"我(抱歉得很)坚决认为不需要支持农业小市民。就其同大市民相对立而言,他是保守的,甚至是反动的。他力求阻碍资本主义的发展;他强使历史的车轮向后转。"③ 普列汉诺夫对 1905 年前后列宁理论观点的变化没有理解,简单化地区分为"新列宁"与"旧列宁"。他在 1905 年 1 月致中央委员会的信中,坦言:"所有这些原理都是根据《共产党宣言》早就说过的那个根本原则来的,这原则说,我们必须支持'一切皆在反对现存社会关系和政治关系的革命运动',——所以我同意旧列宁的意见,所以我对于新列宁几乎推翻他崇拜过的一切东西,而推崇几乎一切他推翻

---

① 《普列汉诺夫机会主义文选》,上册,三联书店 1973 年版,第 299 页。
② 《普列汉诺夫机会主义文选》,下册,第 68—69 页。
③ 《普列汉诺夫机会主义文选》,上册,第 309 页。

过的东西感到遗憾。"①

列宁对于俄罗斯特殊性的否定之否定,不同于普列汉诺夫的否定。列宁指出:"马克思主义者绝对相信俄国革命是资产阶级性的革命。……那些对俄国来说是势在必行的政治制度方面的民主改革和社会经济方面的改革,就其本身来说,不仅不会摧毁资本主义,不仅不会摧毁资产阶级的统治,反而会第一次为资本主义的广阔、迅速的发展,即欧洲式的而不是亚洲式的发展,真正扫清基地,第一次使资产阶级这个阶级的统治成为可能。"②列宁并未否定俄国革命的资产阶级性质,相反对于资产阶级革命给予了政治上的肯定。列宁指出:"除了使资本主义向前发展以外,妄想在任何其他方面替工人阶级寻找出路,都是反动的。在俄国这样的国家里,工人阶级与其说是苦于资本主义,不如说是苦于资本主义发展得不够。因此,工人阶级和资本主义的最广泛、最自由、最迅速的发展有绝对的利害关系。消灭一切妨碍资本主义广泛地、自由地和迅速地发展的旧制度的残余,对工人阶级是绝对有利的。资产阶级革命正是要最坚决地扫除旧制度的残余,即农奴制残余(属于这种残余的不仅有专制制度,而且有君主制度),要最充分地保证资本主义获得最广泛、最自由和最迅速的发展。因此,资产阶级革命对无产阶级是极其有利的。从无产阶级的利益着想,资产阶级革命是绝对必要的。"③列宁要求无产阶级在即将到来的资产阶级革命中,担负主要任务:"资产阶级在资本主义社会中的阶级地位必然使它在民主革命中表现不彻底。无产阶级的阶级地位却必然使

---

① 《普列汉诺夫机会主义文选》,上册,第 123 页。
② 《列宁选集》,第 1 卷,第 539 页。
③ 同上,第 541 页。

它成为彻底的民主主义者。资产阶级老是向后看,害怕势必使无产阶级加强起来的民主进步。无产阶级所失去的只是一副锁链,而它借助于民主制度取得的将是整个世界。……马克思主义教导无产者不要避开资产阶级革命,不要不关心资产阶级革命,不要把革命中的领导权让给资产阶级,相反地,要尽最大的努力参加革命,最坚决地为彻底的无产阶级民主主义、为把革命进行到底而奋斗。"①列宁指出在资产阶级革命阶段,无产阶级及其政党就应该掌握领导权,这是列宁关于"社会主义一国胜利论"的思想序曲。列宁从俄罗斯特殊性国情出发,强调:"我们不能跳出俄国革命的资产阶级民主的范围,但是我们能够大大扩展这个范围,我们能够而且应当在这个范围内为无产阶级的利益奋斗、为争取条件积蓄无产阶级的力量以便在将来取得完全胜利而奋斗。"②列宁对于无产阶级主导的俄国资产阶级革命对于全欧洲、全世界无产阶级革命的启示作用的前景,充满了必胜的乐观主义情怀。他指出:"俄国的经济制度和政治制度沿着资产阶级民主方向的改革是不可避免和不可排除的。世界上没有一种力量能阻止这种改革。……可能得出这种改革的两种结果或两种形式。二者必居其一:(1)或者结果是革命对沙皇制度的彻底胜利;(2)或者是取得彻底胜利的力量不够,结果便是沙皇政府和资产阶级中最'不彻底'、最'自私自利的'分子妥协分赃。"③列宁早在1905年就预见到了十月革命的政治形态,指出:"'革命对沙皇制度的彻底胜利',就是实现无产阶

---

① 《列宁选集》,第1卷,第542—543页。
② 同上,第543页。
③ 同上,第546页。

级和农民的革命民主专政。"①资产阶级革命导致无产阶级和农民的革命民主专政,表面上看似乎不合逻辑,这就是俄罗斯的历史实际。二月革命彻底推翻了沙皇制度,临时政府先后以资产阶级立宪民主党人和农业社会主义的社会革命党人为主体组阁,都没有挡住十月革命的人民群众创造历史的洪流冲击,最终在俄国建立起工农革命民主专政的苏维埃政权。列宁豪迈地指出:"最后,……把革命火焰燃烧到欧洲去。……这样一种胜利,对俄国和全世界的将来的发展,都有极其重大的意义。除了已经在俄国开始的革命的这种彻底胜利以外,再没有什么东西能把全世界无产阶级的革命毅力提高到这种程度,再没有什么东西能把达到全世界无产阶级完全胜利的道路缩得这样短。"②列宁完成了对俄罗斯特殊性的否定之否定,把无产阶级革命作为社会转型的历史创造主体,实行不间断的跨越,在资产阶级革命中创造无产阶级革命彻底胜利的条件,使革命毕其功于一役。由于俄国没有数量庞大的中小资产阶级,即中产阶级,这样的革命在俄罗斯发生是完全现实的。

普列汉诺夫固守在俄罗斯特殊性否定的立场上,拒绝列宁对其的批评。他说:"向我们提出责难的同志们同我们一样认为俄国现在所面临的革命不是无产阶级革命,而是资产阶级革命。不过我们劝无产阶级(它注定要在这次资产阶级革命中扮演主要的角色)及时地关心使惟一能参加斗争的所有那些资产阶级分子都参加这个正在进行的斗争,我国假急进派的同志们则希望资产阶级革命由无产阶级的力量来独立完成。"③普列汉诺夫观点被列宁批

---

① 《列宁选集》,第 1 卷,第 547 页。
② 同上,第 548 页。
③ 《普列汉诺夫机会主义文选》,上册,第 131 页。

评为机会主义,他指责列宁是急进主义。普列汉诺夫主张严格遵循马克思主义历史唯物论的阶段论,反对在资产阶级革命中无产阶级起主导作用。他说:"向我们提出责难的同志同我们之间的分歧可以用下面两句话来归纳:我们——'机会主义者'——希望把即将来临的政治斗争的重担哪怕是部分地从无产阶级肩上转移到资产阶级肩上。他们——'急进主义者'——希望这个重担全部由无产阶级挑起来。"[①]普列汉诺夫是一个否定历史时间特殊性到了偏执程度的俄国马克思主义者,他不肯出于策略或战术考虑,对特殊性作出妥协或让步。普列汉诺夫认为,对历史时间特殊性的妥协、让步或迁就,只会使俄国以革命为载体的社会转型离开世界时间普世性内涵更加遥远,其革命历程更加曲折。普列汉诺夫认为,在资产阶级革命中试图达到建立无产阶级专政的目标是违反马克思主义唯物史观揭示的社会历史发展规律的。因而,普列汉诺夫认为,在资产阶级革命中,社会民主主义者的任务是议会斗争和思想宣传,是"向无产阶级说明他们获得解放的历史条件。在我国,推翻旧制度无疑是这些条件中的一个。但是推翻这个制度要求所有那些希望夺取政治自由的居民阶级和阶层同心协力地对他施加压力。社会主义的宣传应当向无产阶级说明这个道理,无产阶级也应当了解,当自己的代表们在杜马中给专制政府以严重打击时,他们也就是在完成他们的无产阶级事业。……民主主义鼓动的最近目的是建立这样一些条件,在这些条件下资本主义生产关系将获得最大的发展。但是,正如马克思早就说过的,工人们知道,或者至少应该知道,'他们自己的革命运动只有借助于资产阶级反对

---

① 《普列汉诺夫机会主义文选》,上册,第 131 页。

封建等级和专制君主制的革命运动才会加快起来。'既然无产阶级知道或者至少应该知道这个道理,那么把社会主义宣传任务同民主主义鼓动任务对立起来就不合逻辑了。民主主义鼓动不是社会主义宣传;但是指出民主主义鼓动的充分必要性应当是俄国社会主义宣传的第一步。"①普列汉诺夫严格地区分了民主主义与社会主义的革命任务的差异,指出当时社会民主党人主要是争取资产阶级民主革命的胜利。普列汉诺夫与列宁对革命的目标与步骤产生了较大的分歧,实质是在革命问题上俄罗斯是否也有特殊性。两人都是从特殊性否定立场上接受马克思主义的,普列汉诺夫把特殊性的否定性彻底地贯穿始终,列宁则对特殊性进行了否定之否定的思维与实践互动过程。

在20世纪初,斯托雷平改革后,俄国社会民主工党内部分别以列宁和普列汉诺夫为代表的两派意见,争论的是当时革命的性质。实质是传统化特殊性的否定与否定之否定的两种思想路线的斗争。这再次证明了,特殊性与普世性在社会转型中,很难用泾渭分明的尺度去界定、衡量。这表明,特殊性并非与普世性隔着一道万里长城,相反,特殊性具有吸纳与整合的演进机制,在其与普世性共时性存续过程中,吸纳不少普世性的精髓。特殊性由之而恢复机能,甚至成长出世界时间普世性的替代模式。

特殊性的现代化、普世化不是线性的,而是非线性的。其合法性依据,是对普世化线性规律的证伪,民粹主义在19世纪后半叶做大量的理论与实践工作。20世纪初,社会革命党也在这方面倾注了大量精力。俄罗斯精神宝库中,这方面的资源俯拾即是。特

---

① 《普列汉诺夫机会主义文选》,下册,第395页。

殊性整体化更新,或者进化,须经与现代性普世化的互相碰撞、冲突,最终走向融会而达成。其前提是,传统化特殊性要认同于普世性取向,而不是坚守其特殊性取向的普世化形式。俄罗斯特殊性是一个特别强韧的文化实体,具有巨大的内在悖论性与强大的异化异质文明的能力。历经千百砥砺,始终屹立无恙,始终能够移花接木、顺势应时,以不同形态顽强地展现特殊性的独到神韵。

  在20世纪初的历史语境中,俄罗斯特殊性与传统是同义语。斯托雷平改革后,列宁看到新的革命形势,即农民运动的兴起,农民要求土地国有化的呼声普遍高涨。普列汉诺夫则认为,农民反斯托雷平改革,要求土地国有化是退回到传统中去。列宁对传统是否定之否定,普列汉诺夫对传统则是彻底否定。西方学者说:"反逆传统并非全是坏事,有时,反逆旧日的事物,往往是生命健康的记号,而且,要产生艺术上新的派别或形式,反逆传统是不能避免的事。可是,我们不能因此说,反逆传统即是真理。现代有许多人认为,否认一切传统,不承认任何事物,即等于创造新事物。这类想法是错误的,大家这样想,就会走上虚无主义之路。"[①]传统与现代化不是截然分割的相对立的存在,而是在一定的时空结构中,盘绕交错,易色而服,难辨雌雄。普列汉诺夫直到生命尽头,仍固守着世界时间普世性的底线。

  1917年4月,列宁发表了著名的《四月提纲》,提出在二月革命后,俄国革命"是从革命的第一阶段过渡到革命的第二阶段,第一阶段由于无产阶级的觉悟不高和组织不够,政权落到了资产阶

---

① 转引自金耀基:《从传统到现代化》,中国人民大学出版社1999年版,第190页。

级手中,第二阶段则应当使政权转到无产阶级和贫苦农民手中"。① 列宁以一个伟大马克思主义者的辩证唯物论的理论创新与实践勇气,提出了变资产阶级革命为无产阶级革命的重大历史性课题。从理论和实践两个方面,完成了对俄罗斯特殊性的否定之否定。

普列汉诺夫则认为,欧洲还不具备发动社会主义革命的经济条件,在俄国更是如此,应先完成资产阶级革命,然后才能考虑无产阶级革命。普列汉诺夫对列宁提出的转入无产阶级革命的主张,引述马克思的话,大加抨击:"马克思……直截了当地说,在一国的生产方式还促进该国生产力的发展而不是阻碍它的发展以前,它绝不会退出该国的历史舞台。现在试问,资本主义在俄国的情况如何?我们有没有根据断言,我国资本主义的黄金时代已经过去,也就是说,它达到了这样一个高级阶段,在这个阶段上它不再促进本国的生产力的发展,相反,而是阻碍它的发展呢?前面我说过,俄国不仅吃存在资本主义的苦头,而且也吃资本主义生产方式不够发达的苦头。俄国那些称自己是马克思主义者的人中间从来还没有什么人反驳过这条无可争辩的真理。……就连列宁也没有反驳过它。……实际上他是同(以马克思的理论为依据的)社会主义政策的一切前提以及自己的一切强有力的论据完全断绝关系,而转入无政府主义者的阵营,那些无政府主义者总是不断号召各国工人实现社会主义革命,而从不过问这一或那一个别国家究竟处在什么样的经济发展阶段。"② 普列汉诺夫完全以世界时间普

---

① 《列宁选集》,第3卷,第2页。
② 普列汉诺夫:《在祖国的一年》,三联书店1980年版,第22—23页。

世性的经济标准来看待《四月提纲》,把列宁倡导的无产阶级革命,指责为无政府主义。他认为,资本主义在俄国还远未发挥出它的全部潜力,因而社会主义革命还提不上日程。普列汉诺夫坚持马克思主义历史唯物论的结论,看不到二月革命后俄国形势的复杂性与国际环境的紧迫性,一味拘泥于理论上的社会发展时序,忘记了在非常的时期,要有非常的措施,才能取得非常的成就。他学究式地劝谕道:"以马克思的学说为依据的社会主义政策当然有自己的逻辑。如果一国的资本主义尚未达到阻碍本国生产力发展的那个高级阶段,那么号召城乡工人和最贫苦的农民推翻资本主义就是荒谬的。"[①]普列汉诺夫下面的一些话,在 21 世纪初重读起来,恐怕会有一种令人不寒而栗的预言性震撼。他说:"我们有一位同志在工兵代表苏维埃里反驳列宁的提纲,他曾经提醒列宁注意恩格斯的一句十分正确的话:对于一个阶级来说,最大的具有历史意义的灾难莫过于由于不可克服的客观条件而不能达到它的最终目的的时候就夺取政权。不用说,这样的提纲是不可能开导具有现代无政府主义情绪的列宁的。他把所有那些在工兵代表苏维埃里反驳过他的人一概叫做接受资产阶级影响并把这种影响带给无产阶级的机会主义者。这又是无政府主义者的口吻。如果读者愿意费一点气力翻翻巴枯宁的《国家制度与无政府状态》这本旧书的话,那就会看到,这位俄国无政府主义之父曾经把马克思本人看作是接受资产阶级影响并把它的影响带给无产阶级的机会主义者。而且也不能不这样。无政府主义也有自己的逻辑。列宁的全部提纲完全符合这种逻辑。整个问题在于:俄国无产阶级是否同意接

---

① 普列汉诺夫:《普列汉诺夫机会主义文选》,下册,第 24 页。

受这个逻辑。要是俄国无产阶级同意接受它,那就不得不承认我们30多年来在俄国努力宣传马克思的思想这个工作是没有成效的。"①

列宁认为,俄国在二月革命要实现从帝国主义世界大战全身而退的和平,就必须在业已进行的资产阶级革命的基础上,继续进行反对资产阶级政权的无产阶级革命。列宁指出:"要用真正民主的而不是强制的和平来结束战争,就非推翻资本不可。"②普列汉诺夫反对在二月革命的条件下,继续进行反对资本主义的无产阶级革命,反对推翻临时政府,号召工人阶级团结在临时政府周围。他在致铁路工人的信中说:"我们大家都应当把自己本身的力量组织起来,齐心协力地团结在我国临时政府周围,这个政府的纲领广泛而且鲜明地表达了整个民主俄国当前最迫切的利益。我当然知道,临时政府不是某一个社会阶级的政府。但是这种情况并不使我这个早就坚持无产阶级观点的人感到不安。当代俄国无产阶级最幸运的地方就在于:现在,在保卫新制度的斗争中,它的阶级利益和所有想要永远消灭旧制度残余的那些居民阶层的利益是一致的。如果俄国无产阶级懂得这个道理,它今后就不应该提出会使得自己同这些阶层分离的政策,而要提出使两者团结起来的政策。"③普列汉诺夫坚决反对推翻临时政府,认为社会民主主义者应该拥护临时政府。他说:"只有在进行社会革命所必需的客观条件业已具备时,夺取政权才是有意义的。目前,这许多条件还不存在,……俄国各左翼政党的任务,就在于不断巩固刚刚完成的革命

---

① 普列汉诺夫:《普列汉诺夫机会主义文选》,下册,第24页。
② 《列宁选集》,第3卷,第2页。
③ 普列汉诺夫:《普列汉诺夫机会主义文选》,下册,第27页。

所获得的阵地。为了解决这个任务,它不应该像某些政治上的狂热分子所希望的那样去推翻临时政府,而应该齐心协力地支持它。"①

在如何看待临时政府,是否推翻它的重大问题上,列宁与普列汉诺夫尖锐对立。列宁认为,二月革命后,出现了临时政府和工兵代表苏维埃两个政权。列宁对于两个政权的性质作出界定:"除临时政府即资产阶级政府外,形成了另一个政府,即工兵代表苏维埃,这个政府还很软弱,处于萌芽状态,但确实存在,并且在日益成长。后一个政府的阶级成分怎样呢?是无产阶级和农民(穿军服的农民)。这个政府的政治性质怎样呢?是革命的专政,……这个政权和1871年的巴黎公社是同一类型的政权。"②对于是否推翻临时政府的问题,列宁说:"我的回答是:应该推翻它,因为它是资产阶级寡头政府。"③列宁对普列汉诺夫的指责,进行了反驳:"普列汉诺夫先生在他的《统一报》上拼命地叫喊无政府主义,这不过是再次证明他离开马克思主义罢了。我在《真理报》上,曾向普列汉诺夫挑战,要他谈一谈马克思和恩格斯在1871、1872、1875年是怎样谈论国家的,普列汉诺夫先生对于这个问题的本质始终默不作答,只是像被激怒了的资产阶级那样咆哮了一通。"④

针对"两个政权"并存的特殊情况及发展趋势,列宁明确指出:"一国之内绝不能有两个政权,其中必有一个要化为乌有。现在,俄国的整个资产阶级正在各处拼命用各种办法排除、削弱和消灭

---

① 普列汉诺夫:《在祖国的一年》,第29页。
② 《列宁选集》,第3卷,第7页。
③ 同上,第9页。
④ 同上,第19页。

工兵代表苏维埃,好造成资产阶级单一政权。两个政权并存的局面只是反映了革命发展中的一个过渡时期,这时革命已超出了一般的资产阶级民主革命的范围,但是还没有达到'纯粹'工农专政。"① 列宁的主张,是在革命条件下对俄罗斯特殊性否定之否定的合乎逻辑与规律的发展。

普列汉诺夫站在俄罗斯特殊性的彻底否定性立场,则持完全相反的见解,认为工兵代表苏维埃不应该取代、更不应该妨碍临时政府的工作,而应该与临时政府积极协作。普列汉诺夫说:"为了避免国内战争,工兵代表苏维埃应该和临时政府达成协议。整个国家的利益、俄国劳动居民的利益、光荣的俄国革命的利益,都要求它这样做。"② 普列汉诺夫对当时条件下实行革命专政的前景感到忧虑,他认为,这种专政将是一种军事暴力。他说:"工兵代表苏维埃一旦把军权抓到自己手中就会为列宁分子所谈论的无产阶级专政奠定基础,然而迄今为止其他各派的代表都认为这种专政是不合时宜的,因而是有害的。而且这种专政将是最不完备的,因为它只是彼得格勒工兵代表苏维埃执行委员会的单独专政。那时我们面临的将不是工人阶级专政,而是几十个人的专政。"③

列宁认为,社会民主主义已经无法代表布尔什维克的理论体系,因此,关于"我们党的名称问题。我们应该像马克思和恩格斯所自称的那样,叫做共产党"。④ 列宁号召建立"第三国际",把布尔什维克主义国际化。列宁要求"我们党不应当'等待',应当立刻

---

① 《列宁选集》,第3卷,第28—29页。
② 普列汉诺夫:《在祖国的一年》,第41页。
③ 同上,第74页。
④ 《列宁选集》,第3卷,第51页。

建立第三国际"。① 列宁认为,必须清除社会民主主义对俄国无产阶级的影响,尤其是对布尔什维克的影响。民主主义已经成为革命深入发展的绊脚石,列宁指出:"现在世界上没有一个国家有俄国这样的自由。……要向前看正在诞生的新的民主,这种民主已经不称其为民主,因为民主就是人民的统治,而武装的人民是不能自己统治自己的。民主这个词用在共产党身上,不仅在科学上不正确,而且在 1917 年 3 月以后,它已成为遮住革命人民眼睛的眼罩,妨碍他们自由地、大胆地、自动地建设新的工兵农代表苏维埃,使它成为'国家'的惟一政权,成为所有国家'消亡'的前驱。"②

国际社会主义运动的忠贞女革命家、理论家罗莎·卢森堡在 1918 年撰写的《论俄国革命》一书,从马克思主义的世界时间普世性内涵出发,指出:"我们从来不是形式民主的偶像崇拜者,这不过是说:我们始终把资产阶级民主制的社会内核同它的政治形式区别开来,我们始终揭露形式上的平等和自由的甜蜜外壳所掩盖着的社会不平等和不自由的酸涩内核——不是为了抛弃这个外壳,而是为了激励工人阶级,叫他们不要满足于外壳,去夺取政权,以便用新的社会内容去充实这一外壳。如果无产阶级取得了政权,它应当创造社会主义民主制去代替资产阶级民主制,而不是取消一切民主制,这是无产阶级的历史使命。"③

普列汉诺夫面对社会民主主义运动在革命条件下的日益分裂,感到无可奈何,他认识到,组织分裂是思想分歧的必然结果。他说:"像列宁一样,……不仅置身于俄国社会民主党之外,而且也

---

① 《列宁选集》,第 3 卷,第 50 页。
② 同上,第 51、53 页。
③ 罗莎·卢森堡:《论俄国革命·书信集》,贵州人民出版社 2001 年版,第 33 页。

置身于全世界一切社会民主党之外。他属于这样一类的革——革——革命者,这些人认为全世界的社会民主党都不够革——革——革命,因而他们就自称为共产主义者。"①

在1917年2月革命后,列宁认识到,农民是革命可以依靠的另一支重要力量。动员农民参加革命,最有力的措施,就是解决土地问题。列宁在1917年上半年,为布尔什维克党拟定了全俄农民第一次代表大会关于土地问题的决议草案。针对农民与土地的关系,这一俄罗斯社会转型的核心问题,草案宣布:"1. 一切地主的和私有的土地,以及皇族和教堂等等的土地,都应该无偿地交给人民。2. 农民应该通过农民代表苏维埃立刻有组织地夺取当地的全部土地,这丝毫不妨碍立宪会议或全俄苏维埃会议(如果人民把中央政权交给它的话)将来对土地制度做最后的决定。3. 土地私有制应该根本废除,即全部土地应该归全体人民所有。土地应该由地方民主机关来支配"。②

普列汉诺夫反对列宁的土地问题决议草案,他在致同一个大会的信中说:"农民需要土地。为了满足这一需要,你们想把一切国有的、寺院的、教会的和私有的土地都变成人民的财产,不付任何赎金而平均分配给劳动者使用。你们的决议就是这样说的。在私有的土地中,当然地主的土地最多。可是目前不少农民也有私人地产。这些财产的数量多半都很小。难道你们要不付赎金而夺取这些私有者的土地吗?在我看来,这既不公正,也不合算。说不公正是因为占有土地的小农往往为这些土地支付过他们辛苦赚来

---

① 普列汉诺夫:《在祖国的一年》,第107页。
② 《列宁选集》,第3卷,第93页。

的钱。说不合算是因为夺取了他们的土地,你们就有使他们成为我国新制度的敌人的危险。……他们会去支持那些力图恢复旧制度的人的阴谋。……我觉得最好是作这样的决定:不超过多少俄亩的私有地产仍然是不可侵犯的。究竟多少呢?这可以由立宪会议决定。……当俄国农民表示他们相信地主的土地应该属于国家时,这说明他们对于私有制俄国的土地关系史只有模糊的、似乎是本能的认识。"[①]普列汉诺夫认为剥夺私有土地,是有害无利的举措。他说:"一个大土地所有者,在占有大量土地时他是富人。然而只有当他的土地还没有被人夺去的时候,他才是富人。一旦人们不付赎金而征收了他的土地,他就成了赤贫者。诚然,他可能有钱存在银行里。如果他的钱相当多,他是不会完蛋的。要是他没有钱,他就必然会变成穷人。其他极大多数的土地私有者也将如此。现在请你们告诉我:在俄国制造赤贫对你们是否有利呢?我看不利。这是违反你们的利益的,同样也违反整个国家的利益。因此,应该付给土地私有者一定的报酬。当然数目不大:俄国太穷了,无法向大地产所有者支付几百万,何况那些地产是他们的祖先们由于一些和人民的福利没有任何关系的劳务而获得的,然而使以前的土地所有者得到少量报酬而不致变成赤贫者却是必然的。……你们胜利了。当胜利者的胸膛内跳动着一颗狮子的心而不是一颗豺狼的心的时候,他会是宽宏大量的"。[②]

土地问题在1917年俄罗斯历史语境中,已不再是一个理论问题,而是关于革命两种走向的关键问题。农民占有土地的政治前

[①] 普列汉诺夫:《在祖国的一年》,第141—142页。
[②] 同上,第142—143页。

提，是无产阶级掌握国家政权。列宁指出："只有工兵代表苏维埃掌握国家政权,只有不依靠警察、官吏和脱离人民的常备军而依靠工农都参加的武装民警来管理国家,才能保证实现全体农民所要求的上述土地革命。"[①]列宁于十月革命胜利后的第二天,在全俄工兵代表苏维埃第二次代表大会上,发布《土地法令》。该法令宣布:"立刻毫无报偿地废除地主土地私有制。地主的田庄以及一切皇室、寺院和教堂的土地,连同耕畜农具、庄园建筑和一切附属物,一律交给乡土地委员会和县农民代表苏维埃支配,直到立宪会议解决了土地问题时为止。任何损害被没收的财产,即今后属于全民财产的行为,都是严重的罪行,应由革命法庭惩办。县农民代表苏维埃应采取一切必要措施,保证在没收地主田庄时遵守最严格的秩序,规定应没收地段的大小和应没收的是哪些地段,编造没收财产清册,并对转归农民所有的土地上的产业连同一切建筑物、工具、牲畜和储存产品等等用革命手段严加保护。"[②]《土地法令》实现了消灭土地私有制和农民土地社会化占有的目标,这是十月无产阶级革命胜利的政治结果。

普列汉诺夫基于俄罗斯特殊性的否定性立场,一以贯之地反对任何形式的土地国有化及其变种。普列汉诺夫说,俄国社会民主党"应当很小心地对待土地国有化的要求,因为在具备一定的政治条件下,即在我国旧沙皇制度为类似普鲁士半专制制度的某种制度所替代的那种场合下,这种措施就不会是革命的,而会是反动的,因为它会大大地促使半立宪制政府在它同革命党派的斗争中

---

① 《列宁选集》,第3卷,第83—84页。
② 同上,第361页。

取得胜利。我们的利益根本不在于增加小农的财产；但是如果我们没有别的选择,只能或者(一)把从大土地占有者手上夺来的土地变成'殷实农夫'的私有的——与资产阶级生产方式相适应的——财产,或者(二)根据导致国家对土地占有者的奴役的条件把它变成国家财产,那么,我们就毫不动摇地选择前者"。① 普列汉诺夫要求社会民主党人宁可支持土地私有化,也不支持可能增强国家专制权力的国有化。普列汉诺夫早在1905年革命后,就批评列宁的土地国有化观点："列宁用社会革命党人的眼光看待国有化。他甚而使用起他们的术语,……旧识相逢,不亦乐乎,但是看到社会民主党人采取民粹派的观点亦不乐也。俄国土地问题的历史与其说同西欧的历史相像,倒不如说它同印度、埃及、中国和其他东方专制制度的历史相像。……我国的情况是土地和耕田的人都受国家的束缚,而俄国的专制制度就是依靠这种束缚发展起来的。要粉碎专制制度,就必须消灭它的经济基础。所以我反对现在提出土地国有化,……列宁说：'我们能消除国有化的弊端',但是要消除国有化的弊端,就必须找到防止复辟的保障；然而这样的保障是没有的,也不能有。"② 普列汉诺夫认为,土地国有化为专制制度复辟提供了物质与制度的前提,相反却不能为防止这种复辟提供什么保障。

在前资本主义形态或资本主义生产方式与生产关系不发达的社会,激进主义措施,如国有化、社会化等,从世界历史进程的史实来看,不是跨越资本主义"卡夫丁峡谷"的"天堑变通途"的彩虹桥,

---

① 《普列汉诺夫机会主义文选》,上册,第175页。
② 同上,第331页。

倒是回归专制制度的终南捷径。列宁对普列汉诺夫的批评,进行针锋相对的反驳:"普列汉诺夫……把亚细亚生产方式为基础的国有化和以资本主义生产方式为基础的国有化混为一谈了。……普列汉诺夫企图用'复辟'这样的字眼来恐吓我们,但是这是毫无结果的。从他的论据中引证得出的是莫斯科俄国的复辟,即亚细亚生产方式的复辟,这在资本主义时代是最荒谬的。"① 那么,这种复辟在俄国是否具有现实可能性? 列宁自己在 1912 年 7 月,还称"俄国在许多重要方面无疑是一个亚洲国家,而且是一个最野蛮、最中世纪式、最落后可耻的亚洲国家"。② 这样一个俄国,不可能在短短的 5 年时间,到 1917 年一跃而成为能够防止亚细亚生产方式及制度复辟的先进欧洲国家。《土地法令》赋予农民自行占有私有者土地的权力,卢森堡指出,这是"同社会主义经营毫无共同之处的。"她强调,"农村的任何社会主义经济改革必须从大地方和中等地方开始"。③ 这样做的后果,卢森堡指出:"列宁的土地改革给农村的社会主义制造了一个新的强大的敌对的人民阶层,他们的抵抗比贵族大地主的抵抗危险得多,顽强得多。"④ 历史被卢森堡不幸言中,1918—1921 年,新生的苏维埃政权处于帝国主义武装干涉和自卫军叛乱双重绞杀的危局之中,从布尔什维克手中,分得土地的农民,却对苏维埃政权进行粮食封锁,不把粮食交给国家。列宁为首的苏维埃国家领导集团,被迫实行余粮征集制、取消市场交易等战时共产主义措施,引发了大规模的农民暴乱。这时的农

---

① 《列宁全集》,第 10 卷,第 299 页。
② 《列宁选集》,第 2 卷,第 423 页。
③ 卢森堡:《论俄国革命·书信集》,第 11 页。
④ 同上,第 14 页。

民大多是小自耕农,他们对新政权的敌视一点不逊于地主与富农。肖霍洛夫的名著《静静的顿河》,对此给予典型性的揭示。社会化的土地分配办法,导致农民与新政权不合作的负面效果。其原因,诚如卢森堡所洞悉的那样:"从前农村的社会主义改革最多遭到贵族大地主和资产阶级大地主这一个小小阶层以及很少数富裕的农村资产阶级的反抗,革命群众剥夺他们就像儿戏一样。现在,在'占有'以后,要对农业实行任何社会主义的社会化,遇到的敌人就是人数大大增加、力量大大加强的有产农民群众了,他们将拼命保卫自己新获得的财产,反对一切社会主义的侵犯。现在,关于今后的农业社会化问题,也就是俄国整个生产的社会化问题,已成为城市无产阶级和农民群众之间的对立和斗争问题。农民对城市实行抵制,不供给城市粮食,以便完全像普鲁士容克地主那样拿粮食来做投机买卖,这说明矛盾现在已经多么尖锐。法国的小农成了法国大革命最勇敢的保卫者,因为革命把没收来的流亡者的土地给了他们。他们作为拿破仑的士兵举着法国国旗走向胜利,走遍了整个欧洲,在一个接一个的国家摧毁了封建主义。列宁和他的朋友们可能曾经指望他们的土地口号起与此相似的作用。但是俄国农民自行掌握土地以后,连做梦也没有想到要保卫俄国和把土地交给他们的革命。他们一心想着他们的新财产,听任革命受敌人打击,国家瓦解,城市居民挨饿。"①宗法农民转变为小自有农,特别是这种转变的政治前提是超越资本主义的社会革命,农民从革命中获得了两件最宝贵的遗赠:绝对的土地占有和无契约约束的自由。农民在取得这两件宝贝后,对于如此重惠于己的革命漠不

---

① 卢森堡:《论俄国革命·书信集》,第14页。

关心,这是小农的本质。这时俄国汪洋大海般的小农与法国大革命时期的小农最大的区别,俄国小农是绝对自由的行为主体,而法国小农是拿破仑法典规范上权利与义务对等的民事主体。

在《土地法令》颁布不到三个月后,列宁在1918年1月11日所做的《关于人民委员会工作的报告》中说:"如果俄国农民愿意在同将要实行银行国有化和建立工人监督制的工人结成的联盟中实现土地社会化,那他们是我们忠实的合作者,是我们最忠实和最宝贵的同盟者。"[1]列宁既看到农民与苏维埃政权倡导的工农联盟合作的一面,也看到了农民小生产自发势力可能对这种合作进行抵制的一面。列宁警告说:"国内战争的经验,使农民清楚地看到,除了无产阶级专政和无情地镇压剥削者的统治外,再没有别的道路可以通向社会主义。"[2]

列宁总结了世界范围内社会革命的经验与教训,认为必须在十月革命胜利的俄国,建立起钢铁般苏维埃式的无产阶级专政,就能够战胜包括小农自发力量在内的各种势力的反抗与冲击。列宁指出:"历次革命中这个有历史意义的经验,这个全世界历史意义的——经济的和政治的——教训,马克思把它总结了,给了一个简单、严格、准确、明显的公式:无产阶级专政。至于俄国革命正确地实现了这个有全世界历史意义的任务,这已经由苏维埃组织在俄国一切民族中胜利地建立起来这一事实所证明。因为苏维埃政权——也就是无产阶级专政,先进阶级专政的组织形式。这个先进阶级,发动千百万被剥削劳动者来实行新的民主制,来独立参加

---

[1] 《列宁选集》,第3卷,第419页。
[2] 同上,第420页。

国家管理,而他们也正亲身体验到这个有纪律有觉悟的无产阶级先锋队是自己最可靠的领袖。"① 在当时历史条件下,俄罗斯特殊性的复杂局面,迫使布尔什维克以铁的专政手段,巩固政权,回击国内外敌人,特别是农民中小生产的自发势力的进攻。列宁认为,苏维埃政权专政力度还有待强化。列宁指出:"专政就是铁一般的政权,是有革命勇气的和果敢的政权,是无论对剥削者或流氓都实行无情镇压的政权。而我们的政权却软弱得很,往往不大像铁,却很像糨糊。我们一分钟也不应忘记,资产阶级的和小资产阶级的自发势力从两方面来反对苏维埃政权:一方面,是从外部来进攻,……另一方面,是这种自发势力从内部来进攻,……我们愈是采用武力彻底镇压资产阶级,则小资产阶级无政府状态的自发势力对于我们也就愈加危险。要与这种自发势力作斗争,……必须采用强迫手段。随着政权的基本任务已经逐渐由武力镇压转到管理工作,镇压和强迫一般也表现为逐渐由法庭审判,而不是就地枪决。"②

苏维埃政权实行的无产阶级专政是从国家治理手段上,对俄罗斯特殊性的否定之否定。从马克思主义普世性内涵出发,卢森堡当时对此提出异议,她说:"列宁……的理论的根本错误恰恰在于,……把专政同民主对立起来。'是专政还是民主'既是布尔什维克,也是考茨基对问题的提法。考茨基当然决心维护民主,而且是资产阶级民主,因为他正是把资产阶级民主看成社会主义变革的替代品。相反,列宁……决心维护专政而反对民主,从而维护一

---

① 《列宁选集》,第 3 卷,第 535 页。
② 同上,第 535—536 页。

小撮人的专政,也就是资产阶级专政。这是对立的两极,二者同样都距离真正的社会主义政治很远。如果无产阶级掌握了政权,它永远不能按照考茨基的善意劝告,在'国家不成熟'的借口下放弃社会主义革命而仅仅献身于民主,他们这样做就不可能不是背叛自己,背叛国际,背叛革命。他们恰恰应当并且必须立即劲头十足地、不屈不挠地、毫不顾虑地采取社会主义措施,也就是实行专政,但这是阶级的专政,不是一个党或一个集团的专政,这就是说,最大限度公开的、由人民群众最积极地、不受阻碍地参加的、实行不受限制的民主的阶级专政。"①卢森堡对列宁提出的专政及其实践,从理论上做了进一步剖析:"列宁……用苏维埃代替了根据普选产生的代议机构,认为苏维埃是劳动群众惟一真正的代表。但是随着政治生活在全国受到压制,苏维埃的生活也一定会日益陷于瘫痪。没有普选,没有不受限制的出版和集会自由,没有自由的意见交锋,任何公共机构的生命就要逐渐灭绝,就成为没有灵魂的生活,只有官僚仍是其中惟一的活动因素。公共生活逐渐沉寂,几十个具有无穷无尽的精力和无边无际的理想主义的党的领导人指挥着和统治着,在他们中间实际上是十几个杰出人物在领导,还有一批工人中的精华不时被召集来开会,聆听领袖的演说并为之鼓掌,一致同意提出来的决议,由此可见,这根本是一种小集团统治——这固然是一种专政,但不是无产阶级专政,而是一小撮政治家的专政,就是说,纯粹资产阶级意义上的专政,雅各宾派统治意义上的专政。……这是一条极其强大的客观规律,任何党派都摆

---

① 卢森堡:《论俄国革命·书信集》,第32页。

脱不了它。"①

卢森堡提出了自己超越特殊性的民主与专政观:"社会民主制并不是在乐土中才开始的,那时社会主义经济的基础已经创造出来,社会主义民主制将作为现成的圣诞节礼物送给曾在这一期间忠实地支持了一小撮社会主义独裁者的恭顺的人民。社会主义民主制是与废除阶级统治和建设社会主义同时开始的。它在社会主义政党夺取政权的那一刻就开始了。它无非就是无产阶级专政。……但这一专政是在于运用民主的方式,而不是在于取消民主,是在于有力地、坚决地侵犯资产阶级社会的既得权利和经济关系,没有这种侵犯,社会主义革命就不可能实现。但是这一专政必须是阶级的事业,而不是极少数领导人以阶级的名义实行的事业,这就是说,它必须处处来自群众的积极参与,处于群众的直接影响下,接受全体公众的监督,从人民群众日益发达的政治教育中产生出来。"②卢森堡站在西欧社会主义运动的立场上来评价苏维埃政权,尽管有失之偏颇的地方,但是有些观点在俄罗斯后来的发展过程中不幸言中了,使苏俄党、人民及国际共产主义运动蒙受了巨大的损失。如果更具一些世界时间普世性的关照,有些挫折是可以避免的,有些代价是可以少付的。但是,历史不可假设,因为在俄罗斯特殊性否定之否定的精神氛围中,"在俄国只能提出问题。问题不能在俄国得到解决,只能在国际规模上得到解决。"③诚哉斯言,特殊性的问题必须置于普世性的思维框架中去解决,在特殊性或特殊性普世化的框架中,只能越走离客观真实越远,猛惊醒,必

---

① 卢森堡:《论俄国革命·书信集》,第31—32页。
② 同上,第33页。
③ 同上,第35页。

然首先在精神上崩溃,传导到体制上,酿成制度垮塌的20世纪大悲剧。

无产阶级专政对于十月革命后的俄国,是绝对必需的,这是不需要做更多讨论的。值得讨论的是暴力的形式,还是法律的形式,更有利于无产阶级专政政权的巩固。采取何种形式,并不完全取决于无产阶级的主观愿望,也取决于专政对象阶级的客观状况,列宁指出:"无产阶级对资产阶级的镇压愈厉害,资产阶级的反抗就愈疯狂。……要解放群众,除了用暴力镇压剥削者,没有其他办法。"[1]普列汉诺夫早在1898年写道:"在这个社会之内还存在着各种阶级。凡存在着阶级的地方,阶级斗争就不可避免。凡是有阶级斗争的地方,相互斗争着的任何一个阶级都必须而且自然地力求取得对敌人的完全胜利和对敌人的彻底统治。……实力和暴力完全不是一回事。在国际政治关系上,每个国家的作用取决于它的实力,但是绝不能由此得出结论说,在每一个别情况下,强者权利的被承认,都要以暴力行动作为前提。各阶级间的关系也是如此。各该阶级的作用总是取决于它的实力,但是为了使它的作用得到承认,并不一定总是需要暴力。暴力的作用有时缩小,有时扩大,这要以各该国家的政治制度为转移。……某一阶级的专政是一回事,这一阶级为了要取得专政而采取暴力的行动又是一回事。"[2]普列汉诺夫秉持这样的理念,在1918年初,对于苏维埃政权实行的专政,批评道:"就在不久以前,考茨基在《莱比锡人民报》上提醒说,建立社会主义社会所必需的专政应当是多数人的专政。

---

[1] 《列宁选集》,第3卷,第625页。
[2] 普列汉诺夫:《阶级斗争学说的最初阶段》,三联书店1965年版,第52—53,60页。

现在跟着斯莫尔尼走的并非多数人,这是应当使得它的活动家们三思的。他们的专政不是劳动人民的专政,而是劳动人民中一部分人的专政,即集团的专政。正因为如此,他们才不得不愈来愈频繁地使用恐怖手段。使用这些手段是局势不稳的标志,而绝不是有力量的标志。无论如何,一般说来,这同社会主义,特别是同马克思主义,完全是风牛马不相及的。"①普列汉诺夫把1917年10月以后的局势,看成偏离马克思主义世界时间普世性内涵的道路。他认识到俄罗斯特殊性具有强大的腐蚀性,甚至能够锈蚀纯洁的革命队伍。他把无产阶级专政看成是"一场极端可怕的噩梦的影子",他痛苦地写道:"可以用'一场极端可怕的噩梦的影子'来形容的种种事件之所以发生,不是因为上述的方法和手段(指社会民主主义)无能为力,像我们的某些论敌所认为的那样,而惟一是因为这些方法和手段在我国无产阶级的思想中传播得太不够了。这种情况也是可以理解的:因为旧制度给它们的传播设置了太多的障碍。我国无产阶级在克服这些障碍的同时,不可能立即获得为了它(也像所有其他国家的无产阶级一样)向自己伟大的目的胜利进军所必需具有的全部政治经验。我们对俄国无产阶级的错误极为痛心,这些错误严重地损害了整个国家,首先主要是损害了无产阶级自己,我们将尽我们的力量向它说明正确的行动方法。"②

普列汉诺夫站在俄罗斯特殊性彻底否定性立场上,看到在俄国工人阶级中普及马克思主义的社会民主主义思想是一项极为艰巨的工作,他以年迈之躯,在苏维埃政权下,发出了自己的声音。

---

① 普列汉诺夫:《在祖国的一年》,第484页。
② 同上,第468页。

他说:"我深知,这是十分困难的任务。着手解决这个任务的人们往往不得不听到激烈的指责言论,甚至也可能要受到他们力求加以教育的那些人的肉体摧残。但是应当预先容忍这种情况。谁着手提高工人阶级的觉悟,谁就预先应当明白,他走上了这样一条道路,在这条道路上等待他的是荆棘多于掌声。而主要的是我们要记住:没有觉悟的工人(可惜,暂时这样的人还特别多!)无论怎样不信任我们,他们仍然是我们的兄弟,我们中间每一个人都必须为教育他们而工作到自己最后一口气。"[1]普列汉诺夫做到了这一点,坚持社会民主主义思想宣传到自己生命的最后一刻。

列宁与普列汉诺夫在理论上、政治上,彻底分手了。列宁从俄罗斯国情出发,在特殊性否定之否定的理论基础上,创造性地提出了超越式的进入与建设社会主义社会的战略方针,在落后国家,通过社会性人民革命的方式,建设社会主义。列宁指出:"由于许多历史原因(俄国比其他国家落后得多,战争带给它的困难特别大,沙皇制度腐朽透顶,人们还继承着1905年传统),使得俄国的革命比其他国家先爆发。革命所已经做到的,是俄国按其政治制度来说,在几个月以内就赶上先进国家了。但是这还不够。战争是铁面无情的,它斩钉截铁地提出问题:或是灭亡,或是在经济方面也赶上并且超过先进国家。这是可能的,因为在我们面前摆着许多先进国家的现成经验以及它们在技术和文化方面的现成成就。"[2]列宁认为,实现这种超越式发展的革命主体力量是"贫苦农民即大多数农民同无产阶级结成联盟。"[3]

---

[1] 普列汉诺夫:《在祖国的一年》,第468页。
[2] 《列宁选集》,第3卷,第160页。
[3] 同上,第162页。

普列汉诺夫站在俄罗斯特殊性彻底否定性立场上,对农民及农民运动的态度是相当谨慎的。他认为,俄罗斯农民具有双重性,是封建主义宗法农民和资本主义小自耕农的混合体。因此,他说:"只有在农民运动破坏旧制度的情况下,而不是当它力求恢复较这个旧制度似乎更旧、更落后的某个制度时,我们才支持它。我不会说,农民运动的两重性要求我们采取两重的策略,因为再也没有比这种策略更坏的了。……不要使我们的策略在农民运动的两重性的影响下变成两重的,不要使它带一点反动的精神,不要使它去支持俄国经济史拉向后的企图。"①

列宁构想的工农联盟,并未如愿地发挥苏维埃政权的阶级柱石作用,倒是农民安居于田园,对苏维埃政权的存亡与工人阶级的死活不闻不问,只想把产出的粮食卖一个好的价钱,囤积居奇,黑市交易肆行。列宁震怒了,严厉指出:"怎样才能实现'不劳动者不得食'的原则呢?十分显然,要实行这个原则,第一,必须实行国家的粮食垄断制,即绝对禁止任何私人的粮食贸易,必须把全部余粮按照固定价格交给国家,绝对禁止任何人保存和隐藏余粮;第二,必须最严格地统计一切余粮,以及有条不紊地把粮食从余粮区运往缺粮区,还要收购供消费、加工和播种的存粮;第三,必须在工人即无产阶级国家的监督下,按公平合理的粮食分配办法把粮食分配给全体公民,不给富人任何特权和优待。"②小农的自发势力成为苏维埃政权的心腹大患,列宁不得以采取了严厉的铁腕措施,予以应对。普列汉诺夫早在1906年就说:"农民的阶级利益在一定

---

① 《普列汉诺夫机会主义文选》,上册,第304页。
② 《列宁选集》,第3卷,第561页。

条件下可能同全民的利益发生相当大的分歧。"①十月革命后,布尔什维克党对农民的思想教育远没有跟上,党在农民中的影响不大,因而农民对苏维埃政权不合作。普列汉诺夫指出:赢得革命胜利,"必须使整个农民的俄国都处在我们党的影响下。做不到这一点,我们就不能胜利;反之,做到了这一点,我们就不能不胜利"。②

针对农民的不合作行为,列宁号召:工人阶级"组织伟大的'十字军讨伐'来反对粮食投机者,反对富农、土豪、破坏分子和贪污分子,组织伟大的'十字军讨伐'来反对在收集、运输和分配粮食与燃料的事情上一切破坏国家严格秩序的人"。③ 列宁把这种"十字军讨伐"式的暴力手段,视为推进社会主义革命的捷径,既消灭了小农自发势力,又锻炼了无产阶级革命先锋队,一举两得。列宁指出:"工人阶级开始共产主义革命以后,并不能一下子就丢掉自己身上的弱点和毛病。这些东西都是从地主资本家社会,从剥削者和土豪社会,从少数人龌龊地营私致富而使多数人遭受贫困的社会继承下来的。可是工人阶级是能够战胜——并且归根到底必然会战胜——旧世界,能够战胜它的弊病和弱点,只要工人阶级不断地派出一批一批人数更多,经验更丰富,在困难斗争中受到更多锻炼的工人队伍就行了。现在俄国的情形正是这样。单独奋斗,分散作战,绝不能战胜饥荒和失业现象。……必须派出人数多十倍的由觉悟的、矢志忠于共产主义的无产阶级所组成的钢铁般的队伍。那时我们就能够战胜饥荒和失业现象。那时我们就能把革命

---

① 《普列汉诺夫机会主义文选》,下册,第83页。
② 同上,第87页。
③ 《列宁选集》,第3卷,第564页。

直接引升到社会主义的门径。"①

普列汉诺夫在生命最后时间里,从马克思主义世界时间普世性内涵,用辩证唯物论的方法来论证"十字军讨伐"一类涉及社会主义本质的关键问题。他指出:"科学社会主义……严格地和彻底地发挥了这样的原理:一切都依赖于时间和地点的情况。事情在何种程度上是这样,下面的例子可以说明。科学社会主义的奠基人之一、恩格斯有一句名言:'如果没有古代的奴隶制,那也就不会有现代的社会主义'。请仔细想想这句话:它等于是对奴隶制的相对的辩护,即在一定历史时代的范围内替它辩护。这不是对理想的要求的可耻的背叛吗?请放心吧!这里没有背叛。这里只有对于空想主义的理想的否定,这种理想是在抽象概念的蒙蒙大雾中产生的,它同时间和地点的具体条件没有任何有机联系。所以这种否定的态度不是恩格斯的过错,而是他的功绩。……我认为,在这里,自我欺骗却可能更多。而且不止布尔什维克有这种倾向。"②普列汉诺夫对于列宁采取无产阶级"十字军讨伐"方式,强行进入社会主义是不赞成的。普列汉诺夫坚持马克思主义基本原则立场,对俄罗斯特殊性予以彻底否定。

列宁坚持辩证唯物主义与历史唯物主义的立场、观点、方法,对俄罗斯特殊性予以否定之否定,创造性地在落后国家条件下发展了马克思主义,进而赢得了十月革命的胜利。列宁首先从理论上,在特殊性否定之否定基础上,揭示了人类走向社会主义的多样性路径,并不一定拘泥于前资本主义、资本主义、后资本主义[即社

---

① 《列宁选集》,第3卷,第566—567页。
② 普列汉诺夫:《在祖国的一年》,第476、485页。

会主义或共产主义的线性模式]。1916年,在第一次世界大战历史条件下,列宁指出:"在人类从今天的帝国主义走向明天的社会主义革命的道路上,同样表现出这种多样性。一切民族都将走到社会主义,这是不可避免的,但是一切民族的走法却不完全一样,……每个民族都会有自己的特点。"[1]列宁由各个民族、国家走入社会主义的多样性,引申出社会主义只能首先在一个或数个少数国家胜利。列宁指出:"资本主义的发展在各个国家是极不平衡的。而且在商品生产的条件下也只能是这样。由此可以得出一个确定不移的结论:社会主义不能在所有国家内同时获得胜利。它将首先在一个或者几个国家中获得胜利,而其余的国家在一段时期内将仍然是资产阶级的或者资产阶级以前时期的国家。"[2]列宁在这一思想的指导下,领导布尔什维克取得十月革命的胜利,赢得了政权。

十月革命的胜利,使列宁更加深入地思考普世性与特殊性的关系问题,在理论上彻底突破社会主义只有经历发达资本主义阶段,才能达到的经典理论模式。列宁指出:"世界历史发展的一般规律,不仅丝毫不排斥个别发展阶段在发展的形式或顺序上表现出特殊性,反而是以此为前提的。……俄国是个介于文明国家和初次被这次战争完全拖入文明国家之列的整个东方各国或欧洲以外各国之间的国家,所以俄国可能表现出而且势必表现出某些特殊性,这些特殊性固然并不越出世界发展的共同路线,但是使俄国革命显得有别于以前西欧各国的革命,而且在转向东方国家时这

---

[1] 《列宁全集》,第23卷,第64页。
[2] 《列宁选集》,第2卷,第873页。

些特殊性又会带有某些局部的新东西。"①

针对"俄国生产力还没有发展到足以实现社会主义的水平"的论调,列宁用诘问式回答说:"我们为什么不能首先用革命手段取得达到这个一定水平的前提,然后在工农政权和苏维埃制度的基础上追上别国的人民呢?"②在宏观上,列宁坚持特殊性否定之否定的立场,但在具体政策上,列宁创造性地做了一些向普世性内涵靠拢的调整。1921年苏维埃政权战胜了国内外敌人,处于空前胜利的条件下,列宁说:"必须善于考虑那些便于由宗法制度、小生产过渡到社会主义的中间环节。……和社会主义比较,资本主义是祸害。但和中世纪制度、和小生产、和小生产散漫性联系着的官僚主义比较,资本主义则是幸福。既然我们还不能实现从小生产到社会主义的直接过渡,所以作为小生产和交换的自发产物的资本主义,在一定范围内是不可避免的,所以我们应该利用资本主义(特别是要把它引导到国家资本主义的轨道上去)作为小生产和社会主义之间的中间环节,作为提高生产力的手段、途径、方法和方式。"③

1918年3月8日,列宁在布尔什维克党第七次代表大会上所做的《关于修改党纲和更改党的名称的报告》,彻底断绝了与社会民主主义的关联。列宁以这种方式,宣告对俄罗斯特殊性否定之否定的完成。列宁指出:"'社会民主党'这个名称从科学上讲是不正确的,……工人建立了自己的国家之后,就会了解到民主主义的

---

① 《列宁选集》,第4卷,第690页。
② 同上,第691页。
③ 同上,第525页。

旧概念在我国革命的发展过程中已经过时了。"[1]列宁在1918年完成了与社会民主主义的最后决裂。同年5月30日,俄国第一代马克思主义者、列宁的论敌普列汉诺夫去世了。他在临终前写道:"我至今都认为,布尔什维克的策略是从我依据马克思和恩格斯的理论所宣传的那些策略原理中得出的完全不合法的结论。"[2]尽管普列汉诺夫以固守俄罗斯特殊性彻底否定性立场而诀别他无限热爱的马克思主义国际工人运动,但是这并没有妨碍列宁对他作出完全肯定性评价,他在1921年1月25日向青年党员发表演说:"不研究……普列汉诺夫所写的全部哲学著作,就不能成为一个觉悟的、真正的共产主义者,因为这是整个国际马克思主义文献中的优秀著作"。[3]

---

[1] 《列宁选集》,第3卷,第477页。
[2] 普列汉诺夫:《在祖国的一年》,第485页。
[3] 《列宁选集》,第4卷,第453页。

第九章 1917年革命：
社会转型的路径变换

1917年是俄国乃至世界历史上极其不平凡的年份，这一年俄国究竟发生了哪些重大事件，这方面史实性书籍已经成千盈万了，本章不做史实性介绍，仅就1917年这些重大历史事件与俄罗斯自1861年开始的社会转型的内在联系展开论述。

1917年俄国形势是革命主导一切，这一革命是1861年开始的、1905年彻底化的改革性社会转型失效的产物，卢森堡说1917年俄国革命"就其一般进程来说是完全符合……法国大革命的发展图式的。这是资产阶级社会内部孕育的革命力量同旧社会的桎梏进行的任何一次最初的伟大总决战的典型发展过程"。[1]

类型学的研究，是对复杂的社会转型问题进行学理分析的行之有效的工具。对1917年俄国社会转型的研究，应用类型学的方法就显得更具有学术针对性。1917年俄国革命是此前沙皇奉行的"普鲁士道路"的改革举措，所必然导致的是对其进行革命性否定的"法兰西道路"的历史结果。钱乘旦教授提出的世界现代化进程的三种路径模式，是本章分析的类型学依据。这三种路径模式，即英国式道路——渐进改革之路，法兰西道路——人民革命之路，

---

[1] 卢森堡：《论俄国革命·书信集》，第5页。

德意志道路——民族失败之路。钱乘旦教授指出:"英国式道路和法国式道路有一个共同点,即人民高度的历史责任感,他们把国家进步的主动权操在手里,成为前进的原动力。在缺乏这个条件的国家,历史就走上和德国一样的路。"①

从1861年大改革起,沙皇俄国走的是"德意志道路",钱乘旦教授指出:"通观走德国式道路国家,都有一个共同之点,就是死抱着旧的东西不放,……在所有走德国式道路的国家里,人们总能找到一股旧的力量在支配国家,……国家在它的摆布下俯首帖耳,以为进步能与旧势力共存,甚至把进步的领导权交给它,让它充当新时代的号手。民族的悲剧就是从这里开始的,……旧势力的存在不等于国家完全失去活力。……表面上看起来生气勃勃,经济发展相当迅速,国家面貌改变很快,但活力中隐约有一种不安的脉动,它时时浮上表面,使人民感觉一种无名的恐惧,而最终它会全面发作,把肌体引向死亡。"②

1917年初的沙皇俄国就是这样一个肌体全面死亡的体制。沙皇俄国奉行德意志道路的社会转型的改革模式,旧势力通过体制内和体制性改革,在不改革第一次分配机制的基础上,垄断改革收益,把改革成本分摊到绝大多数人民群众头上,进而累积为沙皇体制的成本。从大改革到斯托雷平改革,沙皇政府改革力度一次比一次大,使旧势力在每次改革中都是受益者,人民群众都是受损者。改革成效越大,体制成本越高。最终,体制被几何级数递增的成本摧垮,当然,需要一次偶然的历史性契机。第一次世界大战,

---

① 钱乘旦等:《走向现代国家之路》,四川人民出版社1987年版第293页。
② 同上,第308—309页。

加速了体制成本的累积,提供了体制垮塌的契机。

沙皇俄国于1914年8月参加协约国对德、奥作战,参与了第一次世界大战。尼古拉二世对于战争的经济需求估计不足,直到1915年9月,参战一年后,才对国民经济实行战时动员。沙皇俄国经济与西欧交战国经济,在总体上存在着巨大的差距。沙皇政府为了战争需要,在人力、物力、财力上对战争机器超比例地投入,严重影响了国民经济其他部门的发展,特别是重创了农业。

俄国军队的主要兵源来自农民,战前俄军为137万人,到1916年底,俄军总共动员1500万人。农村中50%以上青壮年男劳力被征入伍。农业劳动力资源被战争削弱,农业生产资料也受到战争的剥夺。俄军机械化水平低下,根本没有成建制的摩托化作战团队。俄军大肆征调农民的马匹,欧俄50个省农用马匹从1914年的1790万匹降至1917年初的1280万匹,耕牛因供军需也出现锐减。因农用机具制造工厂转产军工制品,农业机具产量骤降,1914年底,农机产量降至战前的33%,1915年降至25%,1916年降至20%。农业机具进口几乎停止,仅为战前的4%。农业生产矿物肥料供应在1916年,仅能满足农业生产需求量的9%左右。战争造成农业生产连年下降,谷物和土豆总产量从战前年平均70亿普特的水平,直线下降,1914年为69亿普特,1916年为51亿普特,1917年为50亿普特。食用谷物产量从战前28亿普特降至1916年的22亿普特,饲料粮从战前的21亿普特减至1916年的11亿普特。1915年起,在产粮地区出现了粮食危机,城市就更不用说了。

俄国工人阶级遭受的剥削更为惨重,在1908年,俄国工业中的平均剥削率已超过了100%。工人一天只有小半天是为自己工作,其余大半天是为资本家而工作。一年一个工人平均工资为246卢布,他的劳动给资本家带来了252卢布的净收入。战争使工人阶级遭受剥削的程度更加严酷,按照资本家组织——工商业代表大会理事会低估的数字,战争年代,冶金企业的纯利润达到所费资本的50%,金属加工企业高达81%。大多数企业的获利状况都高于战前,如顿涅茨——尤里也夫冶金公司1915—1916年度纯利润为800万卢布,而上一年度仅为330万卢布。[1]

工人阶级为资本家创造了高额剩余价值,却承受着改革与战争带来的社会成本。1916年底,城市工人实际工资降到1913年水平的57.4%。城市工人一方面收入下降,另一方面食品等生活必需品物价飞涨,供应匮乏。1914年,运往彼得格勒的粮食为6500万普特,1916年为5700万普特,1917年为2860万普特。1916年底,彼得格勒食品价格比1914年,牛奶涨150%,白面包涨500%,黄油涨830%,皮鞋和服装涨600%。工人名义工资的增长远远落后于物价的飞涨,莫斯科工人平均工资1916年比1914年增加84%,莫斯科同期物价上涨300%,其中日常生活必需品平均增加5倍甚至更多。

战争期间,沙皇俄国出现与其他资本主义国家不同的经济现象,即没有出现西欧资本主义国家中的"战争景气",相反却深陷"战争衰退"的泥淖。主要工业指标一路下挫,生铁产量:1913年为24650万普特,1916年为23190万普特,1917年骤降至9890万普特;熟铁和钢产量:1913年为24650万普特,1916年为20580万普特,1917年为1550万普特;煤炭产量:1913年为220000万普

---

[1] 波梁斯基:《苏联国民经济史讲义》,第416页。

特,1916年为195000万普特,1917年为174000万普特;石油产量:1913年为56300万普特,1916年为49200万普特,1917年为42200万普特。工业疲弱不堪,基础工业无法支撑整个国民经济体系的正常运转。

沙皇政府实行"饮鸩止渴"的财政政策,几乎走到了国家破产的边缘。1914—1917年,战争开支达510亿卢布。同期,政府预算赤字达490亿卢布。沙皇俄国的国债从1914年1月1日的88亿卢布猛增到1917年1月1日的600多亿卢布,其中内债为440亿卢布,外债为160亿卢布。[①] 沙皇政府采取增发纸币的办法,挽救岌岌可危的财政局势。1914年1月1日,纸币流通额为15亿卢布,1917年1月1日,增至91亿卢布。[②] 纸币卢布到1917年9月,只值8个戈比。遭受沙皇通货膨胀政策坑害最深重的还是工人阶级。彼得格勒工人日工资,到1916年10月上涨1.2—1.5倍,而房租和生活必需品价格上涨3倍以上。顿涅茨工人的名义工资,1916年上涨39%,而小麦价格上涨1.4倍,肉价上涨3倍,糖价上涨1.8倍。工人阶级被沙皇政府和资产阶级剥夺得只剩下了一条短裤了。

工人阶级在沙皇政府的种种"德政"的教育下,由自在走向自为,起来反抗不公正的改革及其利益配置机制。1915年5月,伊凡诺沃——沃兹涅先斯克地区3万多工人发动总罢工,工人阶级要求降低物价,提高工资。同年6月,科斯特罗马工人罢工,遭到当局镇压。1915年9月,沙皇俄国的首都彼得格勒工人阶级发动

[①] 苏联科学院经济研究所:《苏联社会主义经济史》,三联书店1979年版,第1卷,第118页。

[②] 波梁斯基:《苏联国民经济史讲义》,第424页。

罢工,8万多工人参加,成立了全市罢工委员会。

战争期间,自1861年以来的沙皇政府改革的社会成本,被呈几何级数放大压到大多数下层人民群众头上,同时,体制改革也被推到了危险的临界点。战争催化着、加速着沙皇制度的解体,因为这种体制已经无法吸纳被战争放大的社会成本。沙皇统治的阶级基础——贵族地主和资产阶级,对于沙皇领导国家和指挥军队取得胜利的能力越来越丧失信心。国家杜马和参议院中的资产阶级和贵族地主的代表人物,出于对社会革命——体制崩溃的恐惧,试图发动宫廷政变,废黜尼古拉二世。"末世必有妖人出",尼古拉二世及其皇后则完全受到一个俄罗斯民间"圣愚"式的人物——拉斯普庭的精神摆布。这让资产阶级和贵族地主的政治代表无法容忍。

圣愚是俄罗斯特殊性文化的特质之一,据美国学者汤普逊的研究,圣愚是俄罗斯的一种古老名流。圣愚据称所具有的精神力量既令人尊敬,又令人畏惧。圣愚对俄国农民的影响是怎么估计也不过分的。对圣愚的敬重,在城市里、在贵族中间也很普遍。历代沙皇宫廷也免不了圣愚崇拜,拉斯普庭得宠于宫廷,是罗曼诺夫皇族自我催眠的重大案例。在俄国十月革命前,多数人深信,圣愚是精神领袖,他们能够影响接触他们的人的命运,皇族也不能避免人民的这种根深蒂固的观念。拉斯普庭这个圣愚,出生于边远的西伯利亚,凭着通神的巫术,赢得了尼古拉二世及皇后的宠幸。[①]圣愚之所以受尊崇,在于其拥有超凡的所谓"神力"。拉斯普庭得宠于沙皇宫廷,得益于皇太子阿列克谢的血友病。在全俄几乎所

---

① 汤普逊:《理解俄国:俄国文化中的圣愚》,三联书店1998年版,第7页。

有名医对皇太子的病束手无策的时候,拉斯普庭恰好被引见进宫。他对皇太子的病理治疗无能为力,却运用带有萨满教意味的通灵巫术,对皇太子进行所谓"精神治疗",使皇太子、皇后和沙皇日益依赖于他。

装神弄鬼,目的在于弄权。拉斯普庭这个圣愚也不例外,自1905年进入宫廷后,他以通灵术干预沙皇政府决策。斯托雷平曾对他的私生活做过调查,认为他极为放荡,留在宫廷中是不合适的。斯托雷平命令他离开彼得格勒,皇后反对让他离开。尼古拉二世迫于斯托雷平和社会舆论的压力,让拉斯普庭去耶路撒冷朝圣。沙皇和皇后对斯托雷平此举极为嫉恨,却又无可奈何。拉斯普庭在斯托雷平被刺死的前一天,回到俄国,见到斯托雷平的马车从他面前驶过,他高喊:"死神离他不远了!死神正在追赶他!"[①]第二天,斯托雷平在基辅被刺殒命。拉斯普庭的毒咒应验了,但上层社会对他的嫉恨益发加深了,惟恐他再诅咒谁。拉斯普庭是沙皇俄国末世的灵怪,他坚决反对尼古拉二世对德国宣战。1914年7月31日,他得知沙皇对德宣战的决定,立即给尼古拉二世拍去急电,电文称:"陛下切不可发动战争。俄国将在战争中覆灭,皇家将在战火中消亡,直至一个不剩。"尼古拉二世将电文撕碎,啐上一口,以消除晦气。拉斯普庭知道沙皇不会接受自己的意见,又派人呈递上亲笔奏章:"俄罗斯被阴霾笼罩,君主啊,不要偏信于战争狂人吧。战争将毁掉俄罗斯的一切。"[②]战争推动着沙皇政府,步入深渊,这不是拉斯普庭的咒符所决定的,而是俄罗斯自1861年以

---

① G. vernadsky: *A Source Book for Russian History*. p. 857.
② G. vernadsky: *ibid*. p. 858.

来德意志式道路的社会转型的历史必然结果。

圣愚拉斯普庭是尼古拉二世本人及其家人在世界大战中最后的精神寄托,也是俄罗斯社会转型的特殊性道路的人格符咒。铲除拉斯普庭,也就从精神上铲除了尼古拉二世这一末代沙皇的统治了。国家杜马成员对于拉斯普庭视若仇雠,必欲除掉之。杜马议员普利斯克维齐向资产阶级和贵族地主,发出呼吁:"革命和战争正在威胁着俄罗斯,再也不能容忍一个装神弄鬼的庄稼汉左右宫廷了。"1916年12月15日,尤苏波夫公爵在家里设宴诱杀了拉斯普庭。尼古拉二世接到了这一讯息,丧魂落魄,在惴惴不安中,迎来了1917年。

尼古拉二世失去了拉斯普庭后,更加专注于皇太子的健康,而不是军国大事了。农业大臣诺莫夫在1916年底向尼古拉二世建议:"我向陛下提出制定今后数十年的农业发展规划,陛下说,不用数十年了,只要在阿列克谢有生之年就可以了。"[①]法国大使帕列奥洛格评论1917年初的俄国形势,说:"这一年的开始就有一些不祥之兆,一片令人不安和沮丧的景象,人们再也不相信战争的胜利,听天由命地等待着今后将要发生的某种可怕的事态。"[②]"而且,国内通货膨胀和食品匮乏已经达到危险的临界点,军队中流感肆虐。到1916年秋季,骚乱是如此的普遍,以致警察当局发出警告说,现行体制处于极度不稳定之中。政府实际上已经瘫痪,大臣们在其位不谋其政,沙皇离开首都到前线总司令部去指挥军队作战,社会局势实际上已经失控。"[③]

---

① G. vernadsky: *A Source Book for Russian History*. p. 861.
② G. vernadsky: *ibid*. p. 864.
③ G. Freeze: *Rassia: A History*. p. 235.

在战争的作用下,沙皇政府的体制成本已经超过了内在吸纳的最高限度,只需一股不太剧烈的气流,就能将其吹倒在地。1917年2月23日(公历3月8日),彼得格勒纺织女工举行罢工,纪念国际妇女节,更主要的是抗议食品匮乏,没有面包。到25日,彼得格勒全市工人总罢工,出现了打、砸、抢现象。同日,尼古拉二世给彼得格勒军区司令哈巴洛夫将军发去命令:"我命令你明天必须制止首都的骚乱,这种骚乱在与德国和奥地利打仗的困难时期是不能允许的。"这一命令,使尼古拉二世步上了法王路易十六的后尘,使俄罗斯的社会转型由德意志式道路走上了法兰西式道路。尼古拉二世的这一命令与1789年7月11日,路易十六任命老元帅布罗伊主持军务,准备镇压巴黎革命一样。

2月27日的情形同法国1789年7月12日的情况大同小异。经过2月26日与彼得格勒工人阶级的血与火的对峙,大多数士兵选择与工人阶级站在一起,发动兵变。街道上工人阶级与起义的士兵携手并进,冲击沙皇政府各部门和警察机关,打开监狱,释放了革命者和各种在押犯。1789年7月12日,法国王家军队大多数士兵转向巴黎群众一边,涌向市政厅,接管了巴黎市政权。1917年2月27日,孟什维克和社会革命党人,发起组织了彼得格勒工兵代表苏维埃选举,正式成立了工兵代表苏维埃。

沙皇军队将领、国家杜马成员和大臣们,几乎一致地赞成尼古拉二世退位。尼古拉二世考虑了传位给皇太子,由其弟弟尼古拉耶维齐大公摄政。此议均遭到人民、军队、杜马和尼古拉耶维齐大公本人的拒绝。1917年3月3日,沙皇正式确认退位。1000多年的封建君主统治和304年的罗曼诺夫王朝统治结束了。此前一日,组成了临时政府。

俄罗斯从此在1917年走上了法兰西式道路,从沙皇退位这一天起,步入了法兰西革命的上升路线的起点——临时政府(吉伦特派)。1917年俄国革命没有经过君主立宪阶段,直接进入到共和革命阶段。1917年3月2日成立的第一届临时政府,是一个典型的共和主义资产阶级政府。大资产者李沃夫任临时政府主席兼内务部长,立宪民主党领袖米留可夫任外交部长,十月党人领袖古契柯夫任陆海军部长,社会革命党人克伦斯基任司法部长等。既有工兵代表苏维埃,又有临时政府,两个政权并存局面形成。这是法兰西式革命的规律,1792年8月10日起义后,巴黎出现了两个政权,以吉伦特派为主体的临时政府和以雅各宾派为主体的巴黎公社。

1917年的俄国,以特殊性的方式演绎着法兰西式革命的规律。钱乘旦教授指出:"剖析法国式道路国家的历史,可以发现在每一个革命前,几乎都曾有过改革的机会,人们首先要求改革,改革失败后才会有革命,而且在人民的斗争性很强的国家,改革失败必然引起社会革命。……人民既然意志坚强、不怕牺牲,那么旧势力任何愚蠢的抵抗都只会把新生力量中最坚定的革命分子推上前台,让他们领导愤怒的人民;而一旦出现这种形势,就必然燃发革命。"[①]

革命有着它自身的不可抗拒的逻辑,那就是不断向着激进主义的方向挺进,任何试图阻挡或延宕这一进程的势力或集团,都将被革命粉碎。共和派往往是这一革命进程的第一批牺牲品,1792年9月21日,吉伦特派在国民公会中提议废除王政,建立共和。9月22日,国民公会批准宣布采用"共和国"。吉伦特派是革命各派

---

① 钱乘旦等:《走向现代国家之路》,第291—292页。

中主张实行共和最早并且最坚决的派别,第一共和国的建立,吉伦特派居功至伟。治国与革命是完全的两回事,特别是在革命条件下治国,更是一门高超的艺术。当革命没有达到其内在逻辑的极限之前,行政性日常的国家治理行为都会被看成是阻碍革命,甚至是反革命的行动。法、俄两国革命又都处于战争条件下,这更加促使革命比在国际和平条件下更趋于激烈化。吉伦特派政府处死了国王路易十六,击败反法的普奥联军,进入德意志。政绩不可谓不显赫,但是革命中人民是主体性力量,漠视人民的呼声是自取灭亡,从1792年下半年起,法国各地动乱频仍,农民要求平分土地,城市居民要求制止物价飞涨。吉伦特派奉行自由主义经济政策,维护私有财产的神圣合法性。这与大多数人民愿望相去甚远了。加之,1793年上半年,抗击反法联军的军事失败。1793年6月2日,巴黎公社在雅各宾派领导下,举行起义,推翻吉伦特派,把法国革命推向了上升路线的最高阶段——雅各宾专政。法国伟大人文主义作家维克多·雨果在其名作《九三年》中典型性地展现了革命上升路线的人性与世事,是一部发人深省关于革命的名作,其意义不仅局限于文学领域,它启发了许多关于人性的深层次思索。

1917年3月初成立的俄国临时政府,不自觉、被迫地循着革命的逻辑,走向自己的否定性终点。因为这个政府的成立之初,几乎注定了多舛的命运,"临时政府治理期间,面对着巨大危局的战争和复杂多变的社会动乱。8个月的时间内,要求它重建一个新国家,处理战事,解决尖锐异常的几十年累积下来的社会政治问题,是不可能的"。[①] 临时政府步上了吉伦特派的后尘,在革命的

---

① G. Freeze: *Russia: A History*. p.237.

压力下,构成不断左倾化,但仍无法满足革命对它的要求。最终,革命对它作出了终局判决。1917年4月18日(公历5月1日),在工人神圣节日的这一天,临时政府不顾人民群众普遍的和平愿望,外交部长米留可夫向协约国发出照会,声明临时政府坚决履行前沙皇政府签订的盟约,把世界大战进行到底。这根本违背人民的意愿,工人阶级在布尔什维克组织下,举行大规模示威游行,要求"全部权力归苏维埃"。四月示威游行被列宁称为:二月革命后第一次出现的"比示威游行大得多而比革命小一些的事件"。①

临时政府感受了压力,试图顺应革命形势。4月26日,临时政府主席李沃夫向彼得格勒苏维埃执委会主席、孟什维克齐赫泽发出吸收其参加临时政府的邀请。5月5日,第一届联合临时政府组成。15人内阁:按左中右划分,纯粹右派没有一人,中间偏右派2人,中间偏左派6人,左派6人,无倾向者1人。左派比重达80%。其中,左派人士孟什维克斯科别列夫任劳动部长、策烈铁里任邮电部长,社会革命党人克伦斯基由司法部长调任权力极大的陆海军部长。

第一届联合临时政府,虽然左倾向度达到80%,但仍致力于建立新秩序。这是有违于革命的客观发展规律的,也是注定不能成功的。5月12日,针对前线军队在革命影响军纪废弛的状况,左派陆海军部长克伦斯基发布"士兵权利宣言",要求俄国士兵绝对服从长官的指挥,违令者予以战场法律制裁。克伦斯基的这项宣言,重树军令系统的权威。布尔什维克批评其为"剥夺士兵权利宣言"。第一届联合临时政府,虽然左倾,但已吉伦特派化。它的

---

① 《列宁全集》,第25卷,第161页。

合法性来自革命,它的合法性的巩固则要来自对革命的约束。这在革命处于上升路线的时段,无异于飞蛾扑火。两个政权的斗争,是革命是否深化的斗争,而革命对这场斗争的结局,早就规划好了自己的运行路线。不革命,自然站不住脚,试图约束革命也是枉然。自第一届联合临时政府成立后,革命丝毫没有停顿,相反,在军队、工人、农民中革命的激情一浪高过一浪,革命像奔腾而下的山洪势不可挡。工人阶级组织起来了,1917年6月召开的全俄第三届工会代表会议,代表了全俄150万会员。同月,召开的布尔什维克军队党组织全俄代表大会,有60个前线与后方组织的代表,代表了俄军系统26000名党员。1917年4月份,全俄农村174个县发生216次农民起义;5月份,236个县发生259次农民起义;6月份,280个县发生577次农民起义。俄国社会像一口煮沸水的大锅,巨大的革命蒸汽把压在其上的临时政府这面锅盖,顶得上下翻腾。临时政府也在自救、自保,不甘心被革命蒸发掉。

　　第一届联合临时政府腹背受敌,处于左右夹击之间。资产阶级认为它太左,中间偏右的立宪民主党于7月2日宣布退出该届政府。工兵代表苏维埃则认为它太右,要求它对6月底选举产生的第一届全俄工兵代表苏维埃执委会负责。7月初,布尔什维克连续发动了大规模的反对临时政府的示威游行。临时政府命令彼得格勒军区司令波洛采夫将军镇压游行示威,7月4日,哥萨克和士官生打死打伤400余名示威群众,临时政府查禁布尔什维克党的中央委员会、机关报,下令逮捕列宁。临时政府左派部长认为,不能任由布尔什维克党扛着革命大旗,政府要制定八小时工作制,社会保障制度和土地平分法令。政府首脑李沃夫坚决不同意此项建议,并辞职。7月8日,第二届联合临时政府成立。克伦斯基出任总理兼陆海军部长,这届政府由中间偏左6人和左派8人组成,左倾向度接近于95%。废黜的沙皇尼古拉二世得知克伦斯基出任总理后,在日记中写道:"成立了以克伦斯基为首的新的临时政府。我们看他是不是干得更好。当前最首要的就是要加强军队的纪律性,提高士气,让俄国的国内有点秩序!"①

左派政府去维护秩序,约束革命,这本身就是它存在的致命悖论。这种形势下易于出现"波拿巴主义"的阴影,但是在革命处于上升路线,波拿巴主义只是加速革命上升路线向更高阶段迈进的催化剂,而不是维护现状、遏止革命的杀手锏。时任俄军总司令的科尔尼洛夫将军试图充当这样一位"波拿巴"。8月25日,他调集军队开赴彼得格勒,向克伦斯基发出三点最后通牒:1. 宣布彼得格勒戒严,2. 全部政权移交最高总司令科尔尼洛夫,3. 临时政府总辞职。

克伦斯基面对"波拿巴"的逼宫,号召全国对军事叛乱作斗争。布尔什维克领导工人阶级和革命士兵同政府军一道粉碎了科尔尼洛夫的叛乱。在平叛过程中,列宁提醒布尔什维克党说:"我们跟克伦斯基军队一样,要同而且正在同科尔尼洛夫作战,但是我们不支持克伦斯基,而要揭露他的弱点。这是差别。这个差别虽然很小,但是非常重要,因而决不能把它忘记。"②科尔尼洛夫叛乱,从反面推动了俄国革命走向它的"雅各宾阶段"。临时政府越来越陷入1793年上半年吉伦特派的困境,既要维护秩序,又要继续革命。秩序与革命是一对天敌,临时政府只有更加深入地左倾化,才能苟

---

① 马·斯坦博格等:《罗曼诺夫王朝覆灭》,新华出版社1999年版,第146—147页。

② 《列宁全集》,第26卷,第278页。

延残喘,否则立刻就会被革命的逻辑无情地打翻在地。

危机全面地渗入全俄各地,工人运动、农民起义、士兵转向布尔什维克。临时政府已经处于风雨飘摇之中,除了继续向左转,已经丧失了其他的执政资源和合法性资源。巨大的军费开支,使临时政府已经在财政上破产了。俄国每天的战费开支,1915年为2500万卢布,1917年增至5800万卢布。工业企业倒闭成灾,1917年3月至8月,倒闭568家,失业工人达104300人。1917年10月前,彼得格勒倒闭40家企业。乌拉尔倒闭56家,占该地区工厂总数的50%以上。

城市食品供应严重匮乏,1917年8月起,彼得格勒和莫斯科面包口粮日供应定额由0.75俄镑减到0.5俄镑。10月份,粮食收购计划只完成19%,全俄陷入饥荒。战时莫斯科粮食价格上涨7.5倍,日用品价格涨幅达10倍以上。1917年10月,全俄工人实际工资平均仅为战前的57%。

工人运动更是如火如荼,一直持续到十月革命胜利。1917年8月,欧俄地区莫斯科工人发动10万人参加的全市工人大罢工,得到了彼得格勒、弗拉基米尔、奥廖尔等工业中心城市工人的支持。这次罢工持续两个多月,一直到十月革命胜利。1917年9月1日,乌拉尔地区11万工人发动政治罢工,反对临时政府。9月24日,全俄铁路工人总罢工,全俄铁路停运3天,临时政府被迫提高工人工资。列宁说:"现在阶级的大多数,即能够引导群众的革命先锋队、人民先锋队的大多数已经拥护我们。"[①]

农民运动也是风逐浪高,扩展到除极地区域外的全俄91.2%

---

① 《列宁选集》,第3卷,第279页。

的县份。列宁指出:"农民起义已蔓延于全国。十分明显,立宪民主党人及其走狗在百般诋毁农民起义,说它是'暴乱',是'无政府状态'。这种谎话不攻自破了,因为在起义的各个中心地区已经开始把土地转交给农民,从来没有一种'暴乱'和'无政府状态'有过如此辉煌的政治成果。"①

军队作为临时政府的强力柱石,已经发生了力量位移。布尔什维克党在军队中发展迅速,西南战线布尔什维克及其同情者,1917年9月上旬为3651名,中旬为5675名,下旬为17124名,10月上旬增至56356名。北方战线,布尔什维克10月中旬达到13000名。在北方战线和西方战线,170万士兵,大都接受布尔什维克的主张。波罗的海舰队水兵几乎全部站到布尔什维克一边。布尔什维克在400万名后方士兵中同样具有巨大的影响力,9月24日,参加莫斯科各区杜马选举的17000名士兵,有14000名投了布尔什维克的票。列宁认为,布尔什维克在军队中具有了"政治上的'决战主力',而这就保证了布尔什维克在决定时机和决定地点具有压倒优势"。②

布尔什维克在苏维埃中接连获得压倒性优势,9月5日,莫斯科苏维埃领导权经过选举,由布尔什维克掌握。9月9日,彼得格勒苏维埃领导权转到布尔什维克手中。全俄两个首都的苏维埃都由布尔什维克掌握了。这是布尔什维克发动十月革命巨大的政治资源与合法性资源。

临时政府也不甘心把政权拱手相让,它在做维护权威的最后

---

① 《列宁全集》,第26卷,第164页。
② 《列宁全集》,第30卷,第230页。

努力。1917年9月1日,临时政府宣布把俄罗斯帝国改称俄罗斯共和国。同时,成立以社会革命党人为主的五人"执政内阁"。9月25日,克伦斯基组建第三届联合临时政府,克伦斯基任总理,6名中间偏左成员,10名左派成员。这届左派政府只维持了一个月。克伦斯基在1917年9月份,把临时政府"吉伦特"化的工作全部完成了,客观上为接下来的"雅各宾"化政治力量替代它,做出了各方面的铺垫。

如果说临时政府为十月革命创造了社会前提,那么列宁的《国家与革命》则为十月革命提供了精神指南。这篇关于革命的名作,廓清了现代化后发地区,以革命为载体的社会转型的路径。既是俄罗斯社会转型由德意志道路到法兰西道路的路径变换的指南,也是20世纪法兰西道路的替代模式——十月革命道路的路径精髓。列宁指出了20世纪社会转型新的路径模式,列宁指出:"资产阶级国家虽然形式极其繁杂,但本质是一个:所有这些国家,不管怎样,归根到底一定是资产阶级专政。从资本主义过渡到共产主义,当然不能不产生非常丰富和繁杂的政治形式,但本质必然是一个,就是无产阶级专政。"[①]列宁明确提出了20世纪以革命为载体的社会转型的政治界定内涵,即由资产阶级专政转变为无产阶级专政。

无产阶级专政的国家形式是什么样的?列宁重申马克思的告诫:无产阶级国家应遵从巴黎公社的原则,"不应当是议会式的,而应当是同时监管立法和行政的工作机关"。[②]列宁认为未来的无

---

① 《列宁选集》,第3卷,第192页。
② 同上,第201页。

产阶级专政的新俄国,应是巴黎公社式的国家(1871年的巴黎公社,而非法国大革命时期的同名组织)。列宁认为,实行公社的原则和措施,可以使绝大多数人民群众直接参与国家管理,消除国家工作人员由公仆变为主人的异化现象,从根本制度上防止了无产阶级国家的蜕化变质。这些措施是,实行公职选举制度,而且可随时撤换;公职人员薪金不得高于工人最高工资;立刻使所有的人都来执行监督和监察的职能,使所有人暂时都变成"官僚",因而使任何人都不能成为"官僚"。列宁指出:"俄国……1917年革命在另一个环境和另一种条件下继续着公社的事业,证实着马克思这种天才的历史的分析。"①但在革命对象上,法、俄两国革命却有着本质的不同,巴黎公社推翻的是资产阶级政权,而"俄国革命归根结底不是反对一个资本主义国家。1917年垮台的沙皇专制制度是一个封建机器,而临时政府根本没来得及用一个新的或稳定的资产阶级国家取而代之。"②

法兰西永远是人民革命路径模式的社会转型国家的精神源泉,钱乘旦教授指出:"巴黎公社建立了真正民主的工人政权,在公社中,公民享受充足的、前所未有的权利。公社为社会主义民主树立了最早的先例。但公社向前走得太远了,外省完全跟不上。在法国历史上,巴黎第一次不能拖着法国向前跑,反而被外省卡断脖子。从公社成立的第一天起,凡尔赛政府就把它视为叛乱,外省全都团结在凡尔赛周围,把巴黎团团围住。"③巴黎公社的失败在于

---

① 《列宁选集》,第3卷,第211页。
② 佩里·安德森:《绝对主义国家的系谱》,上海人民出版社2001年版,第378页。
③ 钱乘旦等:《走向现代国家之路》,第199页。

主、客观条件不利于无产阶级社会主义革命取得胜利,特别是对于巴黎公社的政权建制,恩格斯早在1891年,为纪念巴黎公社20周年而再版马克思所著的《法兰西内战》所写的序言中指出:"公社一开始就得承认,工人阶级在获得统治时,不能继续运用旧的国家机器来进行管理;工人阶级为了不致失去刚刚挣得的统治,一方面应当铲除全部旧的、一直被利用来反对它的压迫机器,另一方面应当以宣布它自己所有的代表和官吏毫无例外地可以随时撤换,来保证自己有可能防范他们。……国家最多也不过是无产阶级在争取阶级统治的斗争胜利以后所继承下来的一个祸害;胜利的无产阶级也将同公社一样,不得不立即尽量除去这个祸害的最坏方面,直到在新的自由的社会条件下成长起来的一代能够把这全部国家废物完全抛掉为止。"① 巴黎公社式的革命在资本主义发达社会的法国尚不具备取得成功的主、客条件,在处于由封建社会向资本主义社会过渡的俄罗斯却取得了成功。这是传统性特殊化的历史时间与现代化普世性的世界时间,在社会转型实践中博弈的独特个案,具有常思常新的学理价值。

在对待国家终极态度上,列宁与马克思、恩格斯完全一致。列宁指出:"我们的最终目的是消灭国家,也就是消灭任何有组织有系统的暴力,消灭任何加在人们头上的暴力。"② 列宁认为,夺取政权,建立无产阶级专政的目的,不是为了工人阶级永远大权独揽,而是通过专政创造国家与阶级消亡的物质与精神前提,因而无产阶级夺取政权的目的与历史上其他阶级有着本质的区别。列宁指

---

① 《马克思恩格斯选集》,第2卷,第425—426页。
② 《列宁选集》,第3卷,第235页。

出:"马克思主义者的目的是完全消灭国家,但他们认为,只有在社会主义革命把阶级消灭之后,在导向国家消亡的社会主义建立之后,这个目的才能实现;……马克思主义者认为无产阶级在夺取政权之后,必须彻底破坏旧的国家机器,用新的由武装工人组织组成的公社式的国家机器来代替它;……马克思主义者主张利用现代国家准备无产阶级进行革命"。①

武装起义是无产阶级夺取国家政权的最高形式,也是1917年俄国革命上升路线的最高阶段。1917年9月底,列宁给布尔什维克党中央委员会发布了《马克思主义与起义》的指示信件,列宁指出:起义要获得胜利,首要的依靠无产阶级;第二,应当依靠人民革命高潮;第三,应当依靠革命发展进程的转折点,人民先进队伍中的积极性表现得最高,敌人队伍中以及中间派动摇最厉害的时机。②列宁认为1917年10月起义的时机已经成熟。1917年10月10日,列宁主持布尔什维克党中央委员会会议,对于起义工作做出部署。10月16日,布尔什维克党中央扩大会,以19票赞成,2票反对,4票弃权,通过武装起义决议。在这次会议上,列宁明确要求:"必须制定最坚决、最积极的政策,这个政策只能是武装起义。"③1917年10月24日,布尔什维克领导的武装起义在彼得格勒打响,10月25日晚,临时政府所在地冬宫被攻克,临时政府这个"吉伦特"化的"左派"政府在武装工人和革命士兵的枪弹下寿终正寝。俄国社会转型由德意志道路在1917年2月革命中,转换为法兰西道路,在1917年10月25日达到了革命上升路线的高峰。

---

① 《列宁选集》,第3卷,第264页。
② 同上,第272页。
③ 《列宁全集》,第26卷,第173页。

等待俄罗斯的,将是更加波澜壮阔与晦风苦雨交织的历程。十月革命作为20世纪最重大的历史事件之一,留给后世难以穷尽的精神资源,令论者常思常新,其内蕴的多维度解析空间,必将随着历史演进而渐趋明晰,其解说的向度也必将更趋于历史的本质和发展的本体。

参 考 书 目

一、中文

《简明不列颠百科全书》中国大百科全书出版社 1986 年版。

《列宁全集》

《列宁选集》

《马克思恩格斯全集》

《马克思恩格斯选集》

《普列汉诺夫机会主义文选》,三联书店 1973 年版。

H. 巴甫洛夫:《、国封建主义》,商务印书馆 1998 年版。

H. 德里亚赫洛夫等:《历史唯物主义范畴》,北京师范大学出版社 1984 年版。

I. 柏林:《启蒙的时代》,光明日报出版社 1989 年版。

M. 卡斯维诺夫:《拾级而下的 23 级台阶》,商务印书馆 1987 年版。

阿·布洛克:《西方人文主义传统》,三联书店 1992 年版。

阿尔蒙德:《比较政治学》,上海译文出版社 1987 年版。

阿基莫娃:《狄德罗传》,三联书店 1984 年版。

艾·路德维希:《德国人》,三联书店 1991 年版。

爱·伯恩斯等:《世界文明史》,商务印书馆 1995 年版。

安·比利:《狄德罗传》,商务印书馆 1995 年版。

安·拉布里奥拉:《关于历史唯物主义》,人民出版社1984年版。

保·肯尼迪:《大国的兴衰》,世界知识出版社1990年版。

北大哲学系:《18世纪法国哲学》,商务印书馆1979年版。

别尔嘉耶夫:《俄罗斯的命运》,云南人民出版社1999年版。

别尔嘉耶夫:《俄罗斯灵魂》,学林出版社1999年版。

波克罗夫斯基:《俄国历史概要》,商务印书馆1994年版。

波梁斯基:《苏联国民经济史讲义》,三联书店1964年版。

布莱克等:《比较现代化》,上海译文出版社1996年版。

布莱克等:《日本和俄国的现代化》,商务印书馆1984年版。

布罗代尔:《15至18世纪物质文化、经济和资本主义》,三联书店1993年版。

布罗代尔:《资本主义的动力》,三联书店1997年版。

达尔:《现代政治分析》,上海译文出版社1987年版。

道·诺思:《经济史上的结构和变革》,商务印书馆1992年版。

丁建弘:《德国通史简编》,人民出版社1991年版。

丁建弘等:《发达国家的现代化道路》,北京大学出版社1999年版。

杜美:《德国文化史》,北京大学出版社1990年版。

费奥多罗夫:《共同事业的哲学》,辽宁教育出版社2001年版。

弗·阿法纳西耶夫:《资产阶级古典政治经济学的产生》,商务印书馆1984年版。

弗·道森:《宗教与西文化的兴起》,四川人民出版社1989年版。

弗洛伊德:《精神分析引论》,商务印书馆1986年版。

伏尔泰:《哲学通信》,上海人民出版社1961年版。

福禄培尔:《人的教育》,人民教育出版社1991年版。

歌德:《浮士德》,复旦大学出版社1982年版。

贡恰连科:《精神文化》,求实出版社1988年版。

古德诺:《政治与行政》,华夏出版社1987年版。

古德温:《新编剑桥世界近代史》,第8卷,中国社会科学出版社1999年版。

汉肯:《控制论与社会》,商务印书馆1984年版。

黑格尔:《哲学讲演录》,商务印书馆1978年版。

亨利·特鲁瓦亚:《彼得大帝》,世界知识出版社1983年版。

亨廷顿:《变化社会中的政治秩序》,三联书店1996年版。

侯鸿勋:《孟德斯鸠及其启蒙思想》,人民出版社1997年版。

侯钧生:《西方社会思想进程》,辽宁人民出版社1998年版。

胡克:《理性·社会神话和民主》,上海人民出版社1965年版。

胡克:《历史中的英雄》,上海人民出版社1987年版。

华勒斯坦:《历史资本主义》,社会科学文献出版社1999年版。

基斯加柯夫斯基等:《路标集》,云南人民出版社1999年版。

蒋相泽:《世界通史资料选辑·近代部分》上册,商务印书馆1964年版。

杰·巴勒克拉夫:《当代史学主要趋势》,上海译文出版社1987年版。

卡西勒:《启蒙哲学》,山东人民出版社1996年版。

科恩:《科学中的革命》,商务印书馆1998年版。

克朗:《系统分析和政策科学》,商务印书馆1985年版。

孔多塞:《人类精神进步史表纲要》,三联书店1998年版。

拉·密利本德:《马克思主义与政治学》,商务印书馆1984年版。

拉伊夫:《独裁下的嬗变与危机》,学林出版社1996年版。

莱·巴莱特等:《德国启蒙运动时期的文化》,商务印书馆1990年版。

赖·劳特:《陀思妥耶夫斯基哲学》,东方出版社1996年版。

雷·阿隆:《社会学主要思潮》,上海译文出版社1988年版。

梁士琴科:《苏联国民经济史》,人民出版社1959年版。

林赛:《新编剑桥世界近代史》,第7卷,中国社会科学出版社1999年版。

刘淑春等:《十月的选择》,中央编译出版社1997年版。

刘旭:《人心中的历史——当代西方历史理论述评》,四川人民出版社1987年版。

刘祖熙:《改革和革命》,北京大学出版社2001年版。

刘祚昌等:《世界通史·近代史》,人民出版社1992年版。

卢梭:《爱弥儿论教育》,人民教育出版社1985年版。

罗·卢森堡:《论俄国革命》,贵州人民出版社2001年版。

罗伯斯比尔:《革命法制和审判》,商务印书馆1986年版。

罗素:《社会改造原理》,上海人民出版社1987年版。

罗素:《西方哲学史》,商务印书馆1991年版。

洛克:《人类理智论》,商务印书馆1992年版。

洛克:《政府论》,商务印书馆1992年版。

马·哈里斯:《文化人类学》,东方出版社1988年版。

马·斯坦伯格等:《罗曼诺夫王朝覆灭》,新华出版社1999年版。

马迪厄:《法国革命史》,商务印书馆1973年版。

马克思:《十八世纪外交史内幕》,人民出版社1979年版。

诺索夫:《苏联简史》,三联书店1977年版。

帕尔默:《近现代世界史》,商务印书馆1988年版。

帕甫连科:《彼得大帝传》,三联书店1982年版。

庞卓恒:《人的发展与历史发展》,吉林文史出版社1988年版。
皮埃尔·米盖尔:《法国史》,商务印书馆1985年版。
平森:《德国近现代史》,商务印书馆1987年版。
普列汉诺夫:《俄国社会思想史》,商务印书馆1996年版。
钱乘旦等:《世界现代化进程》,南京大学出版社1997年版。
钱乘旦等:《现代化的迷途》,浙江人民出版社1999年版。
钱乘旦等:《走向现代国家之路》,四川人民出版社1987年版。
琼图洛夫:《苏联国民经济史》,吉林大学出版社1988年版。
瑟诺博斯:《法国史》,商务印书馆1972年版。
沙莲香:《社会心理学》,中国人民大学出版社1987年版。
沈炼之等:《法国通史简编》,人民出版社1990年版。
斯宾诺莎:《神、人及其幸福简论》,商务印书馆1987年版。
斯米尔诺夫:《十七至十八世纪俄国农民战争》,人民出版社1983
  年版。
斯塔夫里阿诺斯:《全球分裂》,商务印书馆1993年版。
斯塔夫里阿诺斯:《全球通史——1500年以后的世界》,上海社会
  科学院出版社1992年版。
宋则行:《世界经济史》,经济科学出版社1989年版。
宋则行等:《世界经济史》,经济科学出版社1998年版。
苏联科学院:《俄国文化史纲》,商务印书馆1994年版。
苏联科学院:《世界通史》,三联书店1963年版。
苏联科学院:《苏联各民族的哲学与社会思想史纲》,科学出版社
  1959年版。
苏联科学院:《英法德俄历史》,商务印书馆1972年版。
孙成木:《俄国通史简编》,人民出版社1986年版。

瓦利舍夫斯基:《俄国女皇叶卡特琳娜二世传》,上海译文出版社1982年版。

王荣堂等:《世界近代史》,吉林人民出版社1980年版。

王绳祖:《国际关系史》,武汉大学出版社1983年版。

王绳祖:《国际关系史资料选编》,武汉大学出版社1983年版。

王斯德:《世界现代史》,高等教育出版社1990年版。

威·德雷:《历史哲学》,三联书店1988年版。

维·洛赫:《德国史》,三联书店1976年版。

文德尔班:《哲学史教程》,商务印书馆1993年版。

伍蠡甫:《欧洲文论简史》,人民文学出版社1985年版。

伍蠡甫:《西方文论选》,上海文艺出版社1963年版。

熊彼特:《资本主义、社会主义和民主主义》,商务印书馆1974年版。

姚海、刘长江:《当代俄国》,贵州人民出版社2000年版。

殷陆君:《人的现代化》,四川人民出版社1985年版。

泽齐娜等:《俄罗斯文化史》,上海译文出版社1999年版。

张金监:《西洋政治思想史》,台湾三民书局1977年版。

赵宝煦:《政治学概论》,北京大学出版社1982年版。

赵士国:《俄国政体与官制史》,湖南师大出版社1998年版。

朱贵生等:《第二次世界大战史》,人民出版社1982年版。

朱寰:《世界中古史》,吉林人民出版社1981年版。

朱嘉明:《国民经济结构学浅说》,知识出版社1984年版。

二、英文

Alexander J. *Autocratic Politics in a National Crisis*：The

Imperial Russian Government and Pugachev's Revolt. Bloowington, 1969.

Alexander J. *Catherine the Great.* New York: Oxford Press 1989.

Alexander J. *Emperor of the Cossacks: Pugachev and the Frontier Jacquerie of 1773 — 1775.* Lawrence, 1973.

Anderson M. S. *Peter the Great.* London, 1978.

Anderson P. *Lineage of the Absolutist State.* London, 1974.

Anthony K. *Catherine the Great.* New York: Alfred A Knopf, 1925.

Behrens C. B. A. *Society, Government and the Enlightenment.* Harper Publisher 1985.

Berlin I. *Russian Thinkers.* London, 1978.

Billington J. *The Icon and the Axe: An Interpretative History of Russian Culture.* New York, 1970.

Black E. *The Transformation of Russian Society.* Cambridge, Mass, 1961.

Blum J. *Lord and Peasant in Russia from 9th to 19th Century.* Princeton, 1961.

Blum J. *Lord and Peasant in Russia.* New York: Atheneum, 1967.

Blumberg A. *Great Leaders, Great Tyrants?* Green Wood 1995.

Bruun F. *A Survey of European Civilization.* Houghton Mifflin Company 1936.

Bulgakov S. *Heroism and Service: Thoughts on the Religious*

Character of the Russian Intelligentsia. London, 1914.

Cherniavsky M. *The Structure of Russian History*. New York: Random House, 1970.

Cohen A. *Russian Imperialism*. Praeger 1996.

Coughlan R. *Elizabeth and Catherine*. New York: G. P. Putnan's Sons, 1974.

Cross S. H. *Slavic Civilization through the Ages*. New York: Russell & Russell, 1963.

Davies N. *Europe: A History*. Oxford, 1996.

Dmytryshyn B. *A History of Russia*. Prentice-Hall, 1977.

Dmytryshyn B. *Imperial Russia: A Source Book 1700 — 1917*. Dryden Press, 1974.

Dmytryshyn B. *Modernization of Russia Under Peter I and Catherine II*. New York, 1974.

Duffy J. P. Czars. *Facts on File*. Inc 1995.

Dukes P. *Catherine the Great and Russian Nobility*. Cambridge, 1967.

Dukes P. *The Making of Russian Absolutism 1631 — 1801*. London, 1982.

Dvorik F. *The Slavs in European History and Civilization*. New Brunswick: Rutgers Press 1962.

Ebstein W. *Great Political Thinkers*. Holt Inc. 1988.

Encaasse H. C. D. *The Russian Syndrome*. New York: Holnes & Neier, 1992.

Flarinsky M. *Russia*. New York: Macmillan 1965.

Freeze, D. *Russia: A History*. Oxford Press 1997.

Fuhrmen J. T. *The Origins of Capitalism in Russia*. Quadrangle Books, 1972.

Gay P. *The Unity of the Enlightenment*. New York, 1960.

Gooch G. *Catherine the Great and Other Studies*. London, 1954.

Gooch G. *Catherine the Great*. London: Longmans, 1954.

Gustine M. *Empire of the Czars*. New York: Doubleday, 1989.

Harcave S. *Catherine the Great*. London: Lippincott, 1964.

Hare R. *Portraits of Russian Personalities*. Oxford, 1959.

Haslip J. *Catherine the Great*. New York: Putname's Sons 1977.

Hazthausen B. V. *The Russian Empire*. London 1968.

Hingiey R. *Russia: A Concise History*. New York: Thames and Hudson, 1991.

Hough, J. *Russia and the West*. Touchstone, 1990.

Janes R. *The Emancipation of the Russian Nobility 1762 — 1785*. Primceton N. J. 1973.

Joll J. *The Anarchists*. London, 1964.

Karamzin N. *Memoir on Ancient and Modern Russia*. Cambridge, 1959.

Keep J. *The Rise of Social Democracy in Russia*. Oxford, 1963.

Kerensky, A. *Russia and History's Turning Point*. Duell, 1965.

Kirchner W. *A History of Russia*. New York: Banes Books, 1976.

Kiuchevsky V. *A History of Russia*. New York: Rassell, 1960.

Kiuchevsky V. *Rise of Romanovs*. New York: Banes Books, 1993.

Kochan L. *The Making of Modern Russia*. Penguin Books, 1983.

Kochan M. *Life in Russia under Catherine the Great*. New York, 1969.

Kornilov A. *Modern Russian History from the Age of Catherine the Great to the End of 19th Century*. New York, 1970.

Kropotkin P. *Modern Science and Anarchism*. London 1913.

Lamb H. *The City and the Tsar*. New York: Doubleday, 1948.

Lang D. *The First Russian Radical : Alexander Radischchev*. London, 1960.

Laquer, W. *Russia and German*. New Brunswick, 1991.

Lawrence J. *A History of Russia*. New York: NAL, 1978.

Le Carr, J. *The Russia House*. Knopf, 1989.

Le Donne, J. *The Russia Empire and the World, 1700 — 1917*. Oxford. Press, 1997.

Lentin A. *Russia in the 18th Century*. New York, 1973.

Lobanov, A. *Russia and Europe, 1825 — 1878*. Wahr Publication, Co. 1954.

Madariaga Isabel de: Russian in the Age of Catherine the Great. London, 1981.

Maroger D. *The Memories of Catherine the Great*. London, 1955.

Marsak L. *The Enlightenment*. New York, 1972.

Massie R. *Peter the Great*. New York: Ballantine Books, 1981.
Mavor J. *An Economic History of Russia*. New York, 1925.
Maynard J. *Russia in Flux*. New York, 1948.
McConnell A. *A Russian "Philosophe": A. Radishchev*. The Hague, 1964.
Mckay J. *A History of World Societies*. Houghton Mifflin Coupany, 1984.
Miliukov P. *Russia and Its Crisis*. New York, 1965.
Miliukov. *A History of Russia*. New York: Funk, 1968.
Miller A. *The Spiritual Regulations of Peter the Great*. Seatle, 1972.
Mirsky D. *A History of Russian Literature*. New York, 1927.
Oldenbourg Z. *Catherine the Great*. New York: Pantheon Books, 1965.
Papnehl K. A. *Freedom of Expression in 18th Century Russia*. The Hague, 1971.
Pares B. *A History of Russia*. New York: Alfred, 1953.
Paszkiewicz H. *The Making of the Russian Nation*. Chicago: Henry Regnery Company, 1963.
Pipe, R. *Russia Observed*. Westview Press, 1989.
Pipes R. *Russia under the Old Regime*. New York: Collier Books, 1992.
Pokrovski, M. *Russia in World History*. Michigan Press, 1970.
Pushkarev S. *The Emergence of Modern Russia*. New York, 1963.

Putnam, G. *Russian Alternatives to Marxism*. Tennessee Press, 1977.

Radichchev A. *A Journey from St. Petersburg to Moscow*. Harvard Pess, 1958.

Raeff M. *Peter the Great : Reformer or Revolutionary?* Boston, 1963.

Raeff M. *Origins of the Russian Intelligentsia*. New York, 1966.

Raeff M. *Peter the Great Changes Russia*. Lexihgton, Mass, 1972.

Raeff M. *Plans for Political Reform in Imperial Russia 1730 — 1905*. Englewood Cliffs, N. J, 1966.

Raeff M. *Russian Intellectual History: An Anthology*. New York, 1966.

Raeff M. *Imperial Russia, 1682 — 1825*. New York, 1971.

Ransel D. *The Politics of Catherinian Russia*. New Haven. Conn, 1975.

Riasanovsky N. V. *A History of Russia*. Oxford Press 1977.

Riha T. *Readings in Russian Civilization*. Chicago: Clniversity Press, 1969.

Robinson T. *Rural Russia under the Old Regime*. New York, 1943.

Roqqer H. *National Consciousness in 18th Century Russia*. Harvard, 1960.

Rozman G. *Urban Networks in Russia, 1750 — 1800*. Princeton,

1976.

Salisbury, H. *Russia*. Atheneum, 1965.

Saunders, D. *Russia in the age of Reaction and Reform 1801 — 1881*. Longman 1992.

Seeqer E. *The Pageant of Russian History*. New York : Longmans, 1950.

Seton, H. *The Russian Empire*. Clarendon Press, 1967.

Shipler, D. *Russia*. Penguin Books, 1989.

Smith, H. *The Russians*. Ballantine Books. 1979.

Sumner B. H. ; A Short History of Russia. New York: Harcourt Company, 1949.

Szamuely T. *The Russian Tradition*. New York: McGraw-Hill, 1974.

Thackery F. *Events That Changes the World in the 18th Century*. Greenwood Press 1998.

Tompkins S. *The Russian Mind from Peter the Great through the Enligtenment*. Norman, 1953.

Vernadsky G. *A History of Russia*. Yale Press 1961.

Vernadsky G. *A Source Book for Russian History*. Yale Press 1972.

Vucinich A. *Science in Russian Culture; A History to 1860*. Stanford, 1963.

Vucinich, W. *The Peasant in 19th Century Russia*. Stanford Press, 1966.

Wallbank T. *Civilization*. Scott Foresmand Company 1976.

Walsh W. *Readings in Russian History*. N. Y. : Syracuse University Press,1950.

Wesson,R. *The Russian Dilema*. Praeger,1986.

Yarmolinsky A. *The Road to Revolution*. London, 1957.

三、俄文

Анисимов Е. В. *Россия в середине 18-го века* :*Борьба за наследие Петра*. М. , 1986.

Анисимов Е. В. *Время петровских реформ*. М. , 1989.

Буржалов Э. Н. *Вторая Русская Революция. Восстание в Петрограде*. М. , 1967.

Вторая Русская Революция. Москва · Фронт · Периферия. М. , 1971.

Беляевский М. Т. *Крестьянский вопрос в России накануне Е. И. Пугачева*. М , 1965.

Веселовский Б. Б. *История земства за сорок лет*. Том I — IV. СПб ,1909—1911.

Грекулов Е. Ф. *Церковь,самодержавие и народ* (*вторая половина 19-го века - начала 20-го века*). М. ,1969.

Давитович А. М. *самодержавие в период империализма* (*классовая сущность и эволюция абсолютизма в России*). М. ,1975.

Данилевский Н. Я. *Россия и Европа*. New York , 1966.

Демин В. А. *Государственная Дума в России 1906 — 1917* : *Механизм функционирования*. М. ,1996.

Дмитренко В. П. *История России XX века.* М. ,1997.

Дмитриев С. С. *Очерки истории СССР.* М. ,1960.

Дубровский С. М. *Стольпинская земельная реформа.* М. ,1963. *Сельское хозяйство и крестьянство России в период империализма.* М. ,1975.

Ерошкин Н. П. *История государственных учреждений дореволюционной России.* М. ,1983.

Екатерина II и Г. А. Потемкин. *Личная переписка 1769 — 1791* / Подред. В. С. Лопатина. М. , Наука. 1997.

Захарова Л. Г. *Земская контрреформа 1890 года.* М. ,1968.

Захарова Л. Г. Эклоф Б. Бушнелл. *Великие реформы в России 1856 — 1874.* М. ,1992.

Знаменский П. В. *История русской церкви.* М. ,1996.

Зырянов П. И. *Крестьянская община Европейской России 1907 — 1914 гг.* М. ,1992.

Иванов О. А. *Загадка писем Алексея . Орлова из Ропши* / Московский журнал. 1995№9 ,№11,№12,1996 №1—3.

Калинычев П. И. *Государственная дума в России в документах и материалах.* М. ,1957.

Карташев А. В. *Очерки по истории русской церкви.* М. ,1993.

Клибанов А. И. *Русское православие — вехи истории.* М. ,1989.

Коваленко В. И. Медушевский А. Н. Мощелков Е. Н. *Политическая история России.* М. ,1996.

Ковальченко И. Д. *Соотношение крестьянского и помещичьего хозяйства в земледельческом производстве капиталистической*

России. М. , 1971.

Ковальченко И. Д. Моисеенко Т. Л. , Селунская Н. Б. *Социально - Экономический строй крестьянского хозяйства европейской России в эпоху капитализма*. М. ,1988.

Кондротьев Н. Д. *Рынок хлебов и его регулирование во время войны и революции*. М. ,1922.

Корелии А. П. *Дворянство в пореформенной России 1861 — 1904*. М. , 1979.

Королева Н. Г. *Кризис самодержавия в России 1895 — 1917*. Л. , 1984. *Земство на переломе*. М. , 1995.

Каменский А. Б. *Жизнь и судьба императрицы Екатерины Великой*. М. , *Знание*. 1997.

Краснов П. Н. *Екатерины Великая*. М. ,1994.

Лихоткин Г. А. *Сиьвен Марешаль и " завещание Екатерины II "*. Л. , 1974.

Маклаков В. А. *Вторая Государственная дума*. Париж, 1946.

Милюков П. Н. *Воспоминания в 2 томах*. М. , 1990.

Очерки по истории русской культуры в 3-х томах. М. , 1994.

Мускатблит Ф. *Первый русский парламент (избирательная кампания и её итоги)*. Одесса, 1906.

Никольский Н. М. *История русской церкви*. М. , 1988.

Носов Н. Е. *Краткая история СССР в двух частях*. М. , 1983.

Пономарев Б. Н. *История СССР т. I — VI*. М. ,1966—1968.

Поспеловский. *Православие на Руси, в России и СССР.* М., 1996.

Письма Екатерины II. под ред. М. В. Вабии. Вопросы истории 1994. № 12.

Россия в 20 веке. Истории мира спорят. М., 1994.

Реформы или Революция? Россия 1861—1917. СПб., 1992.

Русский либерализм: исторические судьбы и перспективы. М., 1999.

Рутыч Н. Н. *Думская монархия.* СПб, 1993.

Сахаров А. Н. *История России XVIII - начало XX века.* М., 1996.

История России с древнейших времен до конца XVII века. М., 1997.

История России с начала XVIII до конца XIX века. М.,1997.

Сидельников С. М. *Образование и деятельность Первой государственной думы.* М.,1962.

Смолич И. К. *История Русской церкви.* М., 1996.

Соловьев С. М. *Сочинения книга I, История России с древнейших времен.* тома 1—2. М., 1988.

Соловьева А. М. *Промышленная революция в России в XIX в.* М.,1990.

Титаренко С. Л. *Исторический опыт трех российских революции. книга вторая. свержение самодержавия. вторая буржуазно- демократическая революция в России.* М.,1986.

Федоров В. А. *История России 19 — начало 20 вв.* М.,

1998.

Цыпин В. *История русской церкви 1917 — 1997 гг.* М., 1997.

Черминский Е. Д. *Буржуазия и царизм в первой русской революции.* М., 1970.

История СССР. период империализма. М., 1974.

IV Государственная дума и свержение царизма в России. М., 1976.

Шевырин В. М. *Государственная дума в России 1906 — 1917.* М., 1975.

Шелохаев В. В. *Кадеты-главная партия либеральной буржуазии в борьбе с революцией 1905 — 1907гг.* М.,1983.

Шепелев Л. Е. *Царизм и буржуазия во второй половине XIX века.*

附录一:古代社会向近代世界转型的多维整合研究简论

[摘 要] 对于封建主义向资本主义的社会转型的研究,其逻辑工具是模态逻辑,其方法论工具是主位与客位的互动机制。在此基础上,从社会发展的基本矛盾出发,通过对特定历史时段的史实剖析,在学理层面上互动整合,构造类型学、发生学和时间维的立体历史时空的问题板块,强调制度创新与社会关系的变化,法人法权与社会变迁的关系,社会流动与阶级格局的形态。

[关键词] 模态逻辑;主位与客位;问题板块

资本主义的发生、扩展,乃至在全球范围逐渐战胜、取代封建主义,是人类历史上由古代社会向近代世界的全面转型。对于这样重大历史转折的研究,由于其涵盖面十分庞杂,线索千头万绪,任何单一的研究手段都无法胜任这一重大课题的学术要求。因此,借鉴人文社会科学其他领域的研究工具,丰实已有的史学方法,对这一课题做多维整合研究是必不可少的。这其中逻辑工具与方法论的选择就显得至关重要。

一、模态逻辑——复合研究的逻辑框架

古代社会向近代世界转型发生的时间界标在哪里?这既是发

生学研究的起点,也是类型学划分的界线。国际学术界比较一致的看法是1500年,因为"1500年是人类历史的一个重要转折点"。"1500年以前,人类基本上生活在彼此隔绝的地区。各种族集团实际上以完全与世隔绝的方式散居各地。直到1500年前后,各种族集团之间才第一次有了直接的交往。从那时起,它们才终于联系在一起。""严格的全球意义上的世界历史直到哥伦布、达伽马和麦哲伦进行远航冒险时才开始。在这以前,只有各民族平行的历史,而没有一部统一的人类历史。"[①]问题的深层次意蕴在于当时人们的1500年是否具有今天人们关于1500年的内涵?答案既是否定的,也是肯定的。克罗齐所说的"一切历史都是当代史",其道理正在于此。这里先不做历史转型的具体史实探讨,只进行研究的逻辑模式探究。

托马斯·库恩在《科学结构的革命》一书中说:"作为一个不得不接受的悖论,某一理论要战胜它的论敌,它就必须解答它所面对的一切问题,而实际上这是做不到的,根本无法做到。"任何理论都存在盲区,克服的办法就是应用现代思维科学与认知科学的最新成果,结合研究对象的特点,构造复合型的知识网络结构,使理论的盲区在跨学科整合性研究中趋于最小化,使理论研究更具客观准确性。

逻辑是复合型方法运作的中枢,也是人类思维的组织工具和自在自为的思维特质。模态逻辑以其历久弥新的科学生命力,在当代知识结构和认识范式中得到更加充分的运用。模态概念始创

[①] [美]斯塔夫里阿诺斯,《全球通史——1500年以后的世界》,上海社会科学院出版社1992年版,第5页。

于古希腊大哲学家亚里士多德。模态是在逻辑中，按照命题断定可能性与不可能性、偶然性与必然性，对命题进行分类的基态。上古时代和中世纪学者曾对此做过研究，但文艺复兴以后被弃置，直到现代数理逻辑发展到烂熟，缺陷与局限性日益明显，才使现代模态逻辑兴起。作为现代数理逻辑的继起形态，现代模态逻辑已由古代的命题分类基态演化为整合形式逻辑与数理逻辑的"严格蕴涵"的模态系统。由古希腊到中世纪，模态逻辑完成了开放的逻辑基态到封闭的判断实态的自我蜕化，中经南欧文艺复兴、西欧启蒙运动、近代科学革命，由实态而解体成为更新的逻辑判断与认知体系的元逻辑工具。

第二次世界大战以后，在现代科学与哲学的合力作用下，模态逻辑重新回到人类逻辑认知思想宝库之中，当然这一次回归是经过现代科学认知手段的重组，已不再是亚里士多德原来意义上的模态，而是作为近代逻辑科学革命继形式逻辑、数理逻辑之后的更高级的形式——现代模态逻辑而出现。

模态逻辑的功能是处理命题的必然性和可能性的，这些性质同真和假相对。模态逻辑的功能结构空间是多值逻辑和严格蕴涵系统。多值逻辑允许在真和假之间有其他真值；严格蕴涵系统即定理系统，在一定程度上视在系统的公理中表现的不同模态之间有不同关系而有所区别。与经典命题演算系统相比，美国逻辑学家刘易斯始创的现代逻辑命名系统，包括命题变元和命题连接词。20世纪50年代以来，许多逻辑学家致力于模态逻辑的研究，建立了包括谓词演算在内的完形模态逻辑系统。1959年，美国逻辑学家克里普克(S. Kripke)用"可能世界"(Possible World)的概念建立模态逻辑的法义理念。这是模态逻辑运算操作向逻辑应用解析的重大转变,由此开始人文社会科学应用模态逻辑的崭新学术时代,即所谓"语义分析"时代。

20世纪后半叶社会科学研究已经进入到"语义分析"(维特根斯坦语)阶段。语义分析相已经超出语言学分支的学科范畴,成为模态逻辑的运作载体。语义分析与模态逻辑同构,形成语言表达式与所指谓的客体或事物状态的合称整合关系。模态逻辑的语义分析构造,是以意义为核心的认知与思辨的统合运作,意义是现代模态逻辑运作普适性的集中体现,具体分为意义与所指,非共时态的事实判断;意义与真理,非历时态的价值判断;意义与思想,非全称的模态判断。

意义与所指,对一定实体(特体、标记、声音等)的感知能产生对另一事物的联想,人们看到烟会联想到火,听到脚声会联想到有人经过,这类联系为天然符号联系。道路标志或红十字图形等,这类符号与所指之间的联系不是必然的,而是人为设定的,为非天然符号联系。语言即是这种非天然符号联系,表现一定的事实,而据以产生的逻辑判断就是事实判断。词和句子是符号,人们关心的不是这些符号本身,而是这些符号代表的事实,其所指的意义内涵的有机构成是以非共时态条件为前提的。模态逻辑运动过程中,出现绝对共时态条件的事实判断,将被证为非逻辑的超逻辑判断,并丧失意义。因此,意义在所指中揭示出来的事实判断是非共时态的,即一事物仅在特定时态中具有特定的意义内涵,避免了非科学的泛意义主义。

意义和真理。逻辑实证理论认为,可验证性是经验意义上真理的标准,在科学真理的殿堂中排除了价值判断的可实现性。模态逻辑对真理的确认方式,是实证判断与价值推演共同运作出真值真理。真理在词语结构和言说运作中的显现,并非仅是存在于某时态某事物中的"那一个"真理。真理的学理意义超越了"那一个"真理的原初性状,渗入主观意向的价值判断。意义学的真理,是逻辑确认的真理。形式逻辑的真理,经过某种价值观念预设的三段论程式得到确认,呈现为价值绝对真理;数理逻辑的真理,经过复杂、缜密的数学工具运算获得证实,表现为理性绝对真理;这两种逻辑的真理在各自体系中,都是绝对的终极真理。模态逻辑的真理,在逻辑体系构造中给出真与假及其他可能的多元值域,从而克服形式逻辑的价值绝对化和数理逻辑的理性绝对化,使真理经得起各种不同认知立场的检验,成为人类逼近客观存在真实情境的知识灯塔。

意义和思想。言语是思想的表达,意义是言语所表达的思想的内涵。有思想的言语,必定有意义,有意义的言语未必都表达思想。日常用语仅陈述简单生活事实,不在模态逻辑的意义学思想范畴之内。模态逻辑的思想是非全称判断,亦是逻辑大厦高层次认识判断。模态逻辑是对意义表达语句的思想性解码和释义性编码。建构与解构两个互逆的逻辑思维向量,在同一个思维过程中被有机地完成,思想的意义和意义的思想完形化地同构于人的认识运动之中,推动人类思维不断向更高级化方向发展。

模态逻辑功能更适宜当代人文——社会科学发展的大趋势,作为历史转型研究的认知视角和逻辑工具也是顺理成章的。科学的逻辑工具只有与科学的方法论工具相匹配,才能达到学术创新的目的。

二、主位与客位:方法论工具的互动机制

古代社会向近代世界转型是学术研究领域新拓的园地,其方法论工具在价值层面的追求,应是工具理性与价值理性的有机整合。在力求客观准确的科学研究活动中,价值介入的方式始终是社会科学研究的焦点。20世纪初,德国著名社会学家马克斯·韦伯试图通过"价值中立"来解决价值介入与客观准确之间的方法论上的二律悖反困局。他指出:"在社会科学里,理论依赖于一般的解释……解释无法以经验内在的判断加以证实或拒斥,价值关联因而是方法论所不可避免,但它们却不具有客观的联系,社会科学家因此有责任宣称其基本的理论假设依赖于……价值中立的主张"[①]。实际上,社会科学研究中绝对的价值中立是难以做到的。自然科学是"按照客观的尺度"来看待自然的,社会科学则是"按照主观的尺度"来看待社会的。社会科学研究中的"价值中立"也是一种价值介入,追求客观中立的学术态度和立场。这种努力不是没有启迪作用的,要从根本上构筑令人信服的社会科学体系,就不能没有客观公认的通行的学术范式,如物理定律、数学公式一般。韦伯之所以取得卓尔不群的学术成就,在于成功地驾驭了方法论上价值介入与价值中立之间的张力。

借鉴韦伯的方法论构造和当代人文——社会科学方法论的最新成果,着重探讨历史转型的方法论互动整合研究机制的运作模式。首先,确立四个功能性方法论工具范畴。它们是主位(Emic)

[①] [德]马克斯·韦伯:《论社会科学的逻辑》,台湾幼狮文化出版公司1991年版,第17页。

与客位(Etic)、理解(Understanding)与研究(Approach),从中衍生出自然科学、社会科学、哲学、艺术四大基质性学术部类,同时从方法论领域导引社会思潮。"主位是从一个集团成员那里了解这个集团对于已经发生、正在发生、将要发生的事情的看法的惟一途径。……客位与主位相反,要求研究者不仅要了解研究对象自身的偏好,还要研究引起人们改变的自然环境的客观因素。"[1]主位是主体性、情感性、随机性的,客位是客体性、科学性、确定性的。

从类型学与发生学合构的思维框图出发,自然与社会科学基本处于以下四种方法论工具值域。

(1)哲学:主位理解(Emic Understanding),研究取向上价值介入;客位方法(Etic Approach),研究方法上价值中立。

(2)社会科学:客位理解(Etic Understanding),研究取向上价值中立;主位方法(Emic Approach),研究方法上价值介入。

(3)自然科学:客位理解(Etic Understanding),客位方法(Etic Approach),研究取向与研究方法均保持价值中立。

(4)艺术:主位理解(Emic Understanding),主位方法(Emic Approach),取向与方法均为价值介入。

主位与客位是两种不同界定的价值尺度。主位以人为尺度,是主体性与主观性的,作为自为的物自体,它是主体性的;作为认知的物自体,它又是主观性的。主位是"生活世界"(Life-World)的主轴,大千世界因之而被人类认识、改造,并使人类"发现并且证实了一种新的力量——建设一个人自由的世界,一个理想世界的

---

[1] M. Spencer, *The Foundation of Modern Sociology*. Prentice Hall. New Jersey, 1982. p. 69.

力量。"①

客位是一种人类认识的境界,其前提与基础是主位的高度发展与全面拓展。在文艺复兴前,人类没有明晰的主位和客位意识,主位与客位是现代科学的基础构件,两者对称,相反相成。近代以来,人们对主位与客位各有侧重不同的偏好,导致学术界不同思潮的形成、演进、嬗变。仅以20世纪学术思潮兴替,略加说明。20世纪初,西欧兴起了现代主义思潮,很快波及东欧、北美,并在东方的中国与日本也找到知音。现代主义以主位为思想的神袛,但也不拒绝以客位的方式来展现、揭示主体的"生活世界"。现代主义要消解客观对主位的异化,由于方式方法还是客位的,使得这种消除异化的努力,以客位对主位的再异化而告终。

二战以后,特别是五六十年代以来,西方社会科学界兴起了后现代主义思潮。这种思潮痛感现代主义消除客位对主位异化的不力,将主位推向极至,以主位方法取代客位方法,人类精神领域高度主观化,导致思想空间充塞、弥漫浓厚的主观化氛围和情感化基调。尽管这种思潮是在高技术、高物质条件下对高情感的渴求与追求,并对高物质与高技术强化了的客观对主位的异化具有反驳作用,但后现代主义致力于消除高度发达的物质现代化对人的异化的主观愿望还是应予肯定的。同时,应该看到后现代主义思潮在发展中国家弥散,极易与这些国家对现代化持保留态度的传统文化纠合在一起,阻碍发展中国家加速现代化建设的社会转型进程。

20世纪80年代后期,随着后现代主义在西方日渐式微,加之

---

① [德]卡西尔:《人论》,上海译文出版社1988年版,第288页。

苏联东欧剧变,后历史主义顺势而兴。后历史主义不同于现代主义、后现代主义,它以整合的理解取向,将此前截然分开的主位与客位有机地同构起来。从思想取向上,现代主义表现为相对的绝对主义,主观上把主位凌驾于客位之上,客观上仍未超越客位表达方式的阈限,主观的相对性受制于客观的绝对性。后现代主义从主观取向到客观表达,都采用主位化,从主观的相对性引申出客观的相对性,表现为绝对的相对主义。后历史主义是现代主义和后现代主义的"合题",是对前两者的重构性整合,表现为相对的相对主义。后历史主义的思维方法论应用布莱希特的"间离"理论可以得到直观形象地说明,在主位与客位之间形成"间离"效应,即主位理解和思维链条加入客位方法在思想时空中造成间离效应的模态,反之亦然。在方法工具的思维互动中,使主位与客位有机同构,良性循环,整合运作,"努力追求一种客观的拟人性"。(卡西尔语)

三、逻辑、方法论与史实整合的问题板块

封建制度占主导的古代社会向资本主义近代世界的历史大转型,总体上发生于"封建社会经济形态在世界范围内的衰亡,……从15、16世纪资本主义生产关系产生的时代起,经过文艺复兴、宗教改革、尼德兰革命、英国革命和法国革命等一系列社会变革,到17、18世纪在欧洲确立资本主义制度"。[1] 近代资本主义发轫于中世纪西欧封建社会内部,是从封建生产关系内在矛盾运动中产生出来的、对旧制度的革命性否定力量,是历史发展的逻辑产物,是

---

[1] 朱寰:《世界中古史》,吉林人民出版社1981年版,第1页。

打破孤立的、地缘的、血缘的、族际互动的封建社会制度的世界性力量。"世界各国封建制度的表现形式是千差万别的,但是它们的社会生活和生产条件在本质上是基本相同的。一切封建社会的生产都是个体性小生产。这是封建社会区别于……近代资本主义社会的主要特点之一。"① 作为封建统治阶级的革命性对立面"资产阶级由于开拓了世界市场,使一切国家的生产和消费都成为世界性的了。……物质的生产是如此,精神的生产也是如此。民族的片面性和局限性日益成为不可能,于是由许多种民族的和地方的文学形成了一种世界的文学"。② 经典作家在这里使用的"文学"一词是指人类在科学、艺术、哲学等精神文明领域创造的成果,并非仅指文学作品。资本主义生产方式和生产关系的产生与发展,从根本上动摇了封建主义赖以存在的基础。资本主义从空间上界定,以普世性为特征,是封建制度土地分封、权力割据的否定之否定,而这种否定是建立在生产要素由自然萌发到自觉组织化地以效益最大化为前提的全球化配置基础上;从时间量度来看,体现为近代化,资产结构有机构成的社会科层格局成为新时代的质的规定性,资本主义社会成为取代封建社会的更高级形式,资本主义"是一种生产与消费私有化的经济制度"。③ 从古代封建制度社会向近代资本主义世界的历史大转型是社会发展的巨系统,研究这一重大历史进程,没有现成的模式,这也正是历史研究的永恒魅力所在。因为"历史的本质正在于此,如果加以固定化,那么一切都

---

① 朱寰:《世界中古史》,吉林人民出版社,第 1 页。
② 《马克思恩格斯选集》,第 1 卷,人民出版社 1972 年版,第 254–255 页。
③ M. Spencer, *The Foundation of Modern Sociology*. Prentice Hall. New Jersey, 1982. p. 562.

会变成假象,历史是不断变革的形成人类生活的客观形成的历史。因此,不可能通过以一种经验和历史的方法来研究各种特殊形成的连续的现象,来理解这些特殊的形式"。① 马克思主义历史唯物论认为,生产方式是一切社会变革的决定性力量,这是人类历史发展的客观规律。社会大转型也是一定生产方式发生质变的产物。"从物质生产的一定形式产生:第一,一定的社会结构;第二,人对自然的一定关系。人们的国家制度和人们的精神方式由这两者决定"。② 马克思主义始终认为,历史是人的历史,历史转型说到底是人的转型,"整个历史也无非是人类本性的不断改变而已"。③ 因此,在历史转型研究中,主要是通过历史主体——人的线索,揭示出社会基本矛盾运动规律及其牵动整个社会结构和意识形态的根本性改变。

历史转型问题研究,通过对特定时段史实剖析,应用当代逻辑工具和方法论工具,在学理层面形成互动整合,从社会基本矛盾入手,把握社会发展基本规律,构造新的问题板块,将问题置于三维学术框架,进行整合性研究运作。三维框架是,横向——类型学视角,艺术的灵感思维与哲学的思辨方法;纵向——发生学视角,社会科学的理性思维与自然科学的精确方法;时间维——揭示实时1500年内涵与当代学理研究对象的1500年的互动整合关系。

在历史转型过程中,制度是至关重要的因素,是转型质的规定性的体现。"消灭封建制度,如果用肯定的形式来表示,就是建立

---

① 卢卡奇:《历史与阶级意识》,商务印书馆1992年版,第181页。
② 《马克思恩格斯全集》,第26卷,第296页。
③ 《马克思恩格斯选集》,第1卷,第112页。

资产阶级制度"。①

制度解析构成了历史转型的学理探索的问题板块,其中基质性制度解构的多维整合研究,似可分为以下三个互动的范式单元。

1. 制度创新与社会关系的互动模式。以制度创新为结构内涵的历史转型,将古代社会的血缘泛化关系模式逐渐转变为近代世界科层网络化关系模式,由人的依附关系转变为物的依附关系,个人在社会变迁中的独立作用日益突出,人的独立的社会功能作用是现代市民社会的基础,也是历史转型研究体现人的主体性的重要方面。

2. 法人法权与社会变迁的结构关系。这一制度安排开启冲决古代社会固定身份体系的闸门,为各阶层人民摆脱封建关系罗网提供了现实社会空间。封建社会的主体阶层——农民身份的历史性大转换由此开始,近代世界的出现是以农民身份转换为前提和结果的。

3. 社会流动与阶级格局的动态性状。历史转型伴随社会流动,社会流动既是地域转换,同时也是身份转换。惟其如此,才是真正意义上的社会流动。古代社会的血缘网络的"官本位"的先赋地位被社会流动中个人奋斗的自致地位取代,导致封建社会权力——利益格局解体,产生出资本主义新的经济形态,"资本主义社会的经济结构是从封建社会的经济结构中产生的。后者的解体使前者的要素得到解放"。②

---

① 《马克思恩格斯选集》,第 2 卷,第 298 页。
② 同上,第 221 页。

附录二:近50年国际学术界的现代化研究及其范式转型述要

[摘 要] 现代化研究作为以现代化为对象的跨学科的整合性学理研究,其研究的方法论主要是结构—功能主义的,其以欧美国家作为参照系,研究发展中国家的现代化问题。20世纪90年代以来,"全球化"成为西方后现代主义的主流话语,即以全球化载体,使发展中国家在发展取向与模式上向西方看齐。全球化研究成为西方现代化研究的后继整合形态。20多年以来,在中国学术界逐渐形成了以世界整体现代化进程和区域、国家具体现代化历史为对象的跨学科研究模式,并取得了令人瞩目的成就。

[关键词] 现代化;后现代主义;全球化

一、西方现代化研究范式及其转向

现代化研究作为以现代化为对象的跨学科的整合性学理研究,发轫于20世纪50年代欧美,滥觞于60、70年代,各种研究成果无论其研究对象如何千差万别,但其研究方法论都是综合性的,而不是单一学科的,正如钱乘旦教授所指出的那样,"现代化研究从方法上来说正是一种这样的跨学科项目"。[①] 现代化研究的方

---

① 钱乘旦等:《走向现代国家之路》,第14页。

法论主要是结构—功能主义的,现代化研究以欧美国家作为参照系,研究发展中国家的现代化发展问题。这种发展取向的结构—功能主义,是西方主流学术话语中的发展情境,存在着两方面的不可弥补的缺欠:一方面,这种发展视角的现代化研究,先验地以欧美已完成或高度发达的现代化作为普世模式,要求发展中国家现代化万流归宗,难免被发展中国家目为新殖民主义的话语策略,这也是我国在20世纪80年代以前和60、70年代相当一部分亚非拉发展中国家批判西方发展主义现代化理论的主要原因。另一方面,西方结构—功能主义的发展取向现代化研究,自身学理逻辑较为模糊,研究视角及价值取向多重驳杂,在其学术话语体系内存在着内在的悖论,使其文本虽立论新颖,但经不起时间的考验,相当一部分著述在十几年的时间里由煊赫一时的显学巨著湮没于学术的故纸堆之中。实事求是地说,欧美现代化研究的结构—功能学理框架的发展主义各种学说从20世纪50年代勃兴到70年代末被后结构主义、后现代主义的现代性的现代化发达社会自身研究所取代,还是具有很大的学术创新与学理建构之功的。

  首先,应当明确西方学术语境中的现代化研究取向是发展主义的,即研究现代化后发国家如何现代化,方法论是结构—功能主义的。其次,在不同历史时期,其研究的侧重点有所不同。50年代,以美国为首的西方资本主义阵营与以苏联为首的社会主义阵营冷战正酣。这一时期,西方的现代化研究具有强烈的意识形态针对性。美国学者说,研究中国问题的专家简直漂在钱海里。在美国有关苏联研究开始得更早,尽管迟至1933年才正式在外交上承认苏联,但对苏联的研究却在十月革命后就开始了。美国第一代苏联问题专家大多是白俄移民和敌视苏维埃政权的政治流亡者，20世纪30年代美国本土出生的苏联问题专家成长起来了，到了50年代苏联学和克里姆林宫学及其作为前两门学科的基础的俄国史及俄语是美国大学文科的显学，不但奖学金高，而且大多能得到官方、半官方和私人基金的资助，可以说端上苏俄字样的学术饭碗就可以锦衣玉食，在野可做名流，赚取丰厚的著述稿酬及演讲收入；在朝则可以纵横捭阖，一展书生济世抱负，如乔治·凯南、基辛格、布热津斯基。由于苏联是美国的头号竞争对手，美国朝野对于苏联研究格外舍得下本钱。从第二次世界大战结束至1991年苏联解体，由于投资主体的复杂性和方式的多样性，美国究竟在有关苏联研究领域投入了多少资金实在难以尽数，但其投入之巨大是确定无疑的。如此庞大的投入，其产出却是精品乏善可陈。较突出的有科钦的《现代俄国的诞生》(1983年)以及由科普等人分别撰写的20余种俄国及苏联史和福尔曼等人分别写作10余部享誉国际的关于俄苏经济、文化和知识分子问题的专著。这是毫不奇怪的，冷战期间美国学者的苏联研究虽也是在发展主义现代化学理研究框架内进行，但过于强调对策性和解说性，一旦时过境迁，大多只具有知识考古学的资料价值，很少能成为学术性精品，更不用说成为经典。在20世纪80年代前，欧美关于苏联、中国现代化研究意识形态色彩较大，较为客观的学理性研究的出色著作不多，较著名的有布莱克主编的《日本和俄国的现代化》(1983年中文版)、罗兹曼的《中国的现代化》(1990年中文版)。

从20世纪60年代初至20世纪70年代末的20年时间里，西方现代化理论从整体的发展主义概论到具体的现代化个案研究，取得一大批学术成果。在发展政治学方面，有埃·阿尔蒙德等的《发展中区域的政治》(1960年)、《比较政治学：一项发展研究》

(1966年)、爱森施塔特的《现代化:抗议与变迁》(1966年)、萨·亨廷顿的《变化社会中的政治秩序》(1968年);发展经济学方面,有W.罗斯托的《经济成长的阶段——非共产主义宣言》(1960年)、《政治与发展阶段》(1966年);发展社会学方面,有小巴林顿·摩尔的《民主和独裁社会的起源》(1966年)、帕森斯的《现代社会体系》和《社会的进步》等;从发展中国家和地区文化传统与个体精神面貌,进行现代化研究的扛鼎之作是英格尔斯等的《人的现代化》(1974年,中译本名,原名为《走向现代化:六个发展中国家的个人变化》);对于现代化后发国家或区域的发展主义研究著述,著名者有费正清等的《东亚:伟大的传统》(1960年)和马·詹森的《日本对现代化态度的变化》(1965年);沃勒斯坦的《现代世界体系》(1980年)则是从发展主义学术视角,重构世界历史的学术实践。

20世纪80年代,随着结构—功能主义从西方主流学术话语中淡出,现代化研究被现代性研究所取代,也就是说,西方主流研究取向由发展转向发达,由研究作为"他者"的发展中国家转向发达国家自身如何超越工业化阶段,进入后工业化社会的结构建构与精神文化问题。现代化是工业文明取代农业文明的过程,现代性是工业文明高度发达的属性,如果说"化"是动态的、变动不居的,那么作为取代农业文明传统性的工业文明现代性一旦确立,则有静态性与确定性,现代性是后工业化或者叫做后现代化的革命对象,不解构现代性,作为后工业文明的知识经济文明就不具有合法性,因而也确立不起来,知识经济社会也就丧失了合法的准生证。因而,从20世纪70年代后期,随着以信息技术、生物工程和其他高新科技为标志的新经济的兴起,以解构现代性为己任的后现代主义渐践主流,自80年代开始成为新的知识资源和新的话语霸权。后现代主义对于现代性的解构,从70年代开始即有大量论著问世,在90年代之前,尚局限于从人文精神的学术视角,按照现代性的学科种类,分门别类地对现代性自西欧启蒙运动以来所形成的话语霸权进行颠覆与解构,与发展问题的直接学术关联度不大,其学术视野集中于发达国家自身。随着东欧剧变、苏联解体,冷战结束了,西方主流意识形态及其学术话语认为自己赢得了冷战,意识形态的对立的异质力量同化于自己的规定性之中了,表现为阶级斗争与意识形态对抗的历史终结了(弗朗西斯·福山语)。对于后冷战世界的主要矛盾及其化解之道,北大西洋两岸的专家学者纷纷推出新篇宏论。亨廷顿认为,后冷战世界主要矛盾将是文明的冲突,即西方文明与非西方文明之间的冲突(1993年)。伦敦经济学院院长吉登斯则推出《第三条道路》(1999年),主张《超越左与右》(1994年版),从传统的社会主义与资本主义概念超脱出来,建立新的整合性社会民主主义或民主社会主义。

20世纪90年代以来,"全球化"成为西方后现代主义对于发展主义重新倾注学术注意力的主流话语,即把后冷战的西方世界作为普世模式,以全球化为载体,使发展中国家在发展取向与模式上向西方看齐。当然这一全球化理论也遭到西方左翼学者的批评。在西方学术界,全球化研究成为现代化研究的后继整合形态。

二、西方"全球化"理论及其批判

在新的国际形势下,"全球化"成为西方社会科学界和传媒的主流话语,各种理论流派迭出新说,令人目不暇给,但其归旨皆在强化"全球化"的话语霸权。"全球化"作为一种表述世界历史进程的学术话语,与其前产生的"现代化"这样的学术话语有何区别?

瑞典社会科学高级研究院的瑟伯恩教授归纳为："全球化定位于空间扩展。在某种意义上说，全球化可以被看做是现代性进入空间"，"全球化"是"用全球取代普世，用空间取代时间"。①

20世纪90年代西方全球化理论主要内容如下：

1. 作为变化进程的"全球化"

舒尔特认为，全球化概念与以往的国际化和互相依存概念差别不大。全球化概念不过表明了国与国之间交流、流动得更加频繁，而国界与国家属性并未发生变化。从国家层次来看，全球化是国家意图、利益和战略的前提与结果，只要国家存在，全球化就不可能成为溢出国家范畴的现实运动。当然，随着国家体系内互动的积累，可能会发生体系结构的改变，但这种改变最终是由体系的组成部分决定的，这种改变基本上与国家体系结构相适应，而不是相反。②帕尔莫则认为，随着竞争加剧，私营企业逐步实现国际化的生产与销售，越来越使国界变得没有实际意义。改变企业性质与国民经济基础的国际化企业，是国际化世界经济最重要的组成部分，因为国际化进程意味着"国家间贸易与货品流动的极大增长"。③斯垂哥指出，作为这种表象整合的结果，企业变成多国化，甚至跨国化，但仍然是一种特殊的组织形式，区别于操纵全球市场运作的组织形式，也是它的对手——国家。④汤普逊说："国际化

---

① Therbom G. *"From universal to the Global"*. International Sociology. 2000, pp. 149—150.

② Scholte J-A. *Global Capitalism and the State* International Affairs 1997, 73, pp. 430—431.

③ Palmer R. *Agents of Gross Border Integration*. Stockholm, 1998. p. 12.

④ Strong S. *The Retreat of the State*. Cambridge University Press, 1996. pp. 44—65.

世界经济存在于国际经济的主要实体,尽管这些实体间整合与纠纷日益增多,但是仍存在着国内与国际领域界线。"①

在文化方面,史密斯认为"全球化"是一个乌托邦,他说:"处在激烈竞争的世界中,每一种文化都寻求改善自己的比较地位,扩大自己的文化资源,对于全球化没有什么实质性贡献。"②布迪尤认为,文化全球化是可能的,但只能作为各个文化实体的交流结果出现,即使如此,也还引起文化霸权主义与文化帝国主义的争议。③关于全球化作为普世化过程的意识形态规定性,左翼学者潘涅茨指出:"全球化是由资本主义来主导的,资本主义全球化是一个以国家利益为核心的变化过程。全球化以资本主义为标志,其重要方面也由资本主义来规制。"④自由主义学者马特尔森则认为,全球化进程中的规制问题,应用"多边主义"机制来解决,增加国与国的合作与协同,使各国形成一个共同的国际领域,就像一个国家的国内领域一样。⑤

2. 作为变革过程的"全球化"

罗伯特森认为,全球化是把世界作为整体的具体结构,在人类意识把世界作为一个整体,取代过去把世界作为民族—国家—社

---

① Thompson G. *Introduction: Situating Globalization*. International Social Science, 1999, 51, (2). p. 142.

② Smith A. *Toward a Global Culture?* IAI. In M. Featherstone Global Culture [M]. Lonckon, 1990. p. 188.

③ Boourdieu. *On the Cunning of Imperialist Reason Theory*. Culture & Society, 1999, 16, (1). p. 41.

④ Bertelson J. *Seoond Natures: Is the State Identical With Itself?*. European, Journal of International Relations, 1984, (3). p. 301.

⑤ Bertelson J. *Seoond Natures: Is the State Identical With Itself?*. European, Journal of International Relations, 1984, (3). p. 309.

会联合体的概念。① 罗伯特森侧重于全球化概念的意识变革性内涵界定,而瑟尼则否认全球化是人类精神变革的产物,认为全球化是政治、经济现实变革的结果。他指出:"全球化是经济政治结构与过程的一部分,来源于作为国际政治经济基础的商品贸易与金融投资性质的变化。"② 鲍曼认为,"全球化使国家变为执行者和受托人,没有实际的控制权力了。"③ 萨森说:"全球化条件下,领土和主权固然是国际关系体系的关键环节,但它们也将被重构和部分地交给非主权国家的机构行使。"④ 弗尔克等认为,全球化最大的变革内涵是使民族国家的性质发生变化,国家仍保留在原地,但其认同性与核心能力已发生深刻变化,只留给人们居住国的概念,全球化规制由国家以外的全球秩序的威权来实施。⑤

3. 作为超越国家的"全球化"

西方学者从本体论的角度,把全球化界定为超越民族国家的过程。赖莎认为,旧世界正在被全球化信息与交流结构取代,全球正在变成网络的世界,经济的实物世界正在被知识的符号世界取代;⑥ 卡斯特莱斯也认为,潮流而非组织是构成全球信息化经济的

---

① Robertson R. *Globalization: Social theory and Global Culture*. London, 1992. p. 27.

② Gamey P. *Paradoxes of the Competition State: The Dynamic of Political Globalization*. Govemment and Opposition, 1997,32,(2). p. 259.

③ Bauman Z. Globalization. *The Human. Consequences*. Cambridge: Polity Press, 1998. p. 65.

④ Sassen S. *Losting Control? Sovereignty in An Age of Globalization*. New York: Colmbia Uni. p. 28.

⑤ Falk R. *State of Siege: Will Glohalization Win Out?* International Affairs, 1997,(73). p. 129.

⑥ Lash S. *Economies of Signs and Space*. London, 1994. p. 15.

基本单位;①路克说:"信息潮流是非中心、非空间的、非物质的力量。这些潮流的作用,既可以巩固,也可以瓦解作为地缘政治规范的主权国家……由于全球同享相同的符号、市场、商品,新的认同、价值与团体应运而生,在日益加快速率的跨国交流中,产生了新的普世主义与新的特殊主义。"②罗思认为,全球化消解了主权国家的社会管理职能,代之以社区作为政府管理新的目标。③ 国家被消解后,由何方神圣来行使国家的规制职能,罗泽尔说,没有国家的全球,由网络或普世主义机制来进行规制。④

4. 沃氏对"全球化"理论的批判

中国学术界非常熟悉的美国著名学者沃勒斯坦教授在 2000 年第 2 期《国际社会学》上撰文,批驳西方一些学者在"全球化"理论中鼓吹取消国家的倾向,并对全球化条件下资本主义经济危机周期提出独到见解。他指出,全球范围内兴起的反国家主义导致两个直接后果。第一使社会恐慌逐步升级,人民开始躲避给他们提供安全保障的国家。形成了消极性螺旋状局面,他们越躲避国家,社会混乱就越多,社会混乱越多,国家就越发无法控制局面,人民也就越对国家不抱希望,削弱了国家限制这种恶性螺旋状局面的能力。这种螺旋性状态在当代世界体系中很多国家中出现,而且还有愈演愈烈之势。第二个后果只针对资产阶级。取消国家的合法性,使资产阶级需要以国家名义行使的强制权力变得困难,这

---

① Cestells M. *Informational City*. Oxford, 1991. p. 146.
② Luke TW, *Discourse of Disintegration*. , Altematives, 1993, 18(2). p. 240.
③ Rose N. *The Death of the Social*?. Economy and Society 1996, 25, (3). p. 338.
④ Ruggie J G. *At Home Alone*, *Abroad At Home* [J]. Millennium 1994, 24, (3). p. 525.

不是说资产阶级有能力"驯服"其他阶级。资产阶级每时每刻都面临着如何获取全球利润的问题，他们发现国家对于他们在全球市场获利的帮助大不如从前了。因此，可以说资本主义世界经济已经进入周期性危机，这一危机可能持续 50 年。现实的问题是，在危机中将发生什么情况，是由目前的世界体系转变为其他类型的历史体系，或是别的什么体系。从学术角度说，关键问题是康德拉季夫周期与所说的这次危机的关系。从政治角度说，在体系转型过程中采取何种行动是可行与明智，需要考虑。康德拉季夫周期是资本主义世界经济"正常"功能的一部分。所谓正常功能，在体系进入危机周期并不停止发挥作用。进入 21 世纪以来，美国、日本、西欧的经济似乎也在佐证着沃勒斯坦的判断。他说：各种数据在证明着资本主义经济运转正常。目前，B 阶段已经枯竭，毋庸置疑还会有新的 A 阶段。体系的危机受到经济运行惯性的干扰，这时如何操作比走多远更重要。长久以来，熊彼特已经使人们形成资本主义不会崩溃的思维定式，因为资本主义的失败也是它的成功。人们已经试图证明资本主义经济是多么的繁荣，超越了经济周期的影响，尤以美国克林顿政府执政八年的经济业绩为例证。这是熊彼特假说具体的经验性论据。世界经济已经进入到扩展时期，经济各方面条件加剧恶化，陷入危机周期。用术语表述，经济波动越来越剧烈、无序，经济发展不确定性增大，经济增长曲线越来越呈"Z"形。同时，由于国家结构失去合法性，集体与个人的安全感减少，甚至荡然无存。这种状况导致世界体系中暴力犯罪日甚一日，使绝大多数人日复一日地生活在恐惧状态中。从政治学角度来看，这种局面就是大混乱性状之一，规范的政治学分析告诉人们，现代世界体系似乎不适用了，或者说是过时了。这种分析是不真实的。这种分析是建立在现存世界体系的未来进程上的,而不是立足于现实转型之中的。从世界整体转型进程来看,与超国家论相反的情况是真实的。这恰恰因为现存世界体系的结局无法预言,也因为经济周期波动越来越剧烈,导致极微小的政治行动产生极大的效果。可以把这一长时段转型作为一场两大阵营规模空前的政治较量。一个阵营力图保存在不同形式的现存不平等体系中的特权;另一阵营则谋划创造以更加民主、更加平等为标志的新的历史体系。两个阵营的人们都断言自己是现代人,是新民主主义者,是自由与进步的推进者,甚至自称为革命者。关键不在于他们的言辞,而在于其提出的未来构想实质是什么。在这场政治较量哪一方能够获胜,取决于哪一方能够更准确地把握未来,更好地动员民众共同面对现实的历史性转型。这是一个需要整合知识、想象和实践的重大历史时刻。其最终结果具有内在的不确定性,应是人类创造与干预的结果。[①]

5. "全球化"中的本土化问题

任何事物都是对立统一的,全球化也不例外,它也有本土化趋势与之对应,西方学者在本土化与全球化的关系方面,做了大量理论研究。埃斯科巴认为,全球化作为普世化模式,是西方观察家和战略家误把西方本土化当作放之四海皆准的模式。[②] 呼应西方全球化,在发展中国家出现了"本土化"。这种所谓"本土化"是否是西方主流意识形态的话语策略?看看"本土化"的实质,答案就清楚了。拜西方国家发展政策所赐,在发展中国家出现了代表"本土

[①] Wallerstein I. *Globalization or the Age of Transition?* International Sociology. 2000. 3. pp. 263—265.

[②] Escobar A. *Encountering Development*. Princeton Uni. Press, 1995. p1.

化"的社会集团,康湼这样描述这一全球化中"本土化"的社会现象:"这是一些知识与民众间的职业媒介,他们从安排发展中国家与发达国家的交流中获利。"①马里出生的、现在巴黎从事研究工作的达瓦拉教授指出:西方全球化的"本土化"代表人物"能够左右一个国家的政局。一方面,他们是西方投资者信赖的人;另一方面,他们与本国政府和民众联系紧密,这样就使得他们成为发展中国家参与当代全球化发展不可或缺的角色"。②

三、新时期中国现代化研究的模式论

随着改革开放和社会主义现代化建设进入到新的历史时期,与国际学术接轨的、具有中国特色的现代化研究方兴未艾,20多年来取得了丰硕的成果,为国家现代化建设事业和国际现代化学术研究贡献了中国学者原创性智力支持和知识资源。新时期中国现代化研究大致分为两大部类,一类是以社会结构单一构成单元为对象,例如政治、经济、文化、教育、军事等方面现代化研究,这一类不在本文探讨的范围之内。本文侧重探讨另一类现代化研究,即以世界整体现代化进程和区域、国家具体现代化历程为对象的跨学科整合性模式论研究。

1. 现代化载体及路径模式论

新时期中国现代化研究的跨学科、理论与实证相结合的模式论专著是1987年四川人民出版社出版的,由著名历史学家、南京

---

① Kone M. *Dela gloire a la decheanee* Euro-Afrieaine pour l' Anthropolugie thropulgie du Changement Social etdu Developpement 1996,(12). p. 18.

② Diawara M. Glohalization, *Development Politics and Local knowledge*. International Sociocogy, 2000,(15),2. p. 368.

大学钱乘旦教授与陈意新合著的《走向现代国家之路》。钱乘旦教授通过大量史实解析与理论推演论证了民族国家是世界现代化进程的载体,并由此导出现代化三种基本的路径模式。钱乘旦教授指出,从本质上说,现代化缔造了新的文明,即工业文明。到20世纪,西欧北美基本完成现代化,成为现代化的先行者。现代化在发达国家历程是由民族国家作为行为主体结构性层层推进的,即由政治启动,进而经济,最终构造出一个现代性的社会结构。欧美国家现代化的道路各不相同,首先是民族国家的建立,由王权作为民族的人格代表进行统一的斗争,以民族统一为号召,建立民族国家,一个民族,一个国家。这个民族国家是国王的民族国家,由国王的民族国家转变为民族的民族国家,也就是由专制转变为民主,是政治现代化的质的规定性。民族国家是现代化的保障,没有民族国家,现代化不能起步。在政治领域,英国走和平渐进改革的路,法国走暴力冲突革命的路,德国走一条人民革命失败、最终由统治者领导现代化、导致民族失败的路。其他国家大体遵循这三种模式,在具体细节各有不同。在经济领域,英国是完全的自由放任,法国也基本如此;德国情况大不相同,使用强制式的发展方式,国家在经济中起很大作用。再往后,国家起的作用更大,俄国从彼得大帝起就采用国家强制型的发展方式,到苏联时期发展成完全国家指令的计划经济。现代化具有极强的扩张本能,在非西方地区它的扩张性和强制性表现得更加充分。在这些地区和国家,以西方为特征的现代化和本土传统文化的矛盾,即"现代"和"传统"的冲突,困扰着现代化进程。现代化席卷全球,在各地区表现出很大差异性,也表现出丰富性,但其方向是始终一致的,即是工业文明取代农业文明。资本主义现代化出现许多问题,社会主义是对其的否定,目标是避免资本主义的弊端,在落后国家健康地加速现代化的发展,也不是一帆风顺的。除了政治、经济方面外,钱乘旦教授总结了现代化的主流意识形态,即理性主义、科学主义、民族主义、进化观念、民主主义和社会主义。这些意识形态互相间有吻合,有交叉,也有冲突,它们共同之点在于,都服务于现代化,或催生现代化的出现,或推动现代化发展。意识形态的现代化是其他方面现代化的前提与结果。

2. 现代化发展的"一元多线"论

1987年,已故罗荣渠教授在北京大学组建了"世界现代化进程研究中心",在20世纪90年代上半期,先后出版了《现代化新论》和《现代化新论续编》等专著文集。罗先生在两部现代化研究专著中指出,现代化包括物质与精神两方面,是人类社会在现代生产力引导下由农业文明向工业文明的全面过渡,工业文明是现代化的全程性进程的共同特征。罗先生的一元多线现代化观,是突破传统历史发展观念的理论创新,把现代物质与精神生产力,即工业文明的全球性拓展,作为现代化研究的"元"问题。同时,坚持马克思主义世界历史观念的多样性,即生产力推动历史发展的"多线性","对于世界历史上形成的各种社会形态的分析都是多维的、立体交叉的、网络式的。这样,对历史进化论的辩证的解释就代替了机械的、片面的和单线的解释。"从发生学角度,罗先生对于世界现代化的启动做了区分,在《现代化新论》第五章中,根据社会变迁的创新性变革与传导性变革两种形式,区分了"内源性现代化"与"外源现代化",进而依各国、各地区卷入现代化大潮的时序,辨析了后发现代化与原发现代化相比所具有的政变革引导型、追赶型、强制型现代化的特点;按照不同特点的生产方式、交换方式和权力结构,区分了"资本主义"、"社会主义"和"混合型"三大类现代化型式及其特质。罗先生对于区域现代化也做了研究,关于东亚地区现代化概括为三大类型,即日本型、韩国型和中国型。(参阅罗荣渠:《现代化新论》、《现代化新论续编》)。罗先生以历史唯物主义史学大师的人格学养,为后辈学人树立不断进行理论创新的光辉榜样。

3. 老大帝国现代化的殷鉴

20世纪90年代,在中国南端的香港,中文大学陈方正先生和郭少棠教授分别主编、撰写出版了《现代化冲击下的世界丛书》和《权力与自由——德国现代化新论》。陈方正先生自述,主编《现代化冲击下的世界丛书》目的在于,通过译介受到西欧现代化影响的老大帝国的命运多蹇的现代化历程,为国人提供殷鉴(拉伊夫:《独裁下的嬗变与危机——俄罗斯帝国二百年剖析》,学林出版社1996年版,总序第3页。)陈方正先生在大陆出版的第一批丛书,共6种,以三个老大帝国为案例,即俄罗斯、土耳其、西班牙。这三个国家,虽具体国情、文化精神、民族传统迥异,但在现代化过程中,传统性与现代性的矛盾、冲突导致社会转型复杂曲折却是共同特征。陈方正第一批推出的译作分别是研究土耳其现代化的《从瓦解到新生》、《帝国的剖析》,研究西班牙现代化的《惶惑的旅程》,研究俄罗斯现代化的《独裁下的嬗变与危机》,而《法律与资本主义的兴起》和《竞逐富强》则分别对西方法治制度和军事制度现代化进程进行了探讨。如果说陈方正先生以译介"殷鉴"为长的话,郭少棠教授则以一部《权力与自由——德国现代化新论)(华东师大出版社2001年版)提出香港学者关于世界现代化的原创性理论阐释,郭少棠教授抓住德国现代化的悖论性症结,即急于拥抱权力而忽视自由,历时性地剖析了德国现代化四次浪潮,展示了浪漫保守主义、自由主义、社会主义和纳粹主义风云起伏的历史长卷，并对中国与德国的现代化进行了比较研究。郭少棠教授以大量史实性论述，印证了钱乘旦教授关于现代化进程的德意志道路是民族失败之路的论断。

后　　记

　　本书是我在南京大学历史学博士后流动站从事研究工作的成果，即博士后科研工作报告。为了体现个人学术思维发展的连续性，将已发表的两篇相关论文作为附录，结集于一书，一并就教于方家与读者。

　　作为后学，在科学研究工作中，我每时每刻都感受到师长启迪钝愚、惠以智识的巨大恩泽。本书是我在南京大学从事博士后科研工作的学术结晶，合作导师、国务院学位委员会历史学科评议组成员、著名历史学家钱乘旦教授悉心指导、点化疑难、升华质朴，对于我如期完成本研究报告所起的作用是无以言表的。我对钱老师的敬意与感铭之情也是语言无法表达的。

　　由李庆余教授、钱乘旦教授、杨豫教授、陈晓律教授、刘长江教授组成的评审委员会在评审意见中，指出：王云龙博士的研究工作报告，是一部学术创新之作。在理论建构与史料运用上，都具有十分突出的新意。视野开阔，结构完整，论而有据。尤其，在理论开拓方面具有新意，构建了研究现代化后发地域社会转型内在矛盾的理论框架。

　　拉丁格言曰：一个人总是学生的话，他就没有报答他的老师。我的博士导师、前国务院学位委员会历史学科评议组成员、著名历史学家朱寰教授，不仅将我引领进世界史的学术殿堂，而且使我领悟到学术与人生的内在关联和深邃境界。我能够先后成为朱寰教授和钱乘旦教授的入室弟子,是我一生中莫大之荣幸!现在,我也走上了执教之道,惟有在教书与著述两方面有所精进,才是对我的导师最好的报答!

本书的出版得到东北师范大学历史系和社科处的资助;本书在写作与出版过程中,得到我的师兄、吉林大学博士生导师张广翔教授,东北师范大学历史系主任韩东育教授,东北师范大学社科处处长刘建军教授,商务印书馆编辑丛晓眉女士等的支持与帮助,在此,谨致衷心的谢意!

王云龙
2003. 5. 18
于东北师范大学世界中古史所